hanser**blau**

Heike Blümner
Laura Ewert

SCHLUSS JETZT

Von der Freiheit
sich zu trennen

hanserblau

Handlung und Personen in diesem Text sind frei erfunden. Ähnlichkeiten der beschriebenen Figuren, einschließlich ihrer Vorgehens- und Handlungsweisen, mit historischen oder lebenden Personen sind rein zufällig.

1. Auflage 2019

ISBN 978-3-446-26197-6
© 2019 hanserblau in der Carl Hanser Verlag GmbH & Co. KG, München
Umschlag: ZERO Werbeagentur, München
Motiv: plainpicture/mia takahara – aus der Kollektion Rauschen
Satz: Angelika Kudella, Köln
Druck und Bindung: Friedrich Pustet, Regensburg
Printed in Germany

INHALT

1 WIR MÜSSEN REDEN 7
  Endlich besser trennen 7

2 GEHEN ODER BLEIBEN? 18
  Kira und Nils 18
  Die Qual der Wahl 25

3 TRENNUNGSTYPEN........................ 40
  Evelyn und Jonathan 40
  Sag mir, wie du dich trennst, und ich
  sage dir, wer du bist 45

4 FINANZKRISE 60
  Remo und Renate 60
  Arbeit, Geld und andere Ungerechtigkeiten... 65

5 MÜDE PAARUNG 81
  Miriam und Julius 81
  Der Sex und die Langzeitbeziehung 87

6   AUS DER GIFTKÜCHE DER LIEBE 100
    Saskia und Lorenz 100
    Ist das schon toxisch oder nur normaler
    Beziehungs-Wahnsinn? 107

7   DIE SCHLAUE FRAU SAGT CIAO! 121
    Birte und Felix 121
    Trennung als emanzipatorischer Akt 128

8   PRESSESPIEGEL 147
    Ben und Jana 147
    Der ewige Zyklus von Märchenhochzeit
    und Schlammschlacht 154

9   STIMMUNG AUS DEM HINTERGRUND 170
    Jessica, Anne, Bille, Hanna und Kerstin 170
    Es läuft weder mit noch ohne sie:
    die Freunde 174

10 SCHMERZ LASS NACH 188
    Jack und Jackie 188
    Vom Aufbruch nach dem Ende 196

    Danksagung 207

    Quellenverzeichnis 209

1

WIR MÜSSEN REDEN

Endlich besser trennen

Eine unglückliche Beziehung ist noch lange kein Grund für eine Trennung. So manch ein Paar wird das müde nickend bestätigen, dabei die Tischdecke glatt streichen oder sich der Pflege der Zimmerpflanze zuwenden. Und dass eine unglückliche Ehe einem der beiden Partner nicht als Grund ausreicht, einer Scheidung zuzustimmen, erfahren wiederum die Eheleute, die am Tisch des Scheidungsanwaltes sitzen und die Zukunft unterschiedlich bewerten. Sie starren auf die Maserung des Holzes, in der Hoffnung, dort eine hilfreiche Botschaft zu entdecken.

Dass jedoch im Jahr 2018 eine »unglückliche« Ehe dem höchsten Gericht in Großbritannien nicht als Scheidungsgrund genügte, löste nicht nur Empörung sondern auch ein leichtes Gefühl von Platzangst aus: Tini Owens wollte sich nach vierzig Jahren von ihrem Ehemann Hugh scheiden lassen, aber der Supreme Court entschied, dass ihr gefühltes Unglück nicht relevant genug sei. Tini ist Ende sechzig, ihr Mann um die achtzig, und sie findet, dass ihre Beziehung am Ende ist, die Liebe verschwunden, und dass ihr Mann sich oft »unvernünftig« verhalten habe. Wofür diese Verhandlung ganz nebenbei der beste Beweis war. Dort nämlich verkündete Ehemann Hugh, er wolle sich partout nicht scheiden lassen. Die Ehe mit Tini sei zwar »keine emotional intensive Beziehung«, aber man hätte es doch viele Jahre geschafft, »schlecht und recht miteinander auszukommen«. Doch seine Frau ist nicht davon abzubringen, seit drei Jahren besteht sie auf die Scheidung. Das Gericht sagt, sie müsse mindestens fünf warten.

Kaum jemand trennt sich plötzlich und aus einer Zerstörungswut heraus. Trennungsabsichten werden in den meisten Fällen unzählige Tage, Nächte, Duschgänge und Autofahrten länger bedacht, als die in leidenschaftlicher Unzurechnungsfähigkeit gehauchten »Wollen wir zusammenziehen?« oder »Willst du mich heiraten?«. Ist der Bund jedoch einmal geschlossen, gilt auch in Deutschland von staatlicher Seite, dass sich nicht leicht lösen kann, was einfach nicht zusammengehört. Niemand macht einem das Trennen leicht: man selbst nicht, der Partner nicht und die Institutionen auch nicht.

Hierzulande muss ein Ehepartner mit Trennungswillen ohne den davon überzeugten Gegenpart zwar in der Regel nur ein Jahr auf die Scheidung warten, aber wenn einer von beiden störrisch ist, muss der, der die Beziehung verlassen möchte, beweisen, dass das Trennungsjahr ohne Rückfälle abgeschlossen wurde. Übersetzt bedeutet das: Unter Umständen muss recht schmutzige Wäsche sehr öffentlich gewaschen werden. Findige Anwälte werden bei Bedarf weitere Verzögerungstaktiken aus dem Hut zu zaubern wissen, die im Zweifelsfall maximal die Genugtuung ihrer Mandanten mit sich bringen.

In Extremfällen gibt es theoretisch noch die fristlose »Blitzscheidung« – ein kongenialer Begriff, der den bellizistischen Aspekt dieses Unterfangens genauso andeutet wie die Kehrseite der Liebe auf den ersten Blick. Die Blitzscheidung kann jedoch nur einschlagen, wenn die Ehe »eine unzumutbare Härte« für mindestens einen der Partner darstellt. Das Internet läuft über mit Kanzleien, die ihre Dienste speziell für diese Fälle anbieten. Auf der Website eines dieser Befreiungs-Spezialisten wird sicherheitshalber jedoch gleich erwähnt, dass für dieses Unterfangen »hohe Anforderungen« gelten. Entscheidend sei »wie ein vernünftig denkender Dritter die

Lage einschätzen würde«. Damit ist vermutlich ein Richter gemeint. Allein die Wahl dieser Formulierung beweist, dass es um die Vernunft von sich trennenden Menschen oft nicht zum Besten steht. Und dass sich mit der Prüfung auf vorfristliche Trennung gut auf Klientenfang gehen lässt. Bestimmt auch, weil das persönliche Unglück sich akut immer wie ein Härtefall anfühlt. Doch nach unten ist viel Luft: Misshandlungen, Morddrohungen oder sogar der Verdacht auf Tötung von Angehörigen waren bisher unter anderem vor Gericht anerkannte Gründe für die schnelle Scheidung. Die Nicht-Mitgliedschaft in diesem Club versüßt den Scheidungswilligen immerhin die Wartezeit.

Meistens sind es allerdings nicht Gerichte oder Gesetze, sondern wir selbst, die uns im Wege stehen. Das Durchstehen einer Trennung gleicht nicht selten einem emotionalen Bootcamp, es treibt einen an die eigenen Grenzen. Die vielsagenden Worte »Wir müssen reden« oder »Es geht nicht mehr« müssen rausgewürgt werden. Themen angesprochen, die jahrelang runtergeschluckt wurden. Warum eigentlich? Weil die Angst vor den Folgen zu groß war. Zu groß die Sorge, jemand könnte verletzt werden. Und nun haben sich die Folgen blöderweise verselbstständigt. Derjenige, der diese Worte zuerst ausspricht, befindet sich in einer merkwürdigen Position. Einerseits so nah bei sich, und gleichzeitig ist es, als hätte er oder sie den Raum verlassen und schaute sich bei allem nur noch zu. Es ist ein bizarrer Moment, in dem der vertrauteste Mensch schlagartig auf Distanz gebracht wird. Fünf, zehn oder mehr Jahre war dieser Mensch selbstverständlich berührbar, nach diesem Moment ist er es nicht mehr. Wann haben wir uns überhaupt das letzte Mal geküsst? So richtig?

Eine letzte Umarmung vielleicht. Noch eine. Eventuell der ungelenke Versuch von Trost durch genau die falsche Person. Denn der Körper ist schon halb weg. Flüchtet genau in die andere Richtung. Nicht mehr in den anderen rein, immer tiefer und tiefer, wie damals, als alles anfing. Sondern raus, als würde der andere Körper ausgeschieden und der eigene wieder geschlossen. Wie in einem Science-Fiction-Film, in dem ein Alien aufgibt, einen menschlichen Körper zu übernehmen.

Es nützt von daher nichts, etwas anderes zu behaupten: Trennungen und Scheidungen sind erst mal mies. Allen Beteiligten tut es weh, mindestens einem von beiden leid. Kinder wünschen sich Zauberstäbe zu Weihnachten, um die Eltern wieder zusammen zu zaubern, und weil sie schon mal dabei sind, gleich noch ein Geschwisterchen dazu. Und als wäre das alles nicht schlimm genug, muss man nach einer Trennung ständig zu Ikea fahren. Dort fließen plötzlich Tränen, ausgerechnet in der Badezimmerabteilung. Sie tropfen auf die Handtücher, die zum Glück »besonders saugfähig« sind. Heimlich schnäuzt man sich in den Waschlappen, lässt ihn unauffällig im Mülleimer zurück. Ein Notfall. Das Äquivalent zum Mundraub.

Der Legende nach ist Liebeskummer schrecklicher, je früher im Leben er stattfindet. Erwachsene Menschen, die sonst eher nicht als Empathiker durchgehen und nicht einmal mit dem jugendlichen Opfer verwandt sind, schauen es wissend an oder zwinkern ihm zu: »Ist es der Erste?« Seufzen. Dechiffriert bedeutet das: Jeder muss da mal durch, der Schnitt durchs Herz vernarbt. Danach wird es nie wieder so schlimm wie mit Leo aus der zwölften Klasse.

In den folgenden Jahren wird diese Hoffnung implodieren wie Leos Wunsch, Fußballprofi zu werden. Denn während auf der einen Seite Träume kleiner werden, wird bei der Realität ordentlich draufgelegt: Eventuell kommen Kinder hinzu, mehr oder weniger erfüllende Berufe, Vereinsmitgliedschaften, Kredite, Besitz von Hunden oder Häusern und andere, nicht in Zahlen messbare Verpflichtungen. Ehe man sichs versieht, hat man eine »Vergangenheit«. Und die ist zwar weniger glamourös, aber ähnlich kompliziert wie die einer Hollywooddiva. Sich anständig zu trennen, während wir zwischen Vergangenheit und Zukunft stehen, ist eine oscarreife Leistung. Wir sind Regisseur, Produzent und Hauptdarsteller, das Drehbuch ist sperrig, und wir auch noch dessen Co-Autor. Meistens wird während der Produktion auch noch das Budget knapp. Und dennoch: Die besten Filme entstehen gerade nicht, wenn alles immer nach Plan läuft.

Geschichten von der Liebe werden aus Gewohnheit lieber vom Anfang her erzählt, und wenn ein Ende darin vorkommt, dann sollte es doch bitte mit dem Attribut happy versehen werden. Doch auch dem Ende wohnt ein Zauber inne. Trennungsgeschichten haben einen unterschätzten Thrill. Ohne sie wüssten wir weniger über die Irrungen und Wirrungen der Liebe und noch weniger über uns selbst. Wir können die eigenen Unzulänglichkeiten nicht mehr übersehen. Wünsche müssen nicht mehr von den Augen des Gegenübers abgelesen werden. Mehr noch: Eine Trennung ist ein Crashkurs in Sachen eigener Strapazierfähigkeit. Es ist zwar anstrengend, aber es bilden sich auch Fähigkeiten heraus, die in einer Zweierbeziehung oft verkümmern.

Bevor hier Missverständnisse aufkommen: Glückliche Paare machen sich nicht nur als Figürchen auf Hochzeitstorten gut. Auch in echt sind sie hübsch anzusehen. Wie sie zu zweit in Restaurants sitzen und sich unterhalten, wie sie sich gegenseitig stützen, wenn der Weg abschüssig ist. Ein Hoch auf die Liebe! Jedes glückliche Paar macht die Welt zu einem besseren Ort. Nur gibt es eben längst nicht genug von diesen glücklichen Paaren. Zu viele Menschen harren immer noch dauerhaft zu zweit in ihrem selbst gezimmerten Leid aus. Von außen scheint es oft unbegreiflich. Meistens ist es wohl die Angst vor der Bewegung, die dazu führt, dass Unglückliche einfach bleiben, komme, was wolle. Die Angst vor Verlust wird mit Liebe verwechselt.

Dabei ist auch das Trennen ein Akt der Liebe. Auch der Liebe zu sich selbst. Wer Trennen nicht als Scheitern begreift, wird Beziehungen und romantische Liebe realistischer einschätzen können. Denn nur wer sich bewusst macht, warum er oder sie sich trennen muss, wird auch herausfinden, wie er lieben kann. Verstehen, wann Absprung, wann Dranbleiben gefordert ist. Eine Trennung ist eben nicht die bloße Zerstörung des Verlassenen. Es ist wichtig, das Image von Trennungen zu verbessern. Nicht um eine Flucht beim ersten Problemchen zu rechtfertigen. Sondern um die sichtvernebelnden Selbstvorwürfe zu verringern. Es geht darum, unnötigen Schmerz und emotionale Umwege zu vermeiden. Es wäre bereits einiges gewonnen, wenn sich Druck, Scham und das schlechte Gewissen gegenüber den Kindern, den Eltern, Nachbarn und Normen säuberlicher von den Dingen separieren ließen, um die es wirklich geht – nämlich die Defizite innerhalb der Beziehung. Es würde den Menschen helfen, die mitten im Schlamassel stecken, das Drama wenigstens ein bisschen runterzuregeln. Unsere Privatbeziehungen und Trennungen finden nämlich nicht in abgeschotteten Räumen statt, selbst wenn wir beim Streiten Türen und Fenster schließen.

So gesehen sind Trennungen auch ein weiterer und dringend notwendiger Schritt zur Emanzipation der Frau. Denn Frauen sind häufiger geneigt, Dinge zum vermeintlichen Wohle anderer oder aller auszuhalten. Für das möglichst andauernde Glücksgefühl in der Beziehung, für das Dekor im tatsächlichen wie im übertragenen Sinne, ist tendenziell immer noch sie zuständig. Für die Sofakissen aus Marokko genauso wie dafür, dass nicht nur im Urlaub alle gute Laune haben. Und auch für die Trennung ist sie zuständig, sie trennt sich eher als der Mann. Oft nach langem Abwägen, ein gutes Stück Trauerbewältigung ist dann ihrerseits bereits geschafft. Der Partner reagiert überrascht. Deshalb wird eine Trennung auch eher als ihr Versagen ausgelegt, dabei ist es fast egal, was zuvor passiert ist. Das vermittelt nicht nur mehr oder weniger subtil das Umfeld, sondern nicht zuletzt oft auch die Frau sich selbst. Dabei wird zwar heute nicht mehr mit dem Finger auf Geschiedene oder alleinerziehende

Mütter gezeigt, wie es noch vor ein, zwei Generationen der Fall war. Stattdessen wird immer noch die andauernde Ehe und die Zweisamkeit an sich idealisiert.

Im Bundespräsidialamt zum Beispiel sind einige emsige Beamte dafür zuständig, sich um die relevanten Jubiläen im Land zu kümmern, die der Präsident offiziell ehrt. Mit Brief, Siegel und Unterschrift. Dazu gehören »Altersjubiläen« ab hundert Jahren. Für das siebte Kind einer Familie wird eine »Ehrenpatenschaft« übernommen. Auch eine alleinerziehende Mutter oder Vater mit sieben Kindern von unterschiedlichen Vätern beziehungsweise Müttern, zugegeben ein vermutlich eher seltenes Szenario, käme heute in den Genuss des präsidialen Glückwunschschreibens und der 500-Euro-Einmalprämie. Doch sie hätten vermutlich eh keine Zeit, den Brief zu öffnen. Aufmunternde Grüße von ganz oben erhalten auch die Ultras unter den deutschen Langzeitpaaren. Und von denen gibt es gar nicht mal so wenige: Zum 65., 70., 75. und 80. Hochzeitstag tüten die Beamten je einen offiziellen Brief ein, und das taten sie 2017 genau 14 821-mal, Tendenz seit Jahren steigend. Je nach Wohnort gibt es zu den höchsten Hochzeitstagen noch eine Urkunde oder einen Blumenstrauß vom Bürgermeister, fast wie beim Sportfest.

Zur »Eisernen Hochzeit« (fünfundsechzig gemeinsame Ehejahre) bringt der Bundespräsident noch eine freundliche Unterstellung aufs Papier: »Es ist schön zu wissen, dass Menschen so lange durch viele Jahrzehnte glücklich zusammenleben, alles teilen und Verantwortung füreinander und für andere übernehmen.« Danach wird mit steigenden Jahren die Wortwahl karger: »Zu meiner Freude hörte ich, dass Sie (…) Ihren 70. Hochzeitstag zusammen feiern können. Zu diesem Festtag möchte ich Ihnen herzlich gratulieren«, heißt es fünf Jahre später. Die jährlichen Geburtstagsbriefe von der Sparkasse klingen herzlicher. Noch einen Fünfer-Sprung weiter, und das drohende Zwangsende der Ehe wird gleich mit angedeutet: »Zu diesem Festtag, den nur sehr wenige Ehepaare erleben dürfen, möchte ich Ihnen von Herzen gratulieren.« Ohne diesen zweifellos bemerkenswerten Alterspaaren in die hoffentlich immer noch agile Polonaise fahren zu wollen: Romantischer Sound klingt anders.

Letztlich wird jedoch von höchster Stelle bestätigt, was die Gesellschaft trotz aller Emanzipationswellen, Scheidungsraten und bunterer Beziehungsalternativen immer noch honoriert: Das andauernde Paarsein gilt als zu belohnende Leistung per se, was sich für Verheiratete sogar Jahr für Jahr steuerlich auf dem Konto niederschlägt. Ähnlich hartnäckig wie das Ehegattensplitting hält sich auch der Glaube daran, dass die Quantität an Ehejahren als messbare Grundlage für deren Qualität zugrunde gelegt werden kann. Nicht, dass das immer falsch wäre, aber es ist eben auch nicht grundsätzlich richtig.

So harren Menschen in ungesunden Beziehungen aus und können mit ihren eingeschlafenen Biografien nie auch nur ansatzweise ihr Potenzial entfalten. Je länger, desto besser, hat sich, mal laut, mal leiser, Über-Ich-mäßig in unseren Köpfen festgesetzt. Das verlangsamt viele Trennungsprozesse. Dabei weiß heute selbst der engagierteste Wedding Planner, dass diese Formel nicht automatisch gilt, und dennoch kann sich auch der aufgeklärteste Millennial nicht völlig davon frei machen.

Die nachhaltige Ehe wird sanft und nachhaltig propagiert. Als könnte man sie erlernen wie Autofahren. Und bei vielen Menschen läuft es ja auch irgendwann wie von selbst und ohne nachzudenken. Das führt dazu, dass sie irgendwann nicht mehr wissen, wo die Fahrt genau hingehen soll. Das andauernde Paarsein gehört dann eben zum Erwachsensein dazu wie das Lang-aufbleiben- und Unendlich-viel-Chips-essen-Dürfen. Von beidem wissen wir, dass es seinen Reiz schneller verliert, als einem lieb ist. Aber so wie Frauen mit Kinderwunsch plötzlich überall nur noch Bäuche sehen, strahlen die frisch getrennte Person an jeder Ecke glückliche Pärchen an.

Wie sie gemeinsam Brillengestelle aussuchen, den Strand – nur um uns zu ärgern – in Zeitlupe entlangjoggen, oder beim Familienurlaub ihre präpubertären Kinder zum Dauerkichern animieren. Und schon zweifelt man wieder an der eigenen Bindungsfähigkeit oder fantasiert gleich von einer ganzen Gesellschaft, die zur wahren Liebe nicht mehr fähig ist. Empfindet fast eine Art Sozialneid auf Besserliebende. Warum gehöre ausgerechnet ich nicht zu den Auserwählten?

Sogar *Der Spiegel* entschied sich im Sommer 2018, als Angela Merkels Kanzlerschaft laut dem Nachrichtenmagazin »am seidenen Faden« hing, für ein anscheinend brennenderes Titelthema: »Für immer? Wie Liebe gelingt«. Auf dem Bild nähern sich die Gesichter eines Mannes und einer Frau mit halb geöffneten Mündern zum Kuss. Und auch wenn es im Artikel selbst leider an konkreten Tipps mangelte, so lässt sich daraus in jedem Fall schließen, dass sich allein das Versprechen auf die Antwort der Frage gut verkaufen lässt, obwohl eigentlich jeder weiß, dass es *die Antwort* nicht gibt.

Trotzdem suchen wir nach ihr wie einst der Prophet nach dem Wort. Heutzutage, wo uns bei dem Wort Gebot zuerst das eBay-Schnäppchen einfällt. In einer Gesellschaft, in der die Angebote der Religionen nicht mehr viele Menschen überzeugen, kommt der Zweierbeziehung eine wichtigere Bedeutung zu: Sie soll Gemeinschaft bieten und die Hoffnung, dass etwas ewig bestehen kann. Die Verbindung wird nach religiöser Manier mit Ritualen aufgeladen, um ihr ein vermeintlich sicheres Fundament zu geben: Paar-Tattoos, ein mit Initialen verziertes Vorhängeschloss an der nächstbesten Brücke, mehr Kosenamen als die heilige Maria. Wir glauben weniger an Gott, aber umso mehr an die Zweierbeziehung. Wir haben keine Angst mehr vor dem Jüngsten Gericht, aber vor dem Scheidungsrichter.

Wie jede Religion hat sie in der Praxis unterschiedliche Auswirkungen auf das Leben von Männern und Frauen. Für beide Geschlechter jedoch gilt: Wer sich freiwillig aus dieser Glaubensgemeinschaft verabschiedet, der verlässt nicht nur den Partner, sondern auch das weltweit beliebteste und akzeptierteste Konstrukt des Zusammenlebens und muss sich neue Gewissheiten suchen. Für manche mag das bedrohlich klingen. Andererseits liegt genau darin auch die mögliche positive Sensation einer Trennung: selbst dafür verantwortlich zu sein, wohin die Reise geht. Auch wenn auf den Hotelpreisvergleichsseiten die Einstellung immer automatisch auf Doppelzimmer gesetzt ist.

Wir könnten beruhigt zur Kenntnis nehmen, dass Beziehungsenden den meisten Menschen gleich mehrere Male im Leben unterkommen. Und verrückterweise überleben wir diese Phasen sogar, auch wenn wir feucht ins Kissen brüllen, dass wir nie über sie oder ihn hinwegkommen, SMS schreiben, die wir schon beim Abschicken bereuen, und uns wundern, wie oft am Tag sich Hass und Liebe abwechseln können. Hoffnung ist dabei keine schlechte Erfindung. Würden wir nicht wissen, dass es immer irgendwie weitergeht, würde die Menschheit schneller aussterben als durch den Klimawandel. Eine Trennung ist keine Naturkatastrophe.

Das Gefühl, nicht mehr intakt zu sein, obwohl der Getrennte den Partner oder die Partnerin gar nicht wirklich vermisst, sondern vielmehr die Unsicherheit an ihm oder ihr nagt, überhaupt noch liebenswert zu sein – das lässt sich überwinden. Auch, indem diesen und unzähligen anderen negativen Gefühlen erst mal Platz eingeräumt wird. Und ja, dieser Teil macht wirklich nicht so viel Spaß.

Aber es gibt auch eine andere Seite. Das ist die Kraft, die durch eine Trennung freigesetzt wird, und egal, wer sie ursprünglich ausgesprochen hat, beide Partner können davon stärker profitieren als von der Eingewöhnung der Kinder in die Kita oder der Anschaffung eines »Superzüngler«-Vibrators. Im Sprint geht es nun zum neuen Ich. Es bilden sich Muskeln an Stellen, an denen sich jahrelang

Gewohnheit und Fett angesetzt hatten. An den Stellen, die lange Zeit Denkmal waren für die stillen Abende vor dem Bildschirm zu Hause, die Familienpizza jeden Sonntag und das zweite Bier als tägliches Highlight.

Alltägliche Situationen werden neu empfunden. Vom Supermarktbesuch bis zum Haarewaschen kann plötzlich alles glücklich machen. Woher kenne ich noch mal dieses berauschende Gefühl? Ah ja, vom Verliebtsein. Nur, nach einer Trennung braucht es dazu keinen Partner. Gab es vorher keinen Ort mehr auf der Welt, an dem man mit der Familie noch Urlaub machen konnte, ohne dass vor allem die Defizite dieser Konstellation im gleißenden Sonnenlicht exponiert würden, so erscheint die Welt plötzlich wieder voller Versprechungen und Entdeckungen. Nach dem Aussitzen, das mit Liebe verwechselt wurde, nach den Jahren, in denen man dachte, dass Sex nicht so wichtig sei, nach den unnötigen Stunden im Büro, die mit »Arbeit« verplempert wurden, nur um nicht nach Hause gehen zu müssen, winkt nun die Verheißung auf ein neues Erleben, auf eine wunderliche Wachheit. Post-Trennungs-Empfindungen können rauschhaft wirken: Töne, Farben, Bewegungen werden feiner, spitzer und mit klareren Konturen wahrgenommen.

Am Ende einer Beziehung müssen wir Angst und Konventionen überwinden. Und gleichzeitig Verantwortung übernehmen. Auch für die eigenen Unzulänglichkeiten, denn nur dann kann es wirklich weitergehen und besser werden. Dafür braucht es mehr Zuspruch und Unterstützung. Fordern wir sie ein. Weg mit der Scham! Dieses Buch ist für alle, die sich trennen wollen und sollten. Und für die, die sich nicht sicher sind. Wir wollen Beziehungen endlich vom Ende her erzählen. Denn diese Geschichten verraten etwas über den Stand unserer Zivilisation, sie rücken die persönlichen Erfahrungen in einen größeren Zusammenhang. Und es gibt noch einiges zu tun. Alleine und zu zweit. Davon handelt dieses Buch.

2

GEHEN ODER BLEIBEN?

Kira und Nils

In fünf Stunden und auf beengten Verhältnissen« – das ist Kiras Antwort auf die Frage, wie Nils und sie sich kennengelernt haben. »Wenig Raum und wenig Zeit am Anfang.« Acht Jahre sind die beiden zusammen, ohne dass sie je groß darüber gesprochen haben. Was schon mal das erste Problem ist: wenig sprechen. »Ich kann aggressiv schweigen«, sagt Kira.

An besagtem Kennlernabend war das anders. Kira hockte auf einem winzigen Stück Rasen, das den Namen kaum verdiente. Hinter ihrem Rücken feierte eine Kollegin ihren Geburtstag auf einem brachliegenden Grundstück in einem zu einer Bar umfunktionierten Geräteschuppen. Dort verbrüderten sich unter Gelächter Leute, die sonst nur übereinander lästerten, während Kira überlegte, ab wann es nicht mehr unhöflich sein würde, nach Hause zu gehen.

Was sie an Nils als Erstes mochte, als er ihr entgegenlief, war seine gute Laune. Er war ein alter Freund der Gastgeberin, kannte kaum jemanden und reichte ihr seinen Wodka Red Bull wie ein Geschenk – ein Getränk, das sie verabscheute und nicht nur, weil es ihr nicht schmeckte, sondern auch, weil sie es als alkoholische Niveaulosigkeit verachtete. Dicht gefolgt von der Weißweinschorle. Sie trank ihn trotzdem und in für ihre Verhältnisse ungebührlichen Mengen.

Als die Sonne aufging, war neben Kira eine tiefe, halbrunde Rille in der staubigen Erde, weil sie die ganze Zeit mit einem Stöckchen im Boden hin und her gekratzt hatte. Sie hatte lauter gelacht als sonst. Sie hatte Nils von ihrem Onkel erzählt, an den sie seit zwanzig Jahren nicht gedacht hatte und der beim Tauchen auf der Suche nach einem versunkenen Schatz im Mittelmeer ertrunken war.

Nils hatte die richtigen Fragen gestellt und Pointen gesetzt. Und er betonte ihren Namen auf der zweiten Silbe, was verwegen und französisch klang. Sie erfuhr, dass er in einem Architekturbüro als Modellbauer arbeitete, dass er Dosenravioli liebte und dass seine verstaubten schwarzen Lederschuhe rahmengenäht waren. Kira gefiel diese Mischung aus Nachlässigkeit und Noblesse, wobei sie heute sagen würde, dass ihr jemand, der auf gutes Essen Wert legt und alte Turnschuhe trägt, lieber wäre. Jedenfalls hatte er graublaue Augen, die sie an schillerndes Geschenkpapier erinnerten, mit jeder Menge Lachfalten. »Lachfalten«, sagt Kira und lacht nicht. »Zeig mir die Frau, bei der auf der Liste der begehrten Eigenschaften bei einem Mann nicht ›Humor‹ ganz weit oben steht.«

Sie waren die letzten Gäste, und da der Geräteschuppen nicht abgeschlossen war, hatten sie dort ungelenken und nervösen Sex. Kira kam nicht, ratschte sich aber den Po an einem gesprungenen Weinglas auf. Das benutzte Kondom steckte sie verknotet in ihre Handtasche. Es lief trotzdem aus und verklebte den Reißverschluss ihres Portemonnaies.

Nils kam mit zu ihr nach Hause, und drei Tage später fuhren sie in seinem vollgemüllten Mercedes Kombi nach Frankreich. Wie es genau dazu kam, kann Kira nicht mehr sagen. Sie weiß auch nicht mehr so genau, ob es schön war oder nicht. Oft schliefen sie im Auto am Strand. Es war ein Urlaub, wie Kira ihn zuletzt als Teenager unternommen hatte. Eigentlich hätte sie es gerne anders gehabt – eine kleine Pension in der Bretagne, abends in ein nettes Restaurant. Nils schien auf solche Dinge nicht viel Wert zu legen. Seine Haare rochen nach Seetang. Ihre verfilzten im Nacken zu Kletten, die sie nur mit den Fingern auseinanderreißen konnte.

Nach dem Urlaub fuhren sie zurück in die Stadt, und sie trennte sich noch im Auto von ihm. Der Sommer neigte sich dem Ende zu, als moderne Nouvelle-Vague-Romanze konnte sie Gefallen an der Geschichte mit ihm finden, die sie doch bis jetzt zu keinem Zeitpunkt überwältigt hatte. Sie sah sich aus seinem Kombi aussteigen, die Treppen zu ihrer Wohnung nach oben gehen, ihr Rollkoffer fühlte sich fast leicht an. »Fin« oder »The End«. Das hätte es gewesen sein sollen.

Der Sommer jedoch hatte andere Pläne und blieb bis in den Oktober. Ihre Stadt spielte für ein paar Wochen Neapel: Kira hing Wäsche auf dem Balkon auf und verbrachte die Abende in den Restaurants und Cafés der Umgebung, deren Besitzer angesichts der nicht enden wollenden lauen Nächte mit ihrem Mobiliar auf den Bürgersteigen um jeden Quadratzentimeter Umsatz kämpften. Und Nils, so schien es, gehörte zur Einrichtung. Wo immer sie auftauchte – er war schon da. Zwinkerte ihr zu, steckte ihr salzige Karamellbonbons aus ihrem Urlaub zu, kämmte ihre Locken mit den Fingern durch, brachte ihr unaufgefordert Getränke, die sie mochte, und komplimentierte den Schnitt ihres Kleides charmant, aber anzüglich. Nach dem vierten zufälligen Treffen nahm sie ihn mit nach Hause.

Danach zog er bei ihr ein. Es passierte einfach. Fand sie es schön? Sie war doch gar nicht verliebt. Oder? »Na ja, es störte mich nicht, weil er viel unterwegs war. Ich hatte so lange alleine gewohnt, es war wie ein Abenteuer oder eine Versuchsanordnung.«

Wenn Nils, wie er jetzt sagte, »nach Hause« kam, brachte er manchmal seltsame Dinge mit, wie den Arm einer Statue, den er in einem Park gefunden hatte, oder alte Badarmaturen von einer Baustelle. Seine eigene Wohnung, die er behalten hatte, weil niemand mehr eine Wohnung aufgibt, egal wie verliebt er ist, glich ohnehin mehr einer Werkstatt.

In ihrer Wohnung kümmerte er sich um handwerkliche Dinge. Immerhin. Manchmal kaufte er ein, aber es war immer nur sein Single-Fraß. Ihre Wünsche ignorierte er. Und so begannen sie zu streiten. Zu der Zeit saß Kira in der Agentur, in der sie angestellt war, an einem Projekt, das sie zwölf Stunden und mehr am Tag in Anspruch nahm. Sie bat Nils, abends für sie zu kochen, denn seine Arbeitszeiten waren unregelmäßig. Sie bat ihn, Obst einzukaufen. Er versprach es, doch nichts passierte. Manchmal kam er gar nicht nach Hause. Manchmal ging er nicht ans Telefon. Wenn sie ihn darauf ansprach, sagte er, er hätte in seiner Wohnung gearbeitet und die Zeit vergessen.

Sie fühlte sich vor den Kopf gestoßen, es konnte nur ein Verständigungsproblem sein. So als müsste sie eine andere Sprache lernen oder er die ihre, damit er verstünde, was sie brauchte, um zufrieden zu sein. Wenn sie es schaffen würde, die passenden Codewörter zu finden, würden die Zahnräder in seinem Kopf einrasten, und die Tür zu einer besseren Welt würde sich öffnen. Eine Welt, in der er sie fragte, ob er sie von der Arbeit abholen könnte. Eine Welt, in der sie sich beim Sex von ihm begehrt fühlte. Der Sex war funktional und technisch einwandfrei, und trotzdem schloss sie sich danach manchmal auf dem Klo ein und masturbierte. Schließlich gewöhnte sie sich daran, dabei an andere Männer zu denken. Groschenromanwürdige Fantasien, die sie beschämend und lächerlich fand, sobald der Akt vorbei war. Trotz allem hatte sich etwas verändert: Sie fand Nils inzwischen interessant und geheimnisvoll, einfach weil sie ihn nicht verstand, weil sie zusammen lachen konnten, er ihr zärtlich in den Hals biss – und sich danach einfach umdrehte und sie vergaß. So zumindest fühlte es sich an. Gleichzeitig hatte sie Freiheit, Raum für eigene Gedanken. Pärchen, die alles gemeinsam erlebten, eine gemeinsame Firma gründeten, die gleichen Bücher lasen, verachtete sie traurig.

Vierzehn Monate später hatte sie einen neuen Schrank in der

Küche. Sonst war alles beim Alten. Dann, an Weihnachten, trennte sie sich erneut von Nils: »Ich bin nicht glücklich. Ich wünsche mir, dass dich meine Bedürfnisse ähnlich interessieren wie die winzigen, streichholzgroßen Teilchen, die du als Balkone an deine Architekturmodelle klebst. Aber ich glaube, dass wird nie passieren. Deshalb müssen wir uns trennen.« Es klang auswendig gelernt, und das war es auch. Denn insgeheim hatte Kira diesen (wie sie selber fand) »pathetischen Termin« gewählt, weil sie hoffte, dass er einlenken, aufwachen oder wenigstens Reue zeigen würde ob seines nachlässigen Verhaltens. Oder sie wollte erzwingen, dass er ihr sagte, dass er sie liebe oder eben nicht.

Und tatsächlich, nachdem sie ihren Text wie ein Weihnachtsgedicht eilig runtergeleiert hatte, kam es zu Tränen – aber zur Abwechslung nicht von ihr. Aus seinen Geschenkpapier-Augen tropften Tränen auf die eingepackten Päckchen. Es täte ihm alles so wahnsinnig leid: seine Distanziertheit, sein uneindeutiges Verhalten. Und dann folgte ein Redeschwall: über Frauke. Frauke, die Frau, mit der er jahrelang eine On-off-Affäre gehabt hatte. Dass er sie eigentlich hasste, aber lange nicht von ihr loskam. Dass er ihr viel Geld geliehen hatte, dass sie nicht zurückzahlte und er deshalb immer noch in Kontakt mit ihr stand. Und dass er sich aber gerade vor ein paar Wochen entschieden hätte: Scheiß auf das Geld, weg mit Frauke, Kira sei die Frau, um die es ab jetzt in seinem Leben gehen sollte.

Schöne Bescherung: Das Nils-Geheimnis war gelüftet, und es machte nichts besser, sondern alles komplizierter. Sie wollte und sollte ihn rausschmeißen, jetzt an Weihnachten, sofort. Er hatte sie hintergangen, es war eine Farce.

Trotzdem stand sie von ihrem Stuhl auf, lief den lächerlich dekorierten Tisch entlang, vorbei an dem Teller mit dem Schneemannmotiv, auf dem die Ränder der Lachsscheiben langsam trocken wurden. Sie setzte sich auf Nils' Schoß, umarmte ihn, genau genommen tröstete sie ihn. Sie sagte ihm, dass sie es gut finde, dass er jetzt wenigstens ehrlich zu ihr war, dass sie ihn auch liebe, dass jetzt alles vielleicht nicht gut, aber besser werden würde, denn sie hätten sich jetzt wirklich füreinander entschieden. Doch je tränenreicher diese seltsame Versöhnung wurde, desto mehr loderte in ihr Wut und Selbstekel. Aber das passierte in ihrem Innern und fand keinen Weg nach außen.

Nils war danach nicht gerade wie ausgewechselt. Der Kühlschrank glich unter seiner Kuratel immer noch einer Whitecube-Galerie, in den sich eine Andy-Warhol-Dosensuppen-Ausstellung verirrt hatte. Aber: Er sah nicht mehr durch Kira hindurch. Im Gegenteil, fast hatte sie das Gefühl, als beobachtete er sie oder würde versuchen, sie einzuschätzen. Wie ein besonderes Angebot, das attraktiv war, aber bei dem man einen geheimen Haken vermutete, aber nicht herausfinden konnte, was es genau war.

Kira jedoch wusste, was der Haken war: dass es von Anfang an nicht wirklich gepasst hatte mit ihnen, dass sie ihn insgeheim schwach fand. Er sie nicht kannte. Aber sie selbst fühlte sich noch schwächer. War es mit Nils nicht besser als ohne ihn? Sie verbrachte schließlich immer noch gerne Zeit mit ihm. Passend dazu festigten sie ihre Beziehung nach außen hin. Abendessen mit anderen Pärchen, Kira nahm Nils mit zu ihren Agentur-Partys, er sie zu den Richtfesten seines Architekturbüros. Sie galten als Paar, mit dem andere Leute sich gerne umgaben, und Kira genoss es, durch diese Events zu surfen mit Nils als Rettungsring im Schlepptau. Sie sagte sich, dass sie es sicher irgendwann bereuen würde, wenn sie sich nun gegen ihn entscheiden würde.

Nur wenn die Tür abends hinter ihnen ins Schloss fiel und Nils dann mit den Fingern ihre Locken durchkämmen wollte, pikste es, und sie stieß ihn meist sanft, aber bestimmt von sich. Sie versuchte sich auf die Geschenkpapier-Augen zu konzentrieren und auf die Lachfalten, aber dann wurde sie wütend, weil sie dachte, dass er glaubte, dass alles mit ein paar Tränen an Heiligabend erledigt wäre. Wer war dieser Mann überhaupt, der in ihrem Leben Platz genommen hatte, als wäre es ein Ohrensessel? Aber anstatt ihn zu fragen, zog sie sich zurück, verlor sich in »Projekten« oder verbrachte mit ihren Freundinnen, die Nils allesamt beneidenswert »lieb« und »entspannt« fanden, ausgedehnte Wochenenden. Irgendwann wäre das Konto ausgeglichen, und dann könnten sie sich bei null wieder begegnen, dachte sie. Und schämte sich, dass es nur der falsche Joghurt sein könnte, der sie an Flucht denken ließ. Innerlich ermahnte ihre Mutter sie, dass sie vielleicht einfach immer zu viel wolle. Das sei ja schon damals so gewesen, als sie geweint hatte, weil der Junge aus ihrer Klasse, bei dem sie zum Spielen zu Hause war, einen Swimmingpool im Keller hatte und hochflorigen Teppich in Lachsfarben auf den Treppenstufen.

Und dann war Kira auf einmal schwanger. Es war ein Schock und gleichzeitig wenig verwunderlich, denn sie hatten schlampig verhütet. Nils war außer sich, er wollte kein Kind. Sie weinte, denn sie wollte es unbedingt. Da entschuldigte er sich und sagte, dass sie es natürlich entscheiden dürfe. Aber Kira wollte sich nicht entscheiden müssen. Sie wollte, dass es nichts zu entscheiden gäbe. Sie empfand das erste Mal Hass auf ihn, weil er die Verantwortung auf sie abwälzte. In ihren Tagträumen schmiss sie ihn raus und sah sich tapfer und madonnenhaft mit ihrem Baby ihren weiteren Lebensweg bestreiten. Genug verdiente sie ja. Es würde sich irgendwann ein Patchworkpapa finden, mit dem sie dann noch zwei Kinder bekam und der ihr jetzt noch ungeborenes annehmen würde wie sein eigenes. Viele Freundinnen und eine Therapeutin wurden konsultiert, dann entschied sie sich, das Kind zu bekommen. Nils schien erleichtert. Kira hatte Ablenkung und endlich jemanden, der ausschließlich auf sie fixiert war. Natürlich war Nils ein guter Vater. Sein Sohn war schließlich sein Sohn. Sie waren gute Eltern, wenn sie gemeinsam vor der Badewanne saßen. Wenn sie zu dritt im Bett aufwachten. Und sie waren ein schlechtes Pärchen, weil sie kaum noch miteinander schliefen, nicht mehr gemeinsam ausgingen, nur noch über das Kind sprachen.

Nils traute sich nicht mehr, Kira anzufassen, sie machte es sich gemütlich. Beide verpassten es, nach einem Babysitter zu suchen. Kira fuhr manchmal auf Geschäftsreisen, trank immer ein Glas zu viel, schlief mit einem jüngeren Mann, dessen Namen sie nicht wissen wollte, küsste einen hässlichen und erfolglosen Künstler. Dachte über ein zweites Kind nach und wusste plötzlich, dass es ihre Beziehung auch nicht besser machen würde. Die Erkenntnis kam ihr, als sie einen zweiten Weißwein bestellte, im Flugzeug, in dreitausend Meter Höhe. Sie weinte. Fuhr nach Hause. Küsste ihren Sohn. Und trennte sich nicht.

Die Qual der Wahl

Werden Ehepaare in Frankreich zu einer Dinnerparty geladen, gebietet es die Etikette, sie ab dem zweiten Jahr nach der Trauung möglichst weit weg voneinander am Tisch zu platzieren. Es gilt, was in Paarbeziehungen verpönt ist: Nur die stetige Durchmischung der Protagonisten garantiert einen anhaltenden Unterhaltungswert. Stillschweigend geht man davon aus, dass sich die Vermählten spätestens ab Jahr zwei nichts mehr zu erzählen haben, was irgendjemanden sonst am Tisch interessieren könnte. Oder schlimmer: Wer möchte schon danebensitzen, wenn sie sich anschweigen oder gar streiten?

Beziehungen bieten ein Gefühl von Sicherheit, aber doch selten reine Freude. Als Betroffener muss man sich erst mal wenig Sorgen machen, wenn der Alltag zuschlägt. Es handelt sich um eine Art Naturgesetz. Vermutlich denkt jeder fest Liierte darüber nach, dass es doch eigentlich schöner wäre, morgens auf dem Klo zu sitzen, ohne dass vor der Tür jemand auch Bedürfnisse hat. Allerdings: Wenn die Frage »Gehen oder bleiben?« mehr Platz im Kopf beansprucht als die Planung des nächsten Sommerurlaubs, sollte man sich nicht zu lange vor der Antwort drücken.

Viele Menschen legen in dieser Situation Pro-und-Kontra-Listen an. Und es gibt sogar einen »Beziehungscoach«, der online dazu rät, diese Listen sicherheitshalber schon im Stadium der Verliebtheit auszufüllen: »Sie können diese Übung für sich selbst machen oder gemeinsam mit Ihrem Partner«, heißt es dort dem Thema entsprechend unentschlossen. Aber die Warnung kommt gleich hinterher: »Wenn Sie sich entscheiden, das zu zweit zu machen, bedenken Sie, dass es danach zu einem Streit kommen kann.« Und dann? Könnte man zumindest auf der Kontra-Seite verbuchen, dass der Partner sich nicht zum gemeinsamen Pro-und-Kontra-Listen-Schreiben eignet.

Das Internet hilft einem auch gerne auf die Sprünge, falls man es vor lauter Aufregung nicht mehr schaffen sollte, Pro und Kontra seinen Ärger in Worte zu fassen. Da liest man zum Beispiel unter Pro: »Hilft im Haushalt, ohne zu meckern und auf Anfrage«. Und bei Kontra: »Er kann nur reden, wenn er trinkt«. Wobei Letzteres unter Umständen auch ein Vorteil sein könnte.

Ob diese Art von Listen sinnvoll ist, wurde sogar an der Universität von Virginia untersucht. Ergebnis: eher nicht so. Mag es unter Umständen beim Autokauf etwas bringen, Benzinverbrauch und Leasingraten gegeneinander aufzurechnen, neigt der Mensch dazu, nur noch verwirrter zu werden, wenn er versucht, eine komplexe emotionale Situation zu systematisieren und zu gewichten. Spätestens wenn sich auf der Kontra-Seite das Profil eines Psychopathen befindet, auf der Pro-Seite jedoch nur der Satz »ich liebe ihn« steht, wird deutlich, dass man so nicht weiterkommt.

So mancher chronisch Unentschiedene neigt deswegen zur Zwischenlösung. Vielleicht muss man sich ja nicht gleich trennen, aber mal auseinanderziehen? Oder zusammen ins Schweigekloster gehen und das Problem als Konzept betrachten? Alles immerhin besser als jahrelange Bewegungslosigkeit. Ängstliche Schockstarre. Aushalten. Dauerzustände, die in der langfristigen Paarbeziehung keine Seltenheit sind, was unter anderem daran liegt, dass diese Form des Zusammenlebens recht gute PR-Berater hat, die die guten Seiten glänzen lassen und so von den desaströsen Begleiterscheinungen ablenken – wie die Marketingabteilung bei Apple.

Dabei ist die Ehe auch nur eine Möglichkeit und kein unumstößliches Versprechen mehr: Mehr als ein Drittel aller Ehen werden heute innerhalb von fünfundzwanzig Jahren geschieden. Das Liebesleben insgesamt ist agiler geworden: Fetische gelten als ansehnliches Hobby, Prostitution heißt jetzt Sexarbeit, und Dating-Apps versprechen uns unendliche Möglichkeiten und kommen der Idee der klassenlosen Liebe vielleicht erstmals ein klein bisschen nahe. Die meisten Menschen entscheiden sich im Laufe ihres Lebens also mehrmals für einen neuen Partner.

Die Suche nach ihm läuft heute nach dem Trial-and-Error-Prinzip. Eine 2015 verfasste Studie, für die knapp sechstausend Menschen aus sechsundneunzig Ländern befragt wurden, kommt zu dem Ergebnis, dass drei Viertel aller Befragten schon einmal eine Trennung erlebt haben, drei Viertel von diesen mehrere. Und trotzdem wandeln auf der Welt nicht mehrheitlich gebrochene Menschen mit ebensolchen Herzen: Kaum jemand trauert seiner ersten oder zweiten Liebe dauerhaft hinterher. Selbst wenn sie einst mit dem Attribut »groß« versehen war.

Auch in der Sprache finden sich Hinweise auf die Veränderungen der Paarkonzepte. Laut dem »Wortauskunftssystem zur deutschen Sprache in Geschichte und Gegenwart« taucht das Wort »Lebensabschnittgefährte« erstmals 1990 auf. Aber die sperrige Umschreibung von wechselnden Partnern in wechselnden Lebensphasen wird selbst von den offensichtlichen Anhängern dieses Modells nur halb ironisch verwendet, als wäre es etwas, von dem man sich distanzieren müsse. An seiner Realität jedoch zweifelt dabei hinter vorgehaltener Pralinenschachtel noch nicht mal die Valentinstag-Branche.

Wenn Beziehungen also anerkanntermaßen zu einer Art saisonaler Erscheinung werden, warum tun sich die meisten Menschen dann mit ihrer Auflösung so unendlich schwer? Die Entscheidung zum Loslassen gehört weiterhin zu den schwierigsten Disziplinen einer Zweierbeziehung. Paare, die sich vorgeblich lieben, tun sich Dinge an, die Stoff für nächtliche Thriller bieten, und dennoch hört man sie leise, fast ergeben sagen: »Aber ich liebe ihn/sie irgendwie.« Was auch heißt: »Bitte, lass mich nicht allein!«

So ziemlich jeder Mensch hat von Geburt an ein Bindungsbedürfnis, das als Kind auch überlebensnotwendig ist. Deswegen nimmt man vollkommen zweifelsfrei die Brustwarzen einer anderen Person in den Mund und hängt auch am Hosenzipfel eines emotional alles andere als zuverlässigen Elternteils. Die Erfahrungen, die wir diesbezüglich in diesen ersten Lebensjahren machen, haben auch Auswirkungen darauf, was für eine Art Bindungstyp wir später werden. Davon geht zumindest die sogenannte Bindungstheorie aus.

Wer bindungssicher ist, hat demnach nicht nur bessere Chancen auf eine stabile Beziehung, er oder sie verabschiedet sich auch leichter aus Konstellationen, die nicht guttun. Wer einen unsicheren Bindungsstil pflegt, kämpft demnach länger um die Bindung, auch wenn diese den eigenen Interessen und Bedürfnissen entgegensteht. Und wer eher der vermeidende Typ ist, lässt den Partner nicht mehr als nötig an sich heran und flieht, wenn es schwierig wird.

Es geht natürlich nicht immer ganz so archetypisch zu, doch eine Trennung ist immer auch eine Entscheidung gegen das menschliche Bindungsbedürfnis. Deswegen verhandeln manche Paare die Frage nach ihrer Zukunft oder Nicht-Zukunft, als ginge es um Leben und Tod. Und oft sind sie bereit, sehr viel auszuhalten, um einen schlecht gebundenen Zustand aufrechtzuerhalten, da die Alternative ihnen unberechenbar und deshalb Angst einflößend vorkommt. Die Weitsicht geht nämlich im Kampf um die Bindung oft als Erstes verloren. Lieber unzufrieden und unglücklich, da weiß man, was man hat, gute Nacht! Die Auswüchse dieser Haltung kann vermutlich jeder – wenn nicht an sich selbst – in seinem Freundes- und Bekanntenkreis beobachten. Überall Paare, die wenig Gemeinsamkeiten und sich kaum etwas zu sagen haben, die ständig streiten, sich immer wieder trennen, nur um wieder zusammenzukommen. Um das Gefühl zu vermeiden, versagt zu haben.

Der Autor Thomas Meyer hat in seinem Buch *Trennt euch!* behauptet, vier von fünf Beziehungen seien inkompatibel und müssten sofort beendet werden. Sicher ist: Es wird zu oft geduldet, ertragen, sich gelangweilt – alles auch dem Ideal geschuldet, dass man zu zweit irgendwie besser, irgendwie stärker und mehr wert ist als allein. Finanziell stimmt das leider sogar für viele Frauen mit Halbtagsjob oder ganz ohne eigenes Einkommen.

Eine der großen zu überwindenden Hürden, die uns zu lange in Partnerschaften ausharren lässt, ist dabei das immer noch wunderliche Missverständnis, eine Beziehung sei der höchste zu erreichende Daseinszustand. Zwar nur knapp vor einem Leben ohne Zucker, aber man stelle sich vor: Ein lebenslanger Partner, der ohne Zucker lebt und liebt, mehr kann man heutzutage eigentlich nicht erreichen!

Jahrhundertelange Lobbyarbeit ist der Grund: Das Ideal einer Partnerschaft beschäftigt jeden von uns seit wir »Vater, Mutter, Kind« gespielt haben. Als Teenager wird es kurzzeitig als »mit dir gehen« schamhaft und verharmlosend umschrieben, und ehe man sichs versieht, ist man als junger Erwachsener mit jemandem »zusammen« und kauft sich gemeinsam die erste Einbauküche – gebraucht natürlich.

Die Imagekampagne für die Paarbeziehung hat eine lange Tradition – obwohl in ihr von Anfang an der Wurm drin war. Stichwort: Apfel. Adam und Eva, das erste aller Paare, die große gemeinsame Pläne hatten, scheiterten auch als Erste grandios daran. Sie verprellten nicht nur den Landlord des Paradieses für die gesamte Menschheit, sondern gründeten danach auch noch die erste dysfunktionale Familie: Ihre Söhne Kain und Abel waren mehr als nur verhaltensauffällig – das Drama der beiden gipfelte im Brudermord.

Im antiken Rom gab es dann – je nach gesellschaftlichem Stand – verschiedene Formen der Partnerschaft: Die Usus-Verbindung, eine Art Gewohnheitsbeziehung, die durch einjähriges Zusammenleben eingegangen wurde, die registrierte Ehe namens Coemptio und die älteste Form der Ehe vor Zeugen und einem Geistlichen, die Confareatio genannt wurde. An diesen drei Arten der Legitimation des Zusammenlebens hat sich bis heute nicht viel geändert, sie prägt seitdem unser Rechtsverständnis und unsere Beziehungskultur. Was sich verändert hat: Seit der Antike war die Ehe lange Zeit der gesetzlich verankerte Rahmen, um eine Familie zu legitimieren. Das ist in Zeiten von Patchwork- und Regenbogenfamilien überholt. Trotzdem sind auch Kinder oft ein Grund zu bleiben. Kann das gut ausgehen? Ungefähr so gut wie der Versuch, mit einer Schwangerschaft eine kaputte Beziehung kitten zu wollen.

Fun Fact: Auch in der Antike wurde mit der Liebe gehadert und um sie gerungen. Ovid verfasste um das Jahr Null herum die *Ars amatoria* (Liebeskunst). In dem Werk verhandelte er Themen, die auch heute noch die WhatsApp-Threads – nicht nur von Jugendlichen – überlaufen lassen: Wo lerne ich die Richtige kennen? Wie entflamme ich ihre Liebe? Und wie schaffe ich es, dieses Gefühl auf Dauer am Leben zu halten? Große Fragen, auf die Antworten warten wir immer noch. Vielleicht schrieb Ovid deshalb später noch ein weiteres Werk: *Remedia amoris*, das »Heilmittel gegen die Liebe«. Darin gab er Tipps, wie man die Verliebtheit wieder abschüttelt, um sich von dieser quälenden Obsession zu befreien. Er empfiehlt unter anderem den autosuggestiven inneren Monolog – ein Klassiker bis heute. Ein weiterer Rat des großen Denkers ist, sich die Unzulänglichkeiten der geliebten Person vor Augen zu führen. So solle man sie im Schlaf beobachten und sich dabei penibel alle abstoßenden körperlichen Merkmale einprägen – also das, was sich nach langem Bettenteilen eh einstellt: Think negative!

Im Großen und Ganzen bedurfte die Ehe dieser Austreibungen jedoch nicht, war sie doch die meiste Zeit eine pragmatische Angelegenheit: Durch sie sollte die Scholle, der Hof, das Fürstentum oder Reich mindestens erhalten, besser noch vergrößert und vor Feinden von außen geschützt werden. Und es galt von jeher, dass für die Frauen die Ehe zumindest rein rechtlich kein großer Spaß war. Ihr Vermögen und ihre Autonomie – falls im Vorfeld überhaupt vorhanden – traten sie an den Mann ab.

Daran änderte sich zunächst auch wenig, als im späten 18. Jahrhundert die Idealisierung der Liebesbeziehung in der Kunst und der Literatur populär wurde: In Jean-Jacques Rousseaus Briefroman *Julie oder Die neue Heloise* von 1761 verlieben sich gegen alle gesellschaftlichen Normen ein Hauslehrer und seine adelige Schülerin. Natürlich ist dieser Konstellation kein Glück beschieden, und natürlich ist der einzige Ausweg aus dem unsittlichen Schlamassel, dass die Frau am Ende stirbt. Alles andere hätte damals wohl selbst Rousseaus Fantasie überstiegen. Ehen wurden trotz dieser neuen Gefühlsmode auch weiterhin zur Sicherung von Status, Vermögen und Herkunft eingegangen. Der Funke der romantischen Liebe war jedoch für alle Zeiten entzündet und nicht mehr zu ersticken: »Unendlich schön ist Eros, und seine Schönheit durchleuchtet Psyche wie das Licht die Rose«, so die Romantikerin Bettina von Arnim. Eros und seine Verheißungen haben es weiter gebracht, als von Arnim es wahrscheinlich je für möglich gehalten hätte – ganze Zentren werden inzwischen nach ihm benannt.

Nach heutigen Maßstäben jedenfalls wäre eine Ehe bis in die späten Siebzigerjahre des 20. Jahrhunderts hinein für Frauen bei klarem Verstand eigentlich unbedingt zu vermeiden gewesen. Der Ehemann hatte bis dahin das alleinige Entscheidungsrecht über alle Fragen des Ehe- und Familienlebens und verfügte über das Gehalt der Gattin. Noch bis in die Fünfzigerjahre war es verheirateten Frauen unmöglich, in den Beamtenstatus zu gelangen beziehungsweise ihn mit der Heirat zu halten. Die Eheschließung galt als Kündigungsgrund. Nach der »Personalabbauverordnung« musste die Frau mit der Heirat ihren Job aufgeben. Bis 1958 konnte der Ehemann den Anstellungsvertrag seiner Frau in ihrem Namen auch gegen ihren Willen kündigen, und noch bis 1977 durften Ehefrauen ohne die Erlaubnis ihres Mannes nicht arbeiten. Gleichzeitig waren sie verpflichtet, ohne Vergütung im Geschäft des Mannes zu »helfen«, zum Beispiel in der Buchhaltung oder als Sekretärin. Und wenn das Geld des Mannes nicht ausreichte, dann musste sie zusätzlich eine Lohnarbeit annehmen. Denn zur Führung des Haushalts war die Frau ebenfalls gesetzlich verpflichtet. Wirklich! Heute klingt das bizarr – auch wenn viele Frauen das immer noch »nebenbei« und »freiwillig« machen.

Aber es ist natürlich immer noch so: Auch heute und in der westlichen Welt ist die Ehe – Liebe hin oder her – nicht frei von wirtschaftlichen Erwägungen. Obwohl sich die Popkultur in unzähligen Songs und Filmen viel Mühe gegeben hat, ein allem Irdischen entrücktes Ideal zu zeichnen. Oder wie es der Historiker Lawrence Stone beschrieb: »Liebe ist die wichtigste Sache der Welt, der man alle anderen Erwägungen, insbesondere solche materieller Art, opfern sollte.« Aber nicht selten ist es auch heute immer noch so, dass Menschen aufgrund von ökonomischen Zwängen zusammen sind oder bleiben müssen, auch nicht verheiratete. Auch die sozialen Schichten sind nicht von der Kraft der Liebe außer Kraft gesetzt worden. Was sich geändert hat: Ab dem 20. Jahrhundert setzte sich mehr und mehr die Vorstellung und auch die Hoffnung durch, dass die Ehe möglichst alle Ansprüche erfüllen sollte: Versorgung, finanzieller Zugewinn genauso wie Liebe, Persönlichkeitsentwicklung und ein erfülltes Sexleben. Allerdings immer noch mit klaren Zuständigkeitsbereichen.

Wenig verwunderlich, dass das nicht gut gehen konnte. Die Scheidungsrate in Deutschland erlebte ab Ende der Siebzigerjahre zunächst einen sprunghaften, danach einen stetigen Aufschwung und erreichte ihren Höhepunkt 2003 mit über fünfzig Prozent. Damit hatte die Trennungslust ihren Zenit überschritten.

In den Achtzigern und Neunzigern erschien Heiraten eher muffig, und in dem bundesdeutschen Seismografen, der ARD-Serie *Lindenstraße*, lebten selbst Hajo und Berta, die der Zugehörigkeit der 68er eher unverdächtig waren, in »wilder Ehe«. Heute wird nicht nur wieder mehr geheiratet – die Zahl der Eheschließungen nahm innerhalb der letzten zehn Jahre um zehn Prozent zu –, sondern auch die Scheidungsrate ist die niedrigste in fünfundzwanzig Jahren. Warum das so ist, darüber wird viel spekuliert. Im Großen und Ganzen einigt man sich meistens darauf, dass die Leute wieder nach mehr Verbindlichkeit suchen in einer als unverbindlich empfundenen Welt. Granola selbst machen, *Landlust* lesen, heiraten. Die Zweierbeziehung scheint verlockender und weniger anstrengend zu sein als zum Beispiel die zu Freunden oder Nachbarn. Und der Blick ins Internet zeigt: Da draußen tobt eh der helle Wahnsinn, da bleibt man lieber unter sich.

Schaut man sich die mit Hochzeit in Verbindung stehenden Hashtags auf Instagram an, hat man den Eindruck, dass sich die neue Spießigkeit unter Vollbart und Blümchenkranz versteckt. Trennung dagegen ist (noch!) nicht angesagt in den sozialen Kanälen – bis auf ein paar #divorceselfies. Scheidung hat doch bitte schön ein angemessenes natürliches Maß an Zerknirschung nach sich zu ziehen. Über die drogenrauschähnliche Erleichterung und den neuerlichen Tatendrang, der mit einer Trennung – zumindest temporär – einzieht, ist wenig zu hören. Auch nicht von dem Gefühl, sich selbst aus dem Sumpf gezogen zu haben, und von den positiv überraschenden Dingen, die einem begegnen, sobald man sich wieder in Bewegung setzt. Das hat auch mit dem schlechten Gewissen zu tun, das mit einer Trennung einhergeht. Dem schlechten Gewissen, jemanden zu verletzen oder es wieder nicht geschafft zu haben, den Partner fürs Leben zu halten.

Dabei ist das Recht auf Trennung gar nicht so selbstverständlich, wie es uns heute vorkommen mag. Noch bis ins Jahr 2011 gab es zum Beispiel in Malta keine Möglichkeit zur Scheidung. Für Vatikanstadt gilt das sogar heute noch. In Italien wurde die Scheidung erst 1970, in Irland erst 1995 eingeführt. Und die Verfassungsänderung wurde in einer Volksabstimmung mit nur sehr knapper Mehrheit entschieden. In Deutschland wurde erst 1976 das geltende Schuldprinzip durch das Zerrüttungsprinzip ersetzt. Bis dahin musste derjenige, der sich scheiden lassen wollte, nachweisen, dass der Ehepartner sich etwas hatte zuschulden kommen lassen.

Zerrüttung, darum geht es also heute, und das klingt jedenfalls angemessen dramatisch. Was genau unter den Zustand der Zerrüttung fällt, entscheidet heute kein Gericht mehr, beschäftigt aber sehr wohl alle diejenigen, die sich fragen, ob es noch Wert hat, an ihrer Beziehung festzuhalten oder nicht.

»Ging es nicht mehr?«, fragt die Nachbarin, als sie die Umzugskisten sieht. Was soll das heißen »nicht mehr gehen«? Ab wann geht es nicht mehr? Erst wenn alles in Grund und Boden gestampft, also zerrüttet ist? Wenn man sich belügt und betrügt? Wenn die pure Anwesenheit des Partners Fluchtgedanken in einem auslöst? Was ist, wenn es noch geht, aber es trotzdem nicht gut ist? Geht es dann noch? Ist der Wunsch, glücklich zu sein, dem dauernden Selbstoptimierungstrend geschuldet oder angemessener Egoismus? Oder lockt die ständige Verfügbarkeit von mehr? Wäre das besonnene

Abwarten vielleicht sogar so etwas wie emotionale Nachhaltigkeit in diesen schnelllebigen Zeiten – ein rebellischer Akt gar?

Es gibt viele gute Gründe, sich zu trennen, aber welche sind die richtigen? Vielleicht aber ist genau das nicht die richtige Frage. Es gibt nur sehr wenige objektiv richtige Gründe, um sich zu trennen – und sie sind in der Regel strafbar. Gewalt, Drohungen und Übergriffigkeiten. In jedem Fall gilt: mit seiner eigenen Beziehung auseinanderzusetzen, kostet Kraft und Mut. Auch weil wir dabei mehr auf uns als auf den Partner schauen. Die Frage lautet dann nicht: Was macht er falsch?, sondern: Wie möchte ich leben?

Eine repräsentative Erhebung aus dem Jahr 2016 in Deutschland zeigt, vermutlich unfreiwillig, wie wenig Trennungsgründe objektivierbar sind. Als Haupttrennungsgrund bei Frauen wird mit zwanzig Prozent angegeben: »das Gefühl, nicht genug geliebt und wertgeschätzt« zu werden. Doch letztlich fühlt sich wohl jeder, der sich trennt, ungenügend gesehen. Männer geben ein noch unspezifischeres Hauptproblem an: Dreizehn Prozent von ihnen trennen sich, weil »die Rahmenbedingungen nicht gepasst haben«. Damit ist laut Studie die Unvereinbarkeit im Beruf gemeint. Doch es bleibt unklar, ob die Partnerin zu viel oder zu wenig arbeitet oder im falschen Job oder ob er sich lieber mehr auf die Arbeit konzentrieren möchte.

Eher auf den hinteren Plätzen – mit vier und fünf Prozent – werden die allgemein angenommenen Klassiker gelistet: »Langeweile in der Beziehung«, »das Gefühl, dass irgendwo noch etwas Besseres wartet«, oder dass man »den Partner nicht mehr körperlich anziehend gefunden hat«. Doch sind diese Gründe wohl ebenfalls eher Symptome für tieferliegende Defizite und Kommunikationsprobleme.

Und hier geht dann die Arbeit unter Umständen erst richtig los. Der Weg führt viele hoffnungsvolle Zweifler zum Paartherapeuten. Worum geht es in der Dreieckskonstellation bestehend aus einem unglücklichen Paar in zwei bequemen Sesseln und dem professionellen Ansprechpartner auf dem Stuhl gegenüber? »Die meisten Menschen haben nicht gelernt, über ihre Gefühle zu sprechen, um die es wirklich geht, meistens wird zunächst über den sekundären Ärger gestritten«, sagt der Berliner Psychologe, Paartherapeut und Buchautor Ralph Kohn. Sekundärer Ärger – das ist im Prinzip alles von Hausarbeit über divergierenden Kinderwunsch bis zu *ihrer* Gesichtscreme, die *er* immer mitbenutzt. Und der Psychologe nimmt einem ziemlich schnell jede Hoffnung, dass es da eine bequeme Lösung gibt: »Was während einer Paartherapie nicht passieren wird, ist, dass das Gegenüber sich verändert, damit der andere so bleiben kann, wie er oder sie will.« Wer sich ernsthaft auf diese Art der Inspektion einlässt und einen passenden Therapeuten gefunden hat, dem ist in der Regel jedoch Erfolg beschert. Wobei Erfolg nicht heißt, dass danach die zweiten Flitterwochen anstehen. Erfolg kann eben auch bedeuten, dass jeder seinen eigenen Weg geht – wohl wissend, dass es besser so ist. Wer sich entscheiden möchte, muss leider einkalkulieren, dass es nicht nur den vermeintlich komfortablen Wunsch-Ausgang gibt.

Neutraler und sachlicher als ein Therapeut ist im Übrigen nur noch die Zeit. Sie ist der unbestechliche Gegenspieler zu allem Sich-im-Kreis-Drehen. Ihr ist es egal, ob wir es auch noch zum fünften Mal miteinander versuchen. Sie macht einfach weiter – bis wir plötzlich merken, dass wir uns jetzt sofort möglichst umweglos trennen müssen. »Sie ist so kurz, die Zeit auf dieser Erde, wir müssen uns proaktiv unglückliche Beziehungen ersparen«, schrieb kürzlich die achtundsechzigjährige Freundin per E-Mail. Sie muss es wissen, denn sie ist einmal geschieden, einmal verwitwet und noch mal verheiratet.

Man wünscht sich mehr Einsichten von denjenigen, die über ein halbes Jahrhundert Beziehungserfahrung haben. Doch gerade über trennungswilligen Frauen bricht oft eine Kakofonie von Tipps von außen herein: »Du findest so schnell keinen Mann mehr, mit dem du Kinder kriegen kannst«, heißt es dann zum Beispiel. Ähnlich unerklärlich wie die immer wieder in Mode kommende, nicht sehr schöne Schlaghose, werden auch alte Rollenbilder gerne wieder aus dem Schrank geholt. Die Frau gilt als vermeintlich emotionaler Part in der Beziehung und trägt somit auch für ihr Gelingen und ihren Erhalt eine größere Verantwortung als der Mann. Die Suche nach dem eigenen Psychoknacks nach einer Trennung suggeriert – selbst wenn der Mann längst weg ist –, dass irgendwas mit einem doch nicht stimmen kann. Wer kürzlich Trennungen erlebt hat, weiß, wie oft der Rat kommt »das mal professionell aufzuarbeiten«.

Der überflüssigste Rat aber ist auf jeden Fall immer noch: es sich doch bitte »gut zu überlegen«. Es gibt ja wiederkehrend Zeiten, in denen man während einer anstehenden Trennung über nichts anderes nachdenkt. Kein Mensch weit und breit, der es sich hier leicht gemacht hat, weil der Nächstbeste schon im Café an der Röstmaschine steht. Und doch gibt es Menschen, die Sätze sagen wie »Verlass ihn nicht, du findest nie wieder so eine schöne Wohnung« oder »In deinem Alter wird es auch nicht einfacher«. Schlimmer noch: Irgendwann ertappen wir uns dabei, solchen Unsinn selber zu fürchten.

Dabei sollte das Umfeld, das sich um das steigende Alter sorgt, sinnvollerweise lieber raten, besser früher als spät zu gehen und so Zeit zu sparen. Denn wenn die Probleme so offensichtlich sind, dass man sie aus Verzweiflung ignoriert, oder die Langeweile das Einzige ist, was sich noch auf einen legt – dann gibt es eigentlich kein Zurück mehr. Sondern nur noch eine kräftezehrende und zersetzende Dauerschleife, die eine anschließende Freundschaft erschwert.

Michael Nast sieht das vermutlich anders. So heißt der Berliner Autor und bekannter Vertreter der Bleiben-Fraktion, dem Tausende junge Menschen bei Lesungen lauschen – leider besonders gerne

Frauen. *Generation Beziehungsunfähig* heißt der Text, mit dem er 2015 im Netz bekannt wurde. Seine These, die er in einem Buch unter selbigem Titel auswalzt wie zähen Teig: Wir können keine Beziehungen führen, trennen uns ständig, wollen immer nur optimieren, wollen uns nicht festlegen, weil wir zu viel Auswahl haben.

Nun, die Auswahl können wir nicht verleugnen, nur was soll der Nachteil daran sein? Gerade Frauen haben, weil es ihnen lange Zeit nicht erlaubt war, frei zu wählen, lange genug ihr Dasein mit Partnern fristen müssen, die alles andere als inspirierend waren. Mehr Freiheit, sich den Partner auszusuchen, der zu einem passt, bedeutet erst mal mehr Autonomie. Das kann anstrengend sein. Doch warum nun ausgerechnet ein Mann sie uns ausreden möchte, kann eigentlich nur ein Treppenwitz der Geschichte sein.

Eine unbestreitbare Veränderung der letzten Jahrzehnte in Liebesdingen sind unsere Erwartungen an den Partner. Wir wünschen uns vor allem Flexibilität: wechselnde Jobs, Kinder oder keine, exotische Hobbys, äußerliche Veränderungen, sexuelle Präferenzen – auf alles soll stets mit freudiger Akzeptanz reagiert werden. Ob wir uns weiterentwickeln oder früh vergreisen, wir wollen gesehen und angenommen werden. Die Lust auf Neues, das ständige Gedrücke des Refresh-Buttons auf dem Telefon gilt allerdings nicht für den Partner, der soll verlässlich und beständig bleiben – aber dabei trotzdem aufregend sein. Und zwar immer. Das ist natürlich anstrengend bis unmöglich. Vielleicht haben deshalb auch so viele Leute das Gefühl, dass eine erfolgreiche Beziehung vor allem »Arbeit« ist. Romantische Liebe sei zu einem »intimen, unentbehrlichen Teil des demokratischen Wohlstandsideals geworden«, das mit dem Aufkommen des Massenmarktes entstanden sei. Sie biete »eine kollektive Utopie, die quer zu allen sozialen Teilungen verläuft und diese transzendiert«, sagt Eva Illouz. Liebe als Leistung, die sich wieder lohnen muss. Liebe ist demnach nicht befreit von all dem Kladderadatsch, in dem wir uns sonst befinden. Sie steht genau nicht über allem, sondern ist Teil unserer kommerziellen Strukturen. Das macht es alles nicht einfacher.

»Ich bin schon sehr lange verheiratet und glücklich, und dann sagen die Leute immer: Mensch, das bewundere ich, das ist eine unheimliche Leistung. Gerade das ist es aber überhaupt nicht. Ich habe nie etwas geleistet, und ich glaube, man kann dafür auch nichts leisten; es stößt einem zu«, sagt hingegen die Literaturwissenschaftlerin Barbara Vinken in einem Interview. Also doch alles nur Tombola? Glück beziehungsweise Pech gehabt? Eher nicht. »Eine funktionierende Beziehung ist immer ein Austausch«, bestätigt der Psychologe Ralph Kohn, »aber einer, der sich nicht wie Arbeit anfühlt.«

Den Arbeitsverweigerern sei ein Blick in die *Bravo* empfohlen: »Fünf Anzeichen, dass ihr euch lieber trennen solltet«, schreibt »Doktor Sommer« und weiß wie immer, wo es langgeht: »Du vermisst ihn/sie nicht, du bist da so reingerutscht, ihr nörgelt nur noch miteinander, du motzt bei deinen Freunden nur noch über sie/ihn, er/sie ist zu weit gegangen.« Und betrachtet man diese fünf Gründe, sind wir eigentlich wieder bei Autor Meyer, der behauptet, dass die meisten Pärchen sich umgehend trennen sollten.

Bleiben oder gehen? Wer sich diese Frage regelmäßig stellt, an Silvester typischerweise, nach den Feiertagen oder wenn der Freund, die Kollegin, der Nachbar von seiner neuen großen Liebe erzählt. Wer keinen Bock mehr hat auf Küssen. Wer schon im Supermarkt beim Einkaufen in Tränen ausbricht, weil der andere die Milch mit dem zu niedrigen Fettanteil in den Wagen gelegt hat. Für den kann es nur eine Antwort geben: natürlich gehen!

3

TRENNUNGSTYPEN

Evelyn und Jonathan

Evelyn lag auf dem frisch abgezogenen Dielenboden. »Über mir schwebten kleine Staubpartikel im Licht. Es roch nach Holz und frischer Farbe.« Zehn Jahre ist das her. Sie erinnert sich bis heute an jedes Detail: »Heute würde man das vielleicht Post Traumatic Stress Disorder nennen. Kurz nach der Trennung hatte ich jedenfalls über ein Jahr Flashbacks zu diesem Moment. Jedes Wort, das Licht, der Geruch. Ich konnte die Farbe immer noch riechen.«

Evelyn robbte zu der Stelle, wo ein leicht verzerrter Sonnenfleck erschien. Dabei blieben kleine Holzspäne an ihrer Jogginghose und am T-Shirt hängen. Augen zu. Die Sonne schien ihr warm ins Gesicht. Als sich eine Wolke vor die Sonne schob, öffnete sie die Augen wieder und nahm die an der rechten Wand gestapelten Umzugskartons ins Visier.

Nein, sie würde nicht damit beginnen, irgendetwas auszupacken. Bloß keine voreiligen Tatsachen schaffen. Bald müssten auch Jonathans Kisten ankommen. Sie hätte sich gerne einen Tee gemacht, aber die Studenten vom Umzugsdienst hatten die meisten Kartons so hingestellt, dass ihre Beschriftung zur Wand gekehrt war. Evelyn hatte es zu spät gemerkt, weil sie erst mit dem Vermieter die Zählerstände abgelesen und den Keller inspiziert hatte. Später wieder und wieder versucht hatte, Jonathan zu erreichen. Sein Handy klingelte, aber er ging nicht ran.

Zwei fast identische Altbauzimmer, Südseite, eine große Küche und ein schmales Bad nach hinten zum Hof mitten in der Stadt: Hier sollte es also zünden, das große Evelyn-und-Jonathan-Beziehungsfeuerwerk. »Als wir den Zuschlag für die Wohnung bekamen, war das für mich wie eine Bestätigung unserer Zusammengehörigkeit von außen. Ich stellte mir immer vor, dass es hier in hundert Jahren eine Gedenktafel geben würde für das größte Liebespaar seit Cäsar und Kleopatra, Siegfried und Roy, Tom und Jerry.«

Evelyn versuchte sich vorzustellen, was für eine Art Paar sie und Jonathan ab jetzt sein würden. Schwierig. »Es gab mehr Variationen von uns als Coverversionen von ›Jingle Bells‹.« Einige von ihnen nicht besonders wohlklingend. »Vielleicht, so hoffte ich damals, würden wir ab sofort einfach das Paar sein, das diese Wohnung gegen jede Wahrscheinlichkeit bekommen hatte.«

Sechs Wochen zuvor wären sie beinahe gar nicht zur Wohnungsbesichtigung erschienen, denn welches zynische Arschloch stellt schon so eine schöne, günstige Wohnung in begehrter Lage einfach so ins Internet: Kein Makler, Besichtigung sonntags um fünfzehn Uhr. Es stand jedenfalls zu befürchten, dass auf diese Wohnungsbesichtigung mehr Leute kommen würden als zu einer außer Kontrolle geratenen Facebook-Party.

Evelyn ging eher aus Trotz zu diesem Termin. Schon von Weitem sah sie die Menschentraube, die sich vor dem Haus herumdrückte. Jeder Neuankömmling wurde mit mehr oder weniger notdürftig kaschierten, argwöhnischen Blicken bedacht: Was hat er oder sie, was ich nicht habe, um die Wohnung zu bekommen?

Jonathan kam aus der anderen Richtung auf das Haus zugelaufen. Evelyn spürte, dass es vielleicht doch nicht ganz so aussichtslos war. Dass Jonathan und sie zusammen eine Leuchtkraft entfalteten, die all diese wie zum Kirchgang herausgeputzten Menschen, Hipster und gestressten alleinerziehenden Mütter ganz natürlich überstrahlte.

Man hätte Jonathan und sie auch für nahe Verwandte halten können: Aus seinem feinen hellen Gesicht leuchteten Augen in unbestimmtem Blau wie bei ihr, und bei ihm drängelten sich auch ein paar Sommersprossen auf der Nase. Sie hatten nicht nur ähnliche Haare, sie waren mit einunddreißig Jahren auch gleich alt.

Es stellte sich heraus, dass der Vermieter weder zynisch noch weltfremd war. Vielmehr war er einfach nett. Ein freundlicher Rentner, das Haus seit drei Generationen in Familienbesitz, und Evelyn vermutet im Nachhinein, dass sie nicht nur durch ihr sympathisches Aussehen den Zuschlag bekamen, sondern schlicht und einfach, weil sie ganz normale Berufe hatten: Evelyn, die Erzieherin, Jonathan, der angehende Arzt, der gerade von einem dreimonatigen Aufenthalt in Myanmar für Ärzte ohne Grenzen zurückgekehrt war.

Ihr Glück war, davon ist Evelyn bis heute überzeugt, dass der Vermieter nicht wusste, was er sich unter den Jobs der Mitbewerber – Onlineredakteur, Ergotherapeutin und Pop-up-Galerist – vorzustellen hatte. Zudem hatte Evelyn ihm eine schriftliche Bewerbung in die Hand gedrückt, die ihnen wahrscheinlich auch zwei Sitze im UN-Sicherheitsrat eingebracht hätte.

Nach der Wohnungsbesichtigung, auf dem Weg zu ihrem Lieblingsburgerladen zerfielen Jonathan und Evelyn sofort wieder in die individuellen Partikel ihrer Persönlichkeit. »Es klappt sowieso nicht«, sagte Jonathan. Bis heute versucht Evelyn sich daran zu erinnern, ob sie an dieser Stelle vielleicht schon hätte heraushören können, dass er damit in Wirklichkeit einen Wunsch formulierte. »Stattdessen ging ich ihn wegen seiner Negativität an.« Jetzt, da sie streitend die Straße entlangliefen, fand sie, dass er in seinem blauen Ton-in-Ton-Outfit mehr aussah wie ein frustrierter Mitarbeiter vom Ordnungsamt als ein dynamischer Akademiker auf Wohnungssuche.

Erst als sich beide einen Baconburger mit Pommes reingestopft hatten, konnten sie erschöpft nicht mehr weiterstreiten. Sie legten sich auf die verdorrte Wiese im angrenzenden Park und warteten, dass sie nicht mehr stoned vom Essen waren, um endlich einen Joint zu rauchen. Als der Rauch in Evelyns Lunge knisterte, wurden die Konturen der Umgebung und ihre eckigen Gefühle weicher. Jonathan drückte Evelyns Hand. Sie drehte sich zu ihm und gab ihm einen feuchten, weichen Teenagerkuss. Erstaunlich flink standen sie beide auf und stolperten aus dem Park.

Aus den Hauseingängen ergossen sich Menschenmengen auf die frühlingshaften Gehwege, und nur zwanzig Minuten später ergoss sich Jonathan in Evelyn. Sex. Das ging irgendwie immer. »Im optimalen Verhältnis von Aufwand und Resultat.« Wie ein zuverlässiger Mittelklassewagen, der einen nie im Stich lässt: Wohnungssuche? Streit? Minderwertigkeitskomplexe? Ließen sich Haut auf Haut unter erstickten Seufzern wegvögeln. Vielleicht war es das, was Evelyn und Jonathan im Innersten verband. Dann gab er seine immer im Raum stehende Bockigkeit auf. »Das Problem ist, dass man unter Schock die nachträgliche Analyse mit den Gefühlen von damals vermischt. Das macht alles noch komplizierter.«

Zurück zu den Umzugskisten. Evelyn war wie erstarrt von der Schlepperei, unfähig, eine Bewegung auszuführen. Als das Telefon klingelte, spannten sich alle Muskeln in ihr an. Jonathan.

»Hey!«, sagte sie, bemüht, schwungvoll zu klingen.

»Hey!« Stille. Evelyn versuchte anhand der Hintergrundgeräusche und des Klangs von Jonathans Stimme zu erraten, von wo er anrief.

»Wo bist du?«

»Bei Sebastian in der Wohnung.« Sebastian war Jonathans Freund, der vor drei Wochen für ein paar Monate nach Los Angeles gegangen war, um dort als Unter-Unter-Unter-Kameramann an einer neuen Serie mitzuarbeiten. Evelyn verstand nicht, was Jonathan bei Sebastian in der Wohnung machte. Dort wohnte doch jetzt Sebastians Bruder.

»Was machst du da, wann kommst du denn? Ich will auspacken.«

»Ich komme gar nicht«, sagte Jonathan, und seine Stimme klang plötzlich belegt.

Evelyn setzte sich ruckartig auf, dabei fiel ihr das Handy aus der Hand. Als sie es aufhob, war das Gespräch unterbrochen. Sie tippte auf Jonathans Kontakt. Besetzt. Sie wartete ein paar Sekunden und probierte es noch mal.

»Hallo?«

»Was hast du gerade gesagt?«

»Ich habe es mir anders überlegt, ich gehe nach Los Angeles. Zu Sebastian.«

»Was?«, rief Evelyn jetzt noch lauter, und sie ärgerte sich, dass ihr außer »Was?« nichts einfiel. »Was meinst du damit?«

»Evelyn, es tut mir leid. Ich mag nicht Arzt sein, und ich mag nicht mit meiner Freundin zusammenziehen, und dann war's das.«

»Dann war es was?«, fragte Evelyn wieder, und sie musste fast lachen. »Bist du verrückt geworden?«

»Evelyn, es tut mir wirklich leid.«

»Jonathan! Ich sitze hier zwischen tausend Kisten. Ich besitze noch nicht mal mehr ein Bett, weil wir gesagt haben, dass deins besser ist als meins.« Ihre Stimme kippte.

»Du kannst mein Bett haben. Ich kann es sowieso nicht mit nach Los Angeles nehmen«

»Scheiß auf dein Bett! Ich will dich sehen. Jetzt sofort. Komm hierher! Ich will mit dir reden.«

»Nein, ich komme nicht. Es tut mir leid. Wirklich. Du bist toll. Es tut mir leid. Ich lege jetzt auf.«

Und dann legte Jonathan auf.

Sag mir, wie du dich trennst, und ich sage dir, wer du bist

Nicht mal Ingmar Bergman hätte das besser inszenieren können. Eines Morgens, mitten im vergangenen Jahrhundert auf der griechischen Künstlerinsel Hydra, spaziert die Norwegerin Marianne Ihlen, jung und blond, mit einem Korb über dem Ärmchen ins Dorf, um Milch zu holen. Sie läuft die weißen Häuser entlang. Und sie erinnert sich, dass plötzlich ein »dunkler Mann« im blauen Türrahmen steht. Die Sonne leuchtet ihn an, als er ihr zuraunt: »Hast du Lust, dich zu uns zu setzen? Wir sind alle dort draußen.«

Der dunkle Mann ist Leonard Cohen. Er wird später sagen, dass Marianne die schönste Frau war, der er je begegnet ist. Natürlich. Ihrer Liebesgeschichte mangelt es auch sonst nicht an Superlativen, sie ist eine der romantisch verklärtesten Begegnungen der Popgeschichte. Denn Marianne inspirierte den kanadischen Songwriter zu einer Flut von Büchern, Liedern und Gedichten. Und die Schwarz-Weiß-Bilder, auf denen er Mariannes Sohn im Sonnenschein umsorgt oder sie gemeinsam auf einem Esel über die Berge reiten, sind heute eine Reminiszenz an das noch immer recht publikumswirksame Verhältnis zwischen Genie und Geliebter.

»Viele Frauen prägten das Leben von Leonard Cohen« stand in einem Nachruf auf Marianne, die 2016 an Krebs starb, zwar nicht gerade taktvoll, doch zumindest korrekt. Aber nur Marianne wurde in den Olymp der Lovestorys des Meisters erhoben. Eine der eher unangenehmen Begleiterscheinungen des Musendaseins ist ja, dass der Grund für ihren Fame vor allem bei ihm liegt. Marianne speziell wurde bekannt durch die zwei Songs, die Leonard schrieb, als sie ihn schließlich nach ein paar Jahren *nicht* mehr so doll inspirierte: »Ich bin kalt wie eine Rasierklinge«, singt er in »So Long, Marianne«, einem der bekanntesten Trennungsschmachtfetzen der an Schmachtfetzen nicht armen Musikgeschichte.

Cohen schrieb noch weitere erläuternde Zeilen zum Abschied. In »Hey, That's No Way to Say Goodbye« heißt es: »So ändern sich die Dinge wie die Küste und das Meer.« Auch ganz natürlich. Und dann strich er die Segel. Seine Lieder funktionieren auch heute noch für viele wie frisch geschnittene Zwiebeln, weil sie kongenial Mitleid und Selbstmitleid vereinen, den Fond des Liebeskummers. Im Allgemeinen gilt: Der Singersongwriter trennt sich mit einem Lied, der Schriftsteller mit einem Brief, der Florist mit einem Kaktus.

Cleveren Partnern wäre es also möglich zu antizipieren. Eine zugegeben etwas unpopulär klingende Anregung, die selbst frisch verliebte Menschen in Betracht ziehen sollten: Schauen Sie sich bitte die Trennung Ihres Schatzis vom Vorgänger oder der Vorgängerin genauer an! Am Anfang haben Sie das Gefühl einzigartig und unvergleichlich zu sein, aber wenn es auf das Ende zugeht, werden Beziehungen der Einfachheit halber gerne nach ein- oder mehrmals erfolgreich durchexerzierten Abläufen beendet. Was nicht bedeutet, dass es beiden Parteien leicht gemacht wird, und auch nicht, dass alle Beteiligten mit möglichst geringen Blessuren davonkommen. Es handelt sich lediglich um bereits erprobte Lösungsmittel. Wirksam wie Terpentin, auch wenn sie zum Himmel stinken. Psychologen nennen das Muster.

Denn wo Trennung stattfindet, war vorher Bindung, und wo Bindung vorhanden ist, lungern gerne immer dieselben Typen rum. Je nachdem, ob man gut, unsicher oder vermeidend gebunden ist, hat das eventuell auch Auswirkungen auf die Art der Trennung. Wie bei Schnick, Schnack, Schnuck schlägt unter Umständen ein besonders dominanter Typ den anderen: Gegen einen chronisch vermeidenden Typen, der einen ohne Aufhebens sitzen lässt, kann auch der fairste, bestens gebundene Vernunftmensch wenig ausrichten. Und wer sich im anstrengenden Hin und Her mit einem unsicher Gebundenen beziehungsweise Verlasser befindet, lässt sich von dem Drama vielleicht sogar anstecken. Nicht jeder, der bei der Trennung eine Bauchlandung hinlegt, ist dazu verdammt, es immer wieder zu tun. Aber die Leute, deren Liebesgeschichten anscheinend immer auf Repeat laufen, kennt eigentlich jeder. Oft reicht dazu ein Blick in den Spiegel.

So gibt es zum Beispiel die VORAUSEILER, die Beziehungen gerne prompt und zackig beenden und sich damit rühmen, dass sie genau wissen, wann es reicht, und dann umgehend reinen Tisch machen. Dafür haben sie Monate im Kämmerlein auf ihren Gedanken rumgekaut – für sich allein versteht sich – und dann das Ergebnis selbstbewusst, aber für den anderen vollkommen überraschend ausgespuckt. Im Kopf sind sogar schon die Sachen aufgeteilt und gepackt. Plötzlich geht alles sehr schnell, und es soll sich auch bitte niemand beschweren: Man sei doch nur »konsequent«.

Sachen packen macht jedenfalls immer erst einmal Eindruck. Fast noch mehr, wenn es die Sachen des anderen sind, die dann dramatisch vor die Tür geworfen werden. Das Schöne daran ist: Man kann sie auch wieder reinholen. Und bei Bedarf erneut rausstellen. Die KOFFERPACKER neigen gern zu Wiederholung der eindringlichsten Szene. Das lässt sich fast als eine Art Hobby bezeichnen. Bis dann der mit den vor die Tür gestellten Koffern hoffentlich bald die Chance ergreift und sie eigenhändig und für immer die Treppen hinunterträgt.

Es gibt auch Leute, die anscheinend nach der Stechuhr lieben. Die KALTFÜSSLER, die mit Ach und Krach auch mal drei Jahre schaffen, aber wirklich nicht viel länger. Dann konstruieren sie eifrig Probleme, bevor hier noch irgendjemand »Kinder?« fragt. Sie neigen zu langen Gesprächen darüber, was alles schiefläuft. Beziehungsweise schieflaufen könnte. Währenddessen crasht die Beziehungsaktie. Es folgt die große Depression.

Auch die KUSCHLER neigen zu Gesprächen. Nur möchten sie sich dabei in den Armen liegen, um die verlorene Liebe zu beweinen. Sie versuchen sich gegenseitig zu trösten, säuseln »unsere Liebe transformiert sich nur«, was zur Folge hat, dass sie nicht richtig voneinander lassen können. Die Situation ähnelt dann eher einer Art intimer Selbsthilfegruppe, in der man sich unter anderem damit befasst, dass man eigentlich nicht zueinanderpasst und wie schlimm das ist. Und für derlei Gespräche muss ja auch wirklich keiner der Beteiligten unbedingt angezogen bleiben.

Dann gibt es die STAFFELLÄUFER, die sich nur verabschieden, wenn die neue Beziehung bereits eingetütet ist. Oft sind das Menschen, die seit der Geschlechtsreife keinen Tag ohne Partner oder entsprechende Anbahnung waren. Ihr Leben wird wie ein Bühnenbild hinter neue Protagonisten geschoben. Und weil das irgendwann auch den Zuschauern auffällt, versuchen die seriellen Monogamisten, das Curriculum Vitae leicht umzuschreiben, und schwärmen gerne von einer legendären »Singlezeit«: »Endlich hatte ich Zeit für mich, was ich da alles geschafft habe!« Gemeint sind damit lediglich die zwei Wochen Urlaub mit Freunden, aber ohne Partner. Bei diesem Trennungs-Typ könnte es auch passieren, dass er es fertigbringt, den Umzug mit Hilfe des neuen Partners zu organisieren. Hat halt ein großes Auto.

Es lohnt sich also mal ganz unverbindlich zu fragen, wie das Verhältnis zum Ex denn so ist. Im besten Fall hört man von Einsichten und Aha-Erlebnissen. Im schlechteren wird der einstige Partner auch Jahre später noch nach einem sich bevorzugt im Schlamm wälzenden Paarhufer benannt. »Beim Erben und beim Trennen lernt man den Menschen kennen«, heißt es. Doch die Methoden der Trennungstypen unterliegen nicht nur der Vorgeschichte, den eigenen Mustern und Macken, sondern auch Trends, ausgelöst etwa durch die Evolution des technisch Machbaren. Das ist wie mit der Schellackplatte und Spotify: zwei völlig verschiedene Medien, auf denen man jedoch die gleiche Leier abspielen kann.

Zu Langspielplattenzeiten war die radikalste und vermutlich

auch für die Zurückgelassenen traumatischste Art und Weise, einfach zu verschwinden, »mal eben Zigaretten holen zu gehen«. Gerne sonntagnachmittags, kurz vor der Sportschau, während Frau und Kinder auf der Kaffeetafel die Rührkuchenkrümel zusammenschoben. Das war keineswegs außergewöhnlich, sodass es sogar zum geflügelten Wort wurde. Dem Mythos dieses Retrostyles nach waren es meistens Männer, die sich aufmachten: Hut aufsetzen, Hände in die Taschen. Danach hörte man entweder gar nichts mehr von ihnen, bekam Post von ihrem Scheidungsanwalt oder traf sich erst Jahre später per Zufall auf der Straße, wo sich dann herausstellte, dass der Mann drei Kleinstädte weiter mit einer beziehungsweise seiner anderen Familie lebte.

Noch 1982 wurde ein Song mit diesem Motiv zum Hit: »Und nach dem Abendessen sagte er, lass mich noch eben Zigaretten holen geh'n.« Missmutig latscht der Alte die Straße lang und denkt sich: »Ich war noch niemals in New York, ich war noch niemals auf Hawaii, ging nie durch San Francisco in zerriss'nen Jeans ... einmal verrückt sein und aus allen Zwängen flieh'n.« Tut er dann natürlich doch nicht. Da es sich um einen Udo-Jürgens-Song handelt, kehrt der Mann am Ende unzufrieden, aber konform nach Hause zu seiner nervigen Frau und den Bälgern zurück. Alles andere hätten seine überwiegend weiblichen Fans dem George Clooney des Schlagers wahrscheinlich nicht verziehen.

Über das Ghosten aber hat bisher leider noch niemand einen fröhlichen Schunkelsong geschrieben. Es wäre auch eher Stoff für eine Bachelorarbeit in Medienwissenschaften. Ghosten ist der Beziehungsabwürger des Digitalzeitalters. Dabei wird der Kontakt oft, aber nicht ausschließlich im Frühstadium einer Beziehung rigoros abgebrochen. Und das bedeutet heute: Der Austausch digitaler Nachrichten wird eingestellt. Kein »Gelesen-Häkchen« mehr. Oder schlimmer: Gelesen, aber trotzdem keine Antwort. Die Person, mit der du ein erstes Date, das zweite, dritte oder, wenn du besonders Pech hast, das zehnte Mal Sex hattest und von der du dachtest, dass es mit ihr doch recht vielversprechend läuft, stellt sich ohne weitere Erklärung tot. Auch auf Nachfrage. Obwohl sie auf Instagram mit fröhlichen Pre-Work-out- und After-Work-Beer-Bildern weiterlebt. Und da heute kaum noch jemand auf die Idee käme beziehungsweise es zu Recht als höchste Stufe der Erniedrigung empfinden würde, in persona bei jemandem vorbeizugehen, an die Tür zu klopfen und zu fragen, warum er oder sie sich nicht bei WhatsApp meldet, ist diese Form von Kontaktabbruch somit final.

Während online noch diskutiert wird, ob es sich beim Ghosten um einen Trend handelt oder der böse Geist einfach »nur ein Arsch« ist, lässt sich konstatieren, dass diese Vermeidungsstrategie heute ungefähr so populär ist wie einst das Rauchen. Je nach Umfrage geben fünfzig bis achtzig Prozent aller Befragten an, schon einmal Opfer dieser Schlussmachershow geworden zu sein. Die Überbringer der Nicht-Botschaft sind gleichermaßen Männer wie Frauen. Auch nette und ansonsten sozial kompetente Menschen erliegen im virtuellen Raum der Unhöflichkeit: »Aus der Perspektive eines Feiglings betrachtet, fühlt sich das passive Zurückziehen aus einer jungen Beziehung sehr bequem an. So lange, bis es einem selbst passiert«, erzählt eine Freundin, die schon beides erlebt hat. Vom Prinzip her ist Ghosten wie Trollen unter umgekehrten Vorzeichen: Man lässt die niedersten Instinkte übernehmen und bleibt von wirklichen Konsequenzen verschont.

Währenddessen läuft das kopfeigene Intranet des ignorierten Gegenübers auf Hochtouren: Ist ihr womöglich etwas passiert? Unfall mit dem Leihroller? Ist er auf Gassi-Tour über die Leine seines Hundes gestolpert? Hatte ich beim letzten Treffen Spinat zwischen den Zähnen? War es ein schlechter Vorschlag, gemeinsam zum Public Viewing des Eurovision Song Contest zu gehen? Mochte sie die Shampooflasche nicht, das ich ihr in der Drogerie mit unserem Foto bedrucken ließ?

»Ghosting kreiert das ultimativ widersprüchliche Szenario«, weiß *Psychology Today*. Oder in echten, miesen Gefühlen ausgedrückt: Es löst Hilflosigkeit, Sorgen, Angst, Gedankenspiralen, Wut, Trauer und Minderwertigkeitsgefühle aus.

Manche trifft es noch rätselhafter, denn ihnen spukt der Untote anschließend noch hinterher. Und dafür gibt es ebenfalls einen hübschen Begriff aus dem Englischen: »Orbiting«. So nennt man das virtuelle, trabantenartige Umkreisen des Ex-Lovers, zu dem kein Kontakt mehr besteht. Es gibt zwar nach Beziehungsende weder eine Erklärung dafür, noch werden Nachrichten beantwortet, dafür aber unerklärliche, zusammenhanglose Likes oder Kommentare auf dem Profil des Verlassenen in den sozialen Medien hinterlassen.

Genreimmanent quillt das Netz über vor Erklärungsversuchen. Es finden sich Tipps, Tricks und Trost, wenn die Netikette der Liebe derart verletzt wird. Trotzdem können wir uns kaum davor schützen. Anders als bei anderen unangenehmen Zeitgeistlichkeiten wie Fidget Spinnern oder Hafermilch liegt die Kontrolle darüber, ob man sie in sein Leben lässt, nicht bei einem selbst. Wie sich jemand verabschiedet beziehungsweise nicht verabschiedet, weiß der Betroffene erst, wenn es passiert.

Die neue Berufsgruppe der »Dating-Experten« behauptet mehr oder weniger unisono, dass es prophylaktisch wirken könne, von Anfang an klar zu kommunizieren, was man sich vom anderen erhoffe. Aber wer weiß das schon genau? Und auch wenn es den meisten Beziehungen zumindest anfangs nicht an ausreichender Kommunikation mangelt, in jeder Phase der Anbahnung den aktuellen Erwartungsstatus durchzufunken, könnte als klassischer Fall von »too much information« gelten: »Hallo, das Essen, das du uns gestern gekocht hast, war richtig lecker. Würdest du deine Kinder eigentlich auch vegetarisch ernähren? Ich hätte gerne mindestens zwei. Und du?«

Auch wenn es laut Knigge in Kurzzeitbeziehungen mittlerweile erlaubt ist, per digitaler Nachricht Schluss zu machen, sofern denn die Liebe als Chat begann, beide Partner gleichermaßen Handyjunkies sind oder eine Fernbeziehung führen: Die meisten Paare trennen sich immer noch von Angesicht zu Angesicht. Auch wenn beide dabei meist sehr angespannt aussehen, ist es selten, dass sie gleichzeitig einvernehmlich ermattet aufgeben. Das Ende der Liebe ähnelt in einem Punkt deren Beginn. Einer von beiden muss sich an der entscheidenden Stelle ein Stück vorwagen, um den Status Quo zu verändern. »Ich liebe dich nicht mehr« auszusprechen, ist mindestens genauso furchteinflößend, wie das erste Mal das Gegenteil zu verkünden. Vielleicht sogar noch furchteinflößender.

Und da die Gründe für Trennungen meistens komplizierter sind und die Liebe vielleicht sogar noch da ist, sich aber nach all den Jahren anders anfühlt als vorher, bleibt ein Satz nicht genug. Dann muss auch noch erklärt werden, warum man den anderen plötzlich nicht mehr anfassen möchte. Windet sich zwischen gewohnter Versorgung des Leidenden und notwendiger Abgrenzung. Das ist natürlich anstrengend. Kein Wunder, dass so viele Leute darüber Gewicht verlieren. Von wegen Trennkost. Trennung ist die beste Diät.

Ghosten, Abhauen, Ignorieren – man könnte das jetzt zur Angst einer ganzen Generation vor Gefühlen hochjazzen. Und einiges deutet auch darauf hin. Sex soll funktional sein, Trennen nicht wehtun und bitte keine wertvolle Zeit rauben. Echt keine Zeit jetzt für Trauer, der neue Job geht vor. Vor allem ist es aber so: Je mehr und je öfter gedated wird, desto häufiger kommt es zu Verbindungen ohne emotionale Tiefe, an die aber dennoch Hoffnungen und idealisierte Ansprüche gestellt werden. Das Virtuelle ist eine gute Mauer, um sich dahinter zu verstecken und die unangenehm ehrlichen Gespräche über eigene Erwartungen nicht führen zu müssen. Das Problem ist nur: Wer aus Trennungen nichts lernt, wird auch in Zukunft zu wenig über die Liebe wissen.

Und dann führt eins immer wieder zum anderen, denn richtig schlechte Trennungen gedeihen am besten in Beziehungen mit zumindest zweifelhaften Vorstellungen von der Liebe. In denen der andere nicht mitgedacht wird. Wer es jedoch schafft, im Gespräch zu bleiben, kann nicht alles verkehrt gemacht haben. Und wer sich in Trennungsgesprächen irgendwann denkt: »Hätten wir uns vorher so unterhalten, wäre ja vielleicht noch was aus uns geworden«, hat vieles falsch und gleichzeitig richtig gemacht. Wer aber keinen verständigenden Austausch mehr hinbekommt, fühlt sich wie in der Endphase eines Tetris-Spiels, wenn die Teile immer schneller fallen und keines mehr aufeinanderpasst. Panik entsteht. Trotz. Wut.

Keinen Austausch dagegen verlangen die SCHWEIGER. Sie verschanzen sich hinterm Fernseher und antworten nur noch in Ein-Wort-Sätzen, damit ihr Gegenüber endlich kapiert, was Phase ist. Nämlich nichts mehr. Vielleicht wurde es vorher wortreich versucht, und es kam nichts zurück. Wenn der Partner einen schon so oft wie einen Unsichtbaren behandelt hat, dann will man am Schluss womöglich ein besonders großes Protestschild hochhalten, ganz ohne Text. Aber wogegen wird da demonstriert?

Wortreicher gehen die ERPRESSER. Er oder sie verabschiedet sich mit Tamtam »endgültig«, macht das größtmögliche Fass auf, weil der Partner sich immer noch nicht gemerkt hat, dass derjenige keine Champignons mag. Das alles, um vom Gegenüber eine hoffentlich positive Reaktion zu erzwingen, irgendwas zwischen Liebesschwur und großer Entschuldigung für alles. »Sonst gehe ich. Wirklich.« Das Weggehen als Erpressung ist die Endeskalierungsstufe. Wenn beide Glück haben, lässt der andere sich nicht darauf ein. Dann wird die größte Angst jedes Millionärskindes Wirklichkeit: Das Lösegeld wird nicht gezahlt. Und Exitus.

Die meisten Menschen halten es schlicht nicht aus, als der böse Verlasser dazustehen, haben Angst vor Tränen und Gezeter des Partners, möchten sich also aus der Verantwortung stehlen. Deswegen greifen sie gerne zu diesem Trick aus der Psychokiste: Sie reden demjenigen, den sie loswerden wollen, so lange ein, dass es alles nichts mehr bringt, bis dieser schweren Herzens die Trennung ausspricht. »Ich habe dich nicht verdient.« Oder: »Es hat wohl keinen Zweck mehr.« Gute Manipulatoren kriegen das hin. Bloß: Der Sinn eines Beschlusses, der nicht aus freien Stücken getroffen wurde, zerbröselt zu Fragezeichen, sobald die Dauerbeschallung von außen abgestellt wird. Dann gibt es jedoch kein Zurück mehr, und die VERDREHER können behaupten, dass der andere es doch selbst so gewollt habe.

Origineller sind die KIDNAPPER, die sich ausschließlich im Urlaub trennen. Am besten auf Trips mit einem Survival-Touch. Auf dem ersten Basiscamp im Himalaja oder beim gemeinsamen Roadtrip im Camper durch Portugal lässt sich die Beziehung zwar verbal beenden, aber gemeinsam muss noch der Gipfel bestiegen, Brennholz gesucht oder eben auf drei Quadratmetern überlebt werden. Anhänger dieser Methode behaupten, dass man am Ende der Reise dann zwar kein Paar mehr ist, dafür aber ein top funktionierendes Team. Von wegen »Lass uns mal jetzt besser eine Zeit lang nicht sehen«. Zurück in der Zivilisation des Alltags hat man drei Schritte übersprungen und trifft sich bereits wieder zum Kaffee.

Egal welcher Typ der Trenner oder die Trennerin ist und zu welcher Methode er oder sie letztlich neigt: Die Art und Weise, wie es über die Bühne gebracht wird, fließt in die Bewertung ein. Nach komplizierten Beziehungsoperationen am offenen Herzen oder nach der Verabschiedung besonders elender oder unpassender Sidekicks klatscht das Umfeld anerkennend. Aber wer bei minderschweren Patienten nicht mit der Feinfühligkeit eines Reiki-Masseurs vorgeht – also im Trennungsfall so ziemlich jeder –, dem schlagen nicht nur vom Zurückgelassenen Vorwürfe entgegen. Dass es selbst für Trenner alles andere als einfach ist, interessiert dann kaum jemanden mehr. Sich zu bemühen reicht nämlich eigentlich nie. Denn am Ende sitzt dort ein trauriger oder gar verzweifelter Mensch, der keinen Grund hat, Haltung zu bewahren. Einer, den man vor Kurzem noch liebte und dessen Entgegnungen einen auch in dieser Situation alles andere als kaltlassen. Und trotzdem muss es durchgezogen werden.

Das ist ein guter Moment, um auch das Festhalten zur Methode werden zu lassen. Nicht nur der, der geht, neigt zu Mustern. Auch Verlassene haben noch ein paar Druckmittel in der Hinterhand. Verlassen zu werden ist schwer, sich zu trennen manchmal noch mehr. Darauf setzen KLAMMERER und AUSSITZER. Beliebt ist es zum Beispiel, offen vorgetragene Kritik und Unzufriedenheit an der Partnerschaft plump zu negieren. Am besten mit der flauschigsten Keule, die sich unterm Bett noch fand: »Aber wir lieben uns doch! Es ist doch nicht alles schlecht. Das wird schon wieder!« Oder auch: »Ich finde, du übertreibst.« Es klingt absurd, dem anderen den Trennungswunsch einfach als eine unreflektierte Laune abzusprechen, aber es funktioniert. Vielleicht nicht auf Dauer, aber doch zumindest für den Moment. Denn wer hat sich noch nicht gefragt, ob das innere Bedürfnis nach Mehr nicht nur unersättliche Gier ist.

Aber es geht noch dramatischer. Die Flausch-Keule mit Spikes wäre die Frage »Warum tust du mir das an?«. Und auf die lässt sich schwer etwas entgegnen, selbst wenn die einzig ehrliche Antwort wäre zu sagen: »Weil ich *mir* diese Beziehung nicht mehr antun kann.« In dieser Frage liegen ein paar Tonnen manipulativer Sprengkraft, die die festesten Vorsätze wegbomben können. Denn niemand will einer geschätzten Person irgendetwas antun. Diese Form der passiven Aggressivität zwingt den Menschen mit Trennungswunsch nicht selten zur Beschwichtigung, zu Unehrlichkeiten, die niemandem dienen. Klar, wir können es ja noch mal probieren. Wenn beide sich anstrengen, wird es bestimmt irgendwie besser. Denkt man. Und manchmal klappt es auch – jedenfalls nach außen hin. Für den Trennungsrückzieher bedankt sich der Fast-Verlassene nicht selten mit großen Ereignissen und Emotionen: »Lass uns doch ein Kind kriegen, zusammenziehen, uns verloben!« Gerade wollte man sich noch trennen, schwups, schon ist man verheiratet. Fragt sich nur, für wie lange. Das kann selbst dem emotional stabilsten Menschen passieren, nur weil er dem Partner nicht wehtun wollte, weil die Verantwortung ihm gegenüber größer erscheint als die vor einem selbst.

Grundsätzlich werden Trennungen schmutziger, je länger die Beziehung mit jemandem dauert, der nicht zu einem passt oder den man eigentlich gar nicht liebt. Je länger man Situationen aushält oder auch ausnutzt und so den Kessel unter Druck hält. Irgendwann kommt es zur Explosion und zu schwerwiegenden Verletzungen. Ein sehr guter Grund, nicht zu lange zu warten. Wer nämlich so lange wartet, bis das Bauchgefühl Richtung Blinddarmdurchbruch geht, der muss dann am Schluss ganz schnell gehen. Und dann wird auf Narbenverläufe garantiert keine Rücksicht mehr genommen.

Und es lohnt sich auch für einen selbst, spätestens nach der zweiten Beziehung zu schauen, wie die Abschiede gemeistert wurden. Wer als emotionaler Blutsauger nur die Hüllen einst geliebter Menschen zurücklässt, hat zwar erst mal seine Ruhe, wird aber irgendwann selbst Probleme bekommen. Habituell elendes Trennungsverhalten verpufft nicht. Menschen, die mit sich selbst halbwegs im Reinen sind, hinterlassen nicht immer wieder aufs Neue verbrannte Erde. Oder anders gesagt: Wer immer nur Zigaretten holt und nicht wiederkommt, wird auf Dauer auch woanders nicht zum Nichtraucher.

Es ist dennoch zu schaffen. Wer eine Krise nicht einfach nur durchsteht, sondern sie annimmt, für den sollte der Erkenntnisgewinn enorm sein. Obwohl sich nicht nur in Beziehungen, sondern auch bei Trennungen einiges einschleifen kann: Niemand ist dazu verdammt, als ewiger Trennungswiedergänger dieselben Fehler ständig erneut zu machen. Trennen heißt auch Erkennen – zumal mit der Unterstützung durch Dritte. »Optimierungswahn!«, mögen die sich entspannt gebenden Naturen meckern und mit den Augen rollen. Aber: Viele traurige bis traumatisierte Generationen lang wurden Psychotherapien mit der Begründung zurückgewiesen, dass man doch nicht »verrückt« sei und sicher in der Lage wäre, mit alldem alleine fertig zu werden. Armeen von Ex-Ehepartnern gingen aufeinander los. Niederschmetternde, lebenseinschneidende Ereignisse wurden eher kleingeredet oder schlicht geleugnet. Heute ist es zum Glück kein Stigma mehr, sich Hilfe zu holen. Es braucht keine Umfragen, um sich auszurechnen, dass Therapien – ob alleine oder zu zweit – Menschen über eine Trennung und die Folgen hinweghelfen können. Setzt euch auf die Eiermann-Stühle und lasst euch beim Trennen beaufsichtigen! Das spart zwar keine Tränen, aber auf dem Boden des Gemetzels kann hinterher noch Gras wachsen.

Natürlich hat auch die Selbstbespiegelung Grenzen. Der Schauspielerin und Lifestyle-Unternehmerin Gwyneth Paltrow verdanken wir den Lebenshilfe-Kracher »conscious uncoupling«, was übersetzt wohl so viel wie bewusstes Entpaaren bedeuten könnte und ein angeleitetes – und nicht ganz günstiges – Fünf-Stufen-Programm ist. Abgesehen davon, dass auch Leute ohne notorisch schmutzige Fantasie dabei an zwei Menschen denken könnten, die von Rettungssanitätern aus einer fortgeschrittenen Tantra-Übung entknotet werden müssen, macht der Wunsch nach gemeinschaftlich orchestrierter, softer Trennung ohne Nebenwirkungen, aber mit unmittelbar einsetzendem Lerneffekt, eher bockig. Denn wohin dann mit der echten, nackten Wut? Das Einzige, was man dem Konzept zugutehalten muss, ist, dass es die herkömmliche Betrachtung »Trennung ist Trauma« zumindest infrage stellt. Wer sich die fünf Stufen näher anschaut, bei denen zum Beispiel »Fehler benennen« oder »Gefühle benennen« im Mittelpunkt stehen, wird jedoch feststellen, dass hier auch nur mit den Klassikern getrennt wird.

Falls jedoch wirklich jemand an den liebevollen Streit glaubt, für den findet sich auch ein Workshop: »Lust Last Lösung Lanzarote« zum Beispiel. Es gibt ihn wirklich. Er richtet sich an Paare, die »inneren Prozessen Entfaltungsräume öffnen« wollen. Man könnte das auch Alltag nennen, aber das ließe sich schlecht als Bewusstseinsreise mit Urlaubscharakter verkaufen. Das »nächste (nur selten) bewohnte Haus« sei einen Kilometer entfernt, heißt es weiter in der Beschreibung. Klingt irgendwie gruselig. Falls etwas schiefgeht mit der Entpaarung kann man dem Partner vielleicht einen Entfaltungsraum graben und ihn dort unauffällig ablegen.

Wer Lanzarote überlebt hat, könnte danach noch in den USA an einer »Conscious Decoupling«-Zeremonie teilnehmen. Dort, so lautet die »gute Neuigkeit«, sei ein neuer Tag angebrochen, an dem sich nun wirklich jeder entpaaren und besser fühlen könne. Ob die Beziehung seit ein paar Stunden oder seit zwanzig Jahren beendet sei, ob verheiratet oder nicht, ob nur gedatet oder auch nur »fast gedatet« wurde, ob zu zweit oder alleine – alles wird gut, »die Trennung ist der Katalysator für eine Segnung«. Denkt sich hoffentlich danach auch die alleinerziehende Mutter von drei Kindern und freut sich, dass sie überraschend so reich mit Verantwortung beschenkt wurde.

Für vollkommen Hilflose bietet sich ein Anruf bei der Schlussmacherin an: »Ich bin neutral und kann unnötigen Stress von dir fernhalten. Damit ist der entscheidende Schritt getan, denn die großen Worte, was nicht alles hätte und könnte, dringen nicht bis zu dir vor. Du kannst in aller Ruhe dein neues Leben planen, auch dabei stehe ich dir gern zur Seite«, beschreibt sie ihren Service auf der Website. Auch sie ist eine Ex, wenn auch nur »Ex-Model«, und sie bietet praktischerweise auch »Treuetests« an. Wenn der Partner den nicht besteht, kann frau sich bei ihr im Anschluss auch gleich den Schlussmach-Service buchen. »Ich würde Sie darum bitten, Ihre Ex-Freundin in Ruhe zu lassen«, sagt sie dann mit leicht sächsischem Akzent am Telefon. Kosten zwischen hundert und tausend Euro. Anschließende Betreuung bei der Wohnungssuche kostet extra.

Was der Schlussmacherin gegen das Geschäftsmodell geht: Trennen ist anstrengend und muss es auch sein. Das ist allerdings kein Grund, es nicht zu tun. Im Gegenteil. In Extremfällen kann und muss man sich Hilfe suchen. Für die normal schlimmen Fälle gilt: Sich gesund und nicht stereotyp zu trennen, bedeutet vor allem, sehr ungute Gefühle zuzulassen und zu ertragen. Sich scheiße zu fühlen und den anderen scheiße zu finden. Das schlechte Gewissen gegenüber dem Partner und den Kindern zu ertragen. Das alles über einen längeren Zeitraum aushalten zu können und zu akzeptieren, dass die Person, die in der Vergangenheit für die meisten emotionalen Belange der vornehmliche Ansprechpartner war, das nun nicht mehr sein kann. Zu erkennen und anzuerkennen, dass der andere vielleicht doch eine andere Person ist als die, die man sich lange Zeit gewünscht hat. Dass es vielleicht wieder besser wird, aber eventuell auch nicht. Frieden damit zu schließen, dass es auf manche Fragen keine Antworten geben wird. Und auf andere Fragen wiederum welche, die einem nicht gefallen. Klingt übermenschlich? Ist es auch. Machbar ist es trotzdem.

4

FINANZKRISE

Remo und Renate

Renate sitzt auf ihrem Balkon und zupft an den Erdbeeren herum. Sie hat sie erst letztes Jahr gepflanzt. Richtig viel ist noch nicht dran. Vor ihr auf dem Bistrotisch liegt ein Häufchen Gartenabfälle, das stetig wächst. »Natürlich hätte man alles anders machen können«, sagt sie und zupft weiter. »Anders machen müssen.« Aber sie hat es nicht anders gemacht. Und sie ärgert sich nicht, sagt sie. Pause. »Ich versuche mich nicht zu ärgern.« So machte man das damals eben. »Erdbeere?«

Sie war sechsundzwanzig Jahre alt, als sie ihr Biologiestudium abschloss. Unterwasserwelten hatten sie schon immer interessiert. Als Kind beobachtete sie Kaulquappen, später erforschte sie Schnecken und Muscheln, deren Einfluss auf die Wasserqualität deutscher Flüsse. Die Professoren drängten sie zur Promotion. Eine solch engagierte und talentierte Studentin wie sie habe man an der Uni lange nicht mehr gesehen. Renate zögerte nicht lange. Auf ihre Doktorandenstelle hatten sich neben ihr siebenundachtzig andere Hoffungsvolle beworben.

Bei der Verteidigung ihrer Dissertation drei Jahre später war sie überwältigt von so viel Lob und Zuspruch. Aber auch, weil Remo sich im selben Raum befand. Remo und sie hatten sich in der Studentenkneipe kennengelernt, in die man damals ging. Natürlich sah er gut aus, aber es ließ sich auch hervorragend mit ihm streiten.

Charme hatte er ebenso wie gute Argumente. Ein äußerst seltener Vorzug in diesen Kreisen, wo alles als oberflächlich galt, was nicht mit mindestens einer Fußnote versehen war.

Inzwischen sprach der ganze Campus von ihrer Liebe. Nicht nur, weil sie es nicht schafften, sich in der Öffentlichkeit zu bewegen, ohne sich leidenschaftlich diskutierend an den Händen zu halten. Sondern auch, weil ein Ergebnis ihrer Leidenschaft schon sichtbar wurde unter dem blauen Kleid mit Matrosenkragen, das sie sich extra für die Abschlussfeier gekauft hatte. Es war altmodisch verspielt und sündhaft teuer gewesen. Und als sündhaft empfand man auch die sich unübersehbar ankündigende Empfängnis, der keine Ankündigung einer Verehelichung vorausgegangen war. Auch wenn alle der hier Versammelten Naturwissenschaftler waren, waren die meisten von ihnen doch der Meinung, dass die Auswüchse der menschlichen Biologie bitte schön in gesellschaftlich geregelte Bahnen gelenkt werden sollten. Renate ließ sich davon jedoch nicht beirren: »Viele meiner Kommilitonen hatten noch nie eine richtige Freundin gehabt. Was wussten die schon.« An den Feminismusdebatten der Geisteswissenschaftlerinnen wollte sie ebenfalls nicht teilnehmen: »Wir wenigen Studentinnen, die es im Fachbereich Biologie bis zum Abschluss geschafft hatten, fühlten uns über diese Themen völlig erhaben. Wir glaubten, dass wir ein für alle Mal bewiesen hatten, dass wir mit den Männern in jeglicher Hinsicht gleichziehen konnten.«

Das war vor einunddreißig Jahren. Dann kam Leo auf die Welt. Mit Segelohren und erstaunlich guter Laune. Renate liebäugelte mit einer Dozentenstelle. Es gab auch die Möglichkeit eines dreimonatigen Forschungsprojekts am Nildelta. Remo war stolz auf sie, gab sogar vor seinen Freunden damit an, vermied es aber tunlichst, mit ihr das Angebot en detail zu besprechen. Und sie? »Ich wollte erst einmal die Zeit mit dem Baby genießen. Wozu die Eile? Es lag doch noch alles vor mir.«

Remo hatte sein Studium der Rechtswissenschaften zur selben Zeit abgeschlossen wie sie. Anschließend promovierte er ebenfalls. Natürlich summa cum laude. Und wurde ziemlich schnell Deutschlands jüngster Professor und Renate wieder schwanger. Marie kam an dem Tag auf die Welt, als Remo gerade seinen ersten Vortrag in Harvard hielt. Auch sonst wurde sie eher ein Mama-Kind. Doch wenn die Familie gemeinsam Zeit verbrachte, war es wie in der Rama-Werbung. An den Wochenenden im Sommer lagen Renate, Leo, Marie und Remo in ihrem kleinen Garten am Stadtrand, aßen Erdbeeren mit Sahne und stritten darum, wer den süßen Erdbeersaft auflecken durfte, der sich mit dem Zucker gebildet hatte.

Natürlich hatten sie dann doch geheiratet, wie es sich gehört. Kirchlich. Klein. Remos Doktorvater war da. Und Renates Lieblingstante. Es war ein schönes Fest mit weniger als fünfzig Leuten. Wie gut sie damals alle aussahen! Viele Frauen waren schwanger, die Männer fast noch Jungs, die gerade die Weichen für ihre Karrieren stellten. Sie tanzten zu Al Green und Bill Withers. Renates jüngere Schwester konnte nicht dabei sein, weil sie ein Vorstellungsgespräch in Madrid hatte. Darüber wurde stirnrunzelnd getuschelt. An so einem Tag! Und dann noch die eigene Schwester!

Immer noch hatte Renate sich nicht beworben, auf eine der wenigen Stellen, die es in Deutschland für Biologinnen mit ihrem Schwerpunkt gab. »Und irgendwann dachte ich, ich müsste es auch nicht.« Remo verdiente gut. Es gab eine mittlere Erbschaft. Davon kauften sie eine kleine Gründerzeitvilla in Uni-Nähe. Sie plante und beaufsichtigte die Renovierungsarbeiten. Hier eine Wand raus, da blaue Fliesen rein. Sisal-Teppich auf den Treppenstufen. Das Geländer lackierte sie in einer Nacht. Remo legte das Geld an, in Depots. Renate interessierte sich nicht besonders dafür. Sie legte Wert darauf, dass die Kinder ihre Hausaufgaben gewissenhaft erledigten, und sie kümmerte sich um die Organisation der folgenden vier Umzüge, die die Familie in immer hübschere Universitätsstädte brachte, weil

Remo den Forschungsaufträgen folgte wie andere Männer schönen Frauen.

Renate wiederum entdeckte ihre Liebe zum Zeichnen. Studien von allerlei Getier aus dem Garten. Außerdem war sie für ihre japanischen Kochkünste berühmt, die sie sich in Volkshochschulkursen angeeignet hatte. Ein Platz am Esstisch bei den unzähligen Abendessen, die sie für ihre Freunde, für Kollegen von Remo oder andere Vortragsreisende ausrichtete, war hoch begehrt.

»Es war eine schöne Ehe«, sagt Renate. Sie las sich in juristische Themen ein. »So blieben wir im Gespräch, nicht nur über die Kinder.« Sie fuhren nach Italien in den Urlaub, hatten ein Lieblingsrestaurant in Bologna. Die Kinder machten es ihnen leicht. Sie gingen brav zur Schule, ohne Umwege an die Uni. Remo schrieb bereits sein drittes Buch. Dann machte er eine Reise. Er flog alleine – ausgerechnet nach Ägypten –, kam zurück und verkündete, dass er noch mal von vorne beginnen müsse.

Da war er fünfundfünfzig, sie dreiundfünfzig Jahre alt. Allerdings hatte Renate nicht unbedingt das Bedürfnis, von vorne anzufangen. Sie wusste eigentlich weder wo vorne noch wo hinten war. Doch Remo hatte sich schon eine Anwältin genommen, die ihr erklärte, dass es auch in ihrem Interesse sein müsse, wenn Remo einmal einen größeren Geldbetrag bezahlen würde. Denn sie könne ja nicht damit rechnen, dass er ihr zeitlebens Unterhalt zahle. Das sei nicht mehr zeitgemäß.

So nahm sich auch Renate einen Anwalt. Es kam ihr völlig absurd vor. Es ging um Versorgungsausgleich und Zugewinnausgleich. Renate verstand nur die Hälfte. Wollte es auch gar nicht verstehen. Sie hatte einen Nervenzusammenbruch, von dem Remo nur noch angeekelt zu sein schien. Zum ersten Gerichtstermin trug er einen strengen, irgendwie zu modernen Zweiteiler, von dem Renate fand, dass er gar nicht zu ihm passte.

Sie trug irgendwas. Sie hatte genug damit zu tun, sich selbst zu tragen. Auf einmal ging es zum ersten Mal seit ihrem Abschluss an der Uni um ihre Arbeit: Eine Frau mit ihrer Ausbildung, fand der Richter, könne glücklicherweise gut für sich selbst sorgen. Lehrer brauche das Land ja immer. Biologielehrerinnen auch. Quereinsteiger. Referendariat. Renates Anwalt schickte sie daraufhin zum Arzt. Mit ihren Krampfadern könne sie unmöglich lange stehen. Dafür gab es ein Attest. Dann eben sitzend arbeiten, befand der Richter. Bibliothekarin, Kassiererin, sie vermöge auf jeden Fall ihren Lebensunterhalt selbst zu verdienen. Renates Anwalt fand das ebenso ungerecht wie Renate, erklärte ihr aber, dass sie wenig Chancen hätten. Und dass sie Pech gehabt hatten mit dem Richter. Er stamme halt aus einer jüngeren Generation, in der von den Frauen erwartet werde zu arbeiten.

Und so fing Renate doch noch einmal von vorne an. Sie gibt Deutschnachhilfe für Kinder. Sie lebt von ihrer »Abfindung«, wie sie es nennt. Remo ist zurück in ihr gemeinsames Haus gezogen, die Wohnung hat er ihr überlassen. Die Miete kann sie sich gerade so leisten. Sie kauft sich keine neuen Kleider mehr. Sie geht freitags in die Bibliothek. Und jeden Tag spazieren. Einmal die Woche liest sie den Bewohnern eines Altenheims vor. Sie hat Erdbeeren angepflanzt auf dem kleinen Balkon. »Ich bin zufrieden, die schmecken richtig gut«, sagt sie. Sie ärgert sich nicht. Sie versucht sich nicht zu ärgern. So machte man das damals eben. Marie würde es sicher anders machen.

Arbeit, Geld und andere Ungerechtigkeiten

Es gibt ein Problem. Tagsüber streckt es einem die Zunge raus und hüpft über die Tastatur des Computers, wenn man den Kontostand prüft. Es zieht einen an den Haaren, wenn Klassenfahrten und Kindergeburtstage den Kalender verstopfen. Und es spielt Bongo, wenn der Mantel unwiderstehlich war. Tagsüber lässt sich das Problem vielleicht noch hinter irgendeiner Gardine verstecken. Denn der alltägliche Gedankenstau lenkt ab. Wo ist noch mal der Zollstock? Wann ist der Termin für den Elternsprechtag, beim Einwohnermeldeamt?

Nachts jedoch wirkt die eigene Vorstellungskraft wie Helium auf das Problem. Es schwebt über dem Bett und verursacht beängstigende Halbschlafträume: von einem Leben, das einem entgleitet. Das Problem scheint kompromisslos. Es heißt Kapital, und anstatt Schäfchen zu zählen, zählt man Euros. Rechnet aus, dass nach der Trennung eines gemeinsamen Haushalts weniger da sein wird als vorher. Denkt in Excel-Listen. Mit etwas Glück wird nur der Urlaub gestrichen oder das Essengehen. Wenn man Pech hat, ist das Auto futsch. Und was ist mit der Wohnung? Der, der bleibt, muss sie alleine bezahlen. Der, der geht, muss sich eine neue suchen. Und dieser Prozess gleicht heute einem Ereignis zwischen demütigender Beschäftigungstherapie und Lottogewinn. Jedenfalls für diejenigen, die in Frankfurt am Main, Hamburg, Berlin, München, Köln oder Stuttgart leben. Oder in Freiburg, Heidelberg, Bergisch-Gladbach, Darmstadt, Münster oder Bielefeld. Wer keinen Wohnraum findet, der kann sich eben nicht trennen. Schnell scheint der unpassende Partner attraktiver als die Wohnungslosigkeit. Ist das schon Zwangsehe?

Bei Tageslicht betrachtet darf das Zusammenbleiben aus finanziellen Gründen natürlich keine ernst zu nehmende Option sein.

Auch nicht bei Leuten, bei denen Geld keine Rolle spielt. Ist es aber leider. Lieber über sich selbst hinauswachsen, als sich von scheinbar unbeeinflussbaren Kräften dauerhaft beherrschen zu lassen. Wer sich trennt, wird zum Marvel-Superhelden im Kampf gegen den Wohnungsmarkt, den Mangel an Kita-Plätzen, den Paragrafendschungel und nicht zuletzt gegen die Rachegeister der eigenen biografischen Fehlentscheidungen –, damit ist ausnahmsweise nicht der Partner gemeint. Diese Bösewichte machen Angst, die nicht selten zu Bewegungsunfähigkeit führt.

Aber wie bei den meisten Problemen werden sie nur größer, je mehr sie verdrängt werden. Für die Finanzen in der Partnerschaft gilt noch eine weitere Regel: Je stärker und je länger sich darauf verlassen wird, dass der besserverdienende Partner einen finanziell mit durchzieht, desto aufwendiger wird nach einer Trennung die finanzielle Lebensplanung. Und die berufliche auch. Denn die Zeit, die ohne Erwerbsarbeit verstreicht, ist kostbar und muss dann im Lebenslauf versteckt werden.

Ausnahmen bestätigen zwar die Regel, aber reich werden mittels Scheidung gibt es heute nicht mehr. Wer nach einer Scheidung reich ist, war vor der Scheidung sehr reich. Eine Trennung bedeutet für alle Beteiligten erst einmal finanzielle Einbußen. Es sei denn, man ist nicht verheiratet und teilt sich die Betreuung der gemeinsamen Kinder paritätisch mit dem ehemaligen Freund oder der ehemaligen Freundin. So bleibt alles finanziell durchstehbar. Wenn denn zumindest beide Partner auch in Jahren der Kindererziehung gleichermaßen gearbeitet haben und gleichermaßen gut verdient haben.

Wer nicht verheiratet war und deutlich weniger als der Partner verdient, der wird schnell das »Taschengeld« vermissen. Als Zugewinngemeinschaft gilt nur die Ehe, nicht die Paarbeziehung ohne Trauschein. Hat er in acht Jahren Beziehung eine erfolgreiche Kanzlei aufgebaut und in Aktien investiert und sie fünfzehn Stunden die

Woche als Assistentin im Büro gearbeitet und nebenbei die Kinder aufgezogen, steht ihr nach der Trennung nichts von seinem während der gemeinsamen Zeit akkumulierten Vermögen zu.

Dass beide gleichermaßen gut verdient haben, ist in ehelichen und nicht ehelichen Beziehungen aber eher selten der Fall. Und liegt nicht nur an einer Arbeitswelt, die Frauen schlechter bezahlt als Männer und Mütter nur als bedingt ernst zu nehmende Arbeitskräfte einkalkuliert. Nicht nur daran, dass es immer noch klassische Frauenberufe gibt, die schlechter honoriert werden. Es liegt auch daran, dass Frauen sich bewusst für Kinder entscheiden. Traumjob Mutter, warum denn nicht? Und es liegt auch an der Bequemlichkeit oder Naivität vieler Frauen, die sich in ihrer Beziehung eingerichtet haben. Die sich abhängig gemacht haben vom Partner, ohne die Möglichkeit in Betracht zu ziehen, dass sie jemals wieder finanziell für sich selbst sorgen müssen. Beziehungen können auch zu Karriereträgheit führen und zu dem absurden Gedanken, »er« sei nun Teil der Altersvorsorge.

Zur Ehrenrettung der Frau sei jedoch gesagt, dass einige Männer das ebenfalls glauben und sich im Gegenzug wünschen, dass die Frau ihnen »den Rücken frei hält«. Sie sorgt, er versorgt. Das geht so lange gut, bis es nicht mehr gut geht –, und dann wird es garantiert schlecht. Nur wenn er in den gemeinsamen Ehejahren ein wirklich ansehnliches Vermögen anhäuft, von dem die Gattin dann die Hälfte abbekommt, steht sie nicht sehr dumm da. Das sind dann die Früchte der sogenannten Zugewinngemeinschaft, und solange nichts anderes vereinbart wurde, zum Beispiel mittels Ehevertrag, ist das die einzig rückwirkende Entlohnung für die Dienste an Heim und Herd, die heute natürlich immer noch vor allem von Frauen erledigt wird. Doch diese Entlohnung schrumpft schnell auf Normalmaß oder sogar in die Miesen: Das Haus ist mit Krediten belastet, die Autos geleast – am Ende werden natürlich auch die Schulden, die gemeinsam gemacht wurden, geteilt.

Was viele nicht wissen: Mit der Reform des Eherechts 2009 wurden dauerhafte Unterhaltszahlungen des in der Regel männlichen Mehrverdieners für die Ehefrau im Grunde genommen abgeschafft. Ein paar Jahre gibt es – je nach Einkommen der Frau – eventuell eine Art Übergangsgeld, dann muss sie für sich alleine sorgen. Die sogenannte Düsseldorfer Tabelle definiert die Unterhaltszahlungen für minderjährige Kinder. Ob mit oder ohne Trauschein.

Der Mann bekommt – selbst wenn er sich nicht um die Kinder kümmert – für den relativ günstigen Preis von maximal 639 Euro im Monat die All-inclusive-Aufzucht des Nachwuchses. Denn das ist der derzeitige Listenpreis und die Besserverdiener-Obergrenze für das erste sechs- bis elfjährige Kind (Stand 2018). Weniger Betuchte erhalten diesen Service schon ab 399 Euro monatlich. Den aufwendigsten Minijob der Welt gibt es dann vom Gehalt her fast wie einen Minijob, nur eben 24/7. Wobei der Gesetzgeber aber berücksichtigt, dass bei einem nachgewiesenen Karriereverzicht, zum Beispiel für gemeinsame Kinder, eventuell ein finanzieller Ausgleich in Form von längerfristigen Unterhaltszahlungen geschaffen werden muss. Den »Karriereverzicht« im Einzelnen nachzuweisen, ist jedoch eher kompliziert und sorgt dann nicht selten für noch mehr Streit.

Dennoch überfällt viele Männer nach einer Trennung die nackte Panik: Sie sehen sich schon als ewigen Lohnsklaven der Verflossenen. Extravagante Ex-Frauen jedoch, die auf dem Tennisplatz versuchen, sich nicht die falschen Fingernägel abzubrechen, und dem Coach ihr kurzes Dress vorführen, während der frühere Doppel-Partner Tag und Nacht versucht, die Insolvenz der Firma zu verhindern, sind ein Relikt aus dem vorherigen Jahrhundert – und zum Tennisspielen schon fast zu alt. »Das Prinzip einmal Chefarztgattin, immer Chefarztgattin gibt es nicht mehr«, erklärt die Berliner Familienrechtsanwältin mit dem verheißungsvollen Namen Christina Sieger. Heute fordere das Recht »mehr Eigenverantwortung«. Das ist erst mal überhaupt nicht schlecht, es trifft nur eher die Schwächeren.

So wie auch dieser Grundsatz: Der in der Ehe gelebte Lifestyle ist nicht mehr maßgeblich für das Leben danach. Wer vor der Ehe mit dem Chefarzt Krankenschwester war, dem wird danach auch wieder ein Leben als vergleichsweise und auch tatsächlich schlecht bezahlte Krankenschwester zugemutet. Selbst wenn die Frau zwischenzeitlich drei Kinder großgezogen hat, während der Mann Karriere machte, geht der Gesetzgeber davon aus, dass sie ihren Unterhalt nach einer Weile selbst verdienen kann.

Anwältin Christina Sieger findet die »Rechtsprechung einigermaßen zeitgemäß«. Sie sagt aber auch, dass »das Unterhaltsrecht etwas weiter ist als die Gesellschaft«. Es werde zum Beispiel so getan, als könnte jeder einfach einen bestimmten Job wiederbekommen, den man vor Jahren hatte. Und das ist natürlich nicht automatisch der Fall.

Im Familienrecht geht es also nicht nur um die gerechte Verteilung von Gütern, sondern unterschwellig auch darum, was eine zeitgemäße Partnerschaft beziehungsweise deren Auflösung heute eigentlich bedeutet. Und da, das muss gesagt werden, gab es bezogen auf die Menschheitsgeschichte, in den letzten vierzig Jahren schwindelerregende Fortschritte. Vor 1976 war es zum Beispiel noch so: Wenn eine Frau fremdging, hatte sie keinen Anspruch auf Unterhalt. Kinder konnten dann dem Mann zugesprochen werden. Scheidung als Strafe gewissermaßen, verhangen von meist männlichen Richtern. Ein weiterer Vorteil für alle: Vor der jüngsten Reform bestand die Gefahr, dass multiple Hochzeiten und Gattinnen nicht erschwinglich waren. Ehepartner waren unter Umständen nicht nur einfach ein Fehlgriff, sondern ein kostspieliger Fehlgriff. Umtausch ausgeschlossen.

Man könnte meinen, es sei die rot-grüne Regierung unter den rekordverdächtig seriellen Eheschließern Gerhard Schröder und

Joschka Fischer gewesen, die diese Rechtsreform vorangetrieben hat, um sich ihre diversen Ehefrauen leisten zu können. Tatsächlich brachte sie jedoch eine Koalition aus CDU und SPD durch, mit Unterstützung aller Parteien, außer Die Linke.

Das Gesetz geht heute also durchaus von einer recht emanzipierten und organisierten Frau aus, die nicht nur ausreichend Nachwuchs schenkt, sondern sich auch noch angemessen darum kümmert. Mit ihrer Milch soll sie Allergien vorbeugen und mit ihrer Sozialkompetenz Tränen trocknen. Gleichzeitig soll sie aber auch dem Markt als fleißige Arbeitskraft und Konsumentin zur Verfügung stehen. Dummerweise hat der Gesetzgeber aber vergessen, ausreichend Ganztagsschulen zur Verfügung zu stellen, und Arbeitgeber zahlen dem Kollegen immer noch mehr für die gleiche Arbeit als der Kollegin. Gleichzeitig wurde über eine Herdprämie sinniert und in einigen Bundesländern als Landeserziehungsgeld auch umgesetzt. Eine staatliche Zahlung für die Kinderbetreuung, die Frauen genau nicht dazu motiviert, sich um ihre Karriere zu kümmern. Und dann gibt es da noch das Ehegattensplitting. Beständig wird es kritisiert, aber nie angetastet. Schon seit 1958 zementiert es die Alleinverdienerehe. Und zwar so erfolgreich, dass Ex-Paare auch nach der Trennung, aber ohne Scheidung zum Teil noch über Jahre gemeinsam veranlagen – inklusive doppelter Haushaltsführung.

Die Botschaften, die die Gesellschaft an Frauen sendet, sind im besten Fall widersprüchlich, im schlimmsten Fall komplett überfordernd. Folgende Information sollte eigentlich den gordischen Knoten im Kopf jeder Frau zerschlagen, die sich zwischen Kind und Karriere nicht entscheiden kann: »Bei einer Trennung nagelt das Gesetz einen fest und sagt: Pech gehabt! Für eine Weile gibt es einen Ausgleich, aber irgendwann wird gesagt, ›Sie haben eine Ausbildung, Sie können Ihren Unterhalt selbst bestreiten‹«, so die Anwältin Sieger. Wer keine Ausbildung, keinen Beruf hat, ist dann schnell auf Sozialleistungen angewiesen. Heißt: Karriere ist gut.

Kind und Karriere ist gut, aber nur Kind ist heute eine sehr riskante Entscheidung, zumindest für Frauen, die selbst entscheiden möchten, mit wem sie sich das Bett teilen.

Dazu gesellt sich noch ein weiterer Posten. Die Kümmer-Arbeit wird »nebenher« immer noch vorrangig von Frauen geleistet – fragen Sie doch mal im Bekanntenkreis, wer die Krankenkassenkarten der Kinder im Portemonnaie mit sich führt, wer die Termine beim Zahnarzt ausmacht oder den Kuchen für die Weihnachtsfeier backt. Frauen kommen immer gerne dann ins Spiel, wenn es um das Wohlergehen anderer geht: Unbezahlte Hausarbeit, Kinderbetreuung und die Pflege von Angehörigen wird in Deutschland weiterhin überwiegend von ihnen geleistet. Das bestätigt eine Veröffentlichung des Wirtschafts- und Sozialwissenschaftlichen Instituts von 2017 mit dem Titel »Wer leistet unbezahlte Arbeit«, bei der eine Befragung zum Thema mit mehr als zehntausend Teilnehmern ausgewertet wurde. Ergebnis: »Frauen leisten im Durchschnitt das 1,6-fache an Hausarbeit und das 2,4-fache an Fürsorgearbeit.« Selbst wenn beide Partner Vollzeit arbeiten, ändert sich daran kaum etwas. Die Frau schuftet daheim ungefähr doppelt so viel, die Soziologin Arlie Hochschild nannte das schon 1989 »The Second Shift«, die zweite Schicht. Das sind – Emanzipation hin oder her – so niederschmetternde und geschlechterstereotype Ergebnisse, dass man sogleich in eine stereotype Frauen-WG ziehen möchte. Da hängen dann vielleicht keine Bilder an den Wänden, aber dafür ist das Badezimmer sauber und die Katze nicht verhungert.

Wegen dieses Ungleichgewichts fordern manche Feministinnen auch eine Bezahlung von Haus- und Fürsorgearbeit. Was der Herdprämie gefährlich nahe kommt. Ein interessantes Gedankenspiel aber allemal. Was genau ist »der freie Rücken« in der Partnerschaft und in der Familie wert? Wird die Pflege von Angehörigen und Erziehung von Kindern extra berechnet? Und was ist mit dauerhaften Nachteinsätzen und Überstunden in der Babyzeit? Gibt es für

Frauen, die besonders gut kochen können einen Gourmet-Aufschlag? Der Vorteil einer Bezahlung wäre, dass Mütter weniger verarmen, dass sie sich eine bessere Altersvorsorge leisten könnten. Der Nachteil jedoch ist, dass es ebenjenen Mythos von Weiblichkeit befördert, der abgeschafft gehört: Als eine Art Betreuungsgeld de luxe hielte es Frauen nicht nur vom öffentlichen Arbeitsmarkt fern, sondern unter Umständen auch von einer Ausbildung und Selbstachtung. Zudem schreibt es Frauen ihre vermeintlich »natürliche« Rolle zu, dereinst bereits vergeblich von gewissen düsteren Visionären vorangetrieben. Ein Hausfrauengehalt dürfte dann in einigen Fällen auch die Diskussion erschweren, warum »sie denn nun wieder arbeiten möchte«, wo sie doch schon so einen tollen Job hat.

Ja klar, auch Hausmänner kämen in den Genuss dieser Entlohnung. Seltsamerweise finden Männer es bloß meistens interessanter, dort zu arbeiten, wo man für seine Tätigkeit als Incentive nicht mit Spinatbrei bespritzt wird. Wer sich als Mann trotzdem dafür entscheidet, wird zudem bei einer Trennung sehr schnell feststellen, dass Frauen doch nicht das einfühlsamere Geschlecht sind. Sie zahlen zwar auch mal Unterhalt. Aber sie sind knauseriger, beobachtet Christina Sieger in ihrer Praxis: »Ich habe das Gefühl, dass Frauen sich weniger als Versorger betrachten.« Wenn Männer alimentiert werden müssen, gelten sie bei Frauen schnell als Loser.

Wir kommen also im 21. Jahrhundert wirklich nicht darum herum, die Bezahlung von Männern und Frauen im Job auf ein einheitliches Niveau zu bringen und private Aufgaben fair aufzuteilen. Noch mal: Die Person, die sich in einer Beziehung vornehmlich um Kinder und Haushalt kümmert, hat bei einer Trennung immer das größere finanzielle Nachsehen. Liebe Frauen, bitte stickt das in Kreuzstich auf ein Leinentuch und hängt es hübsch gerahmt über den Herd in der gemeinsamen Küche!

Laut der Studie »Mitten im Leben« im Auftrag des Bundesministeriums für Familie, Senioren, Frauen und Jugend aus dem Jahr

2016 verdienen immer noch neunzehn Prozent der verheirateten dreißig- bis fünfzigjährigen Frauen kein eigenes Gehalt. 63 Prozent von ihnen verdienen weniger als 1000 Euro netto im Monat. 63 Prozent! Damit steht Deutschland im Vergleich zum Rest von Europa schlecht da: Nirgendwo sonst tragen Frauen so wenig zum Familieneinkommen bei, fand die Organisation für wirtschaftliche Zusammenarbeit und Entwicklung, OECD, in ihrem Bericht »Dare to Share« von 2017 heraus. Unser hohes feministisches Ross, von dem wir gerne auf in diesen Dingen »rückständigere« Länder und ihre Bewohnerinnen herabschauen, hat leider kurze Beine.

Dazu passt, dass mit das größte Armutsrisiko in Deutschland diejenigen haben, die weiblich und alleinerziehend sind. Es gibt etwa 1,6 Millionen alleinerziehende Mütter und Väter mit minderjährigen Kindern in unserem Land. Und unter den Alleinerziehenden sind mit über neunzig Prozent – Überraschung – Frauen immer noch die größte Gruppe. 2,7 Millionen Kinder lebten 2016 in Deutschland unterhalb der Armutsgrenze, natürlich nicht alle als Kinder von Alleinerziehenden, aber das Risiko zu verarmen ist in dieser Konstellation signifikant höher. Diese Zahl steigt kontinuierlich an. Mittlerweile machen Alleinerziehende ein gutes Fünftel der Familien mit Kindern aus. In Ostdeutschland gibt es mehr, in Westdeutschland weniger davon. Und die Alleinerziehenden sind wie keine andere Gruppe gefährdet, im Alter zu verarmen. Rund ein Drittel von ihnen war laut dem Statistischen Bundesamt 2016 von Armut bedroht, etwa 36 Prozent waren 2017 auf »Hartz IV«, angewiesen.

»Gleichstellung ist ein noch nicht erreichtes Ziel« heißt es so daseinsberechtigend wie gefühlsbestätigend im Gleichstellungsbericht des zuständigen Bundesministeriums aus dem Jahr 2018. Und dass das keine Modeerscheinung ist, versteht man spätestens, wenn man sich die vielen Begriffe mit »Gap« anschaut, die nichts mit dem amerikanischen Bekleidungsunternehmen zu tun haben. Der »Gender Pay Gap«, also die Tatsache, dass Frauen in Deutschland, je nach Region, Branche und Berechnungsmethode, immer noch zwischen sechs und einundzwanzig Prozent weniger für die gleiche Arbeit bekommen als Männer. Jede Frau sollte dringend mal den Boss fragen, was der Kollege verdient. Es gibt nämlich neuerdings ein »Entgelttransparenzgesetz«.

Aus dem Gender Pay Gap folgt dann ein »Gender Lifetime Earnings Gap«, was nichts anderes heißt, als dass sich weniger im Laufe eines Lebens zu sehr viel weniger summiert. Im Laufe ihres Erwerbslebens verdienen Frauen fast bis zu fünfzig Prozent weniger als Männer. Dass es dadurch dann auch einen »Gender Pension Gap« gibt, verwundert nicht weiter: Das Alterssicherungseinkommen, also das, was man nach Rentenbeginn erhält, richtet sich nach der kompletten Erwerbsbiografie und ist für Frauen 59,6 Prozent geringer als für Männer. Da überrascht es kaum, dass Frauen stärker von Altersarmut bedroht sind. Aktuell gilt als armutsgefährdet, wer unter 960 Euro Rente im Monat bezieht. Für alle, die sich gruseln wollen, gibt es jede Menge Rentenrechner im Internet.

Wie bereits erwähnt, erledigen Frauen ja etwa doppelt so viel unbezahlte Arbeit im privaten Rahmen wie Männer. Vermutlich nutzen sie dazu auch den »Gender Time Gap«, also die neun Stunden weniger pro Woche, die sie im Unterschied zu Männern mit klassischer Erwerbsarbeit verbringen. Klar, nörgeln nervt, aber wenn wir diese Gaps nicht nach und nach schließen, wird es für die lebenslange Liebe nicht gerade leichter. Diese Art von ungerechter Verteilung und Bezahlung von Arbeit erodiert auf Dauer auch die Nerven von Menschen, die sich eigentlich lieben und nicht ständig über ihr Kapital sinnieren wollen.

Und nun? Es gibt da ein paar Ideen, zum Beispiel die der Zwanzig-Stunden-Woche für Eltern: Mama und Papa müssen beide nicht so viel arbeiten, sodass sie Zeit haben für Windeln, Gemüsebrei kochen, Kinderarzt, PEKiP-Gruppen, aber eben auch für Kino, Kaffee und Kundalini. Andere Idee: Teilzeit für alle, das klingt fast noch verlockender. Bloß, was ist mit denen, die da nicht mitmachen wollen? Beziehungsweise gehen Führungspositionen dann nur noch an Kinderlose? Und für die Teilzeitwilligen bleiben nur die Jobs übrig, die sonst nicht so gerne genommen werden?

Das Gegenmodell sieht vor, dass beide Eltern in Vollzeit arbeiten und die Kinder während dieser Zeit einfach betreuen lassen, meist von Frauen, die unterbezahlt werden – gerne auch in cash, sprich ohne Ansprüche auf Sozialleistungen. Denn in Einrichtungen gibt es ausgerechnet dann keinen Platz, wenn er gebraucht wird. Als leuchtendes Beispiel für dieses Modell werden den deutschen Frauen stets »die Französinnen«, seltsamerweise jedoch den deutschen Männern nie »die Franzosen«, vorgehalten. Unzählige Bücher sind über sie geschrieben worden. Tenor: Seht her, was die alles kann und wie gut sie dabei aussieht! Unsere europäische Nachbarin ist demnach eine Art Superfrau, die nicht nur aus dem Wochenbett heraus jedes Meeting aufmischt, sondern auch abends auf dem Boulevard mit Freunden Foie Gras und Entrecôte mit einer Flasche Rotwein runterspült und dazu Zigaretten raucht, ohne dass es ihrem Teint schadet. Danach trifft sie sich noch mit ihrem Liebhaber. Das bringt Schwung in die häusliche Beziehung, die so nach dem Familienzuwachs gar nicht erst Gefahr läuft, langweilig zu werden. Endlich zu Hause angekommen schlüpft sie in ihr Negligé, prüft kritisch, dass sie das Kind bloß nicht überbemuttert, denn das wäre unsexy, und gönnt sich erholsame zwei Stunden Schlaf.

Die Deutschen probieren es lieber mit der Gleichstellungskommission. Der fällt noch die Verkürzung der Vierzig-Stunden-Woche für alle Geschlechter ein, und zwar orientiert an Lebensphasen, was in einem »Wahlarbeitszeitgesetz« definiert werden soll. Ansonsten bleibt der Bericht dazu recht unkonkret bei »gleichstellungsorientiertem Personalmanagement« und optimiertem »Zugang zu Kapital, Kompetenzen und Netzwerken insbesondere für Frauen«. Außerdem soll es eine Reform von gewissen Berufsprofilen geben, sodass Frauen, die lange Zeit mit Sorgearbeit zugebracht haben, ihr Wissen zu einem Beruf in der Pflege, Gebäudereinigung oder der Kita machen können. Ach, nach der großen Revolution klingt das alles nicht!

Der Soziologin Eva Illouz fällt etwas Verwegeneres ein: »Frauen sollten Projekt Mutterschaft von Projekt Liebe lösen«, und rät deswegen zum »Social Freezing«, also der Entnahme und dem Einfrieren von Eizellen, die es ihr dann ermöglichen, selbst zu entscheiden, ob und wann sie Mutter wird. Zum Beispiel dann, wenn die Karriere in trockenen Tüchern ist oder gerade kein paarungswilliger Mann zur Hand ist oder das Alter der Fruchtbarkeit tendenziell überschritten ist. Aber auch das ist nur eine Idee für finanziell abgesicherte Frauen mit einem Hang zum Experimentellen. Durchschnittliche Kosten von um die achttausend Euro sind zwar unter Umständen günstiger als eine Scheidung, aber dennoch nur für wenige Menschen problemlos umsetzbar, da es mit der Befruchtung des Eis und einer Schwangerschaft nun wirklich nicht getan ist.

Probleme in der Vereinbarkeit von Beruf und Familie haben vor allem auch Frauen, deren Ausbildungschancen aufgrund von Qualifikation oder Herkunft niedriger sind. Frauen, die kein Geld für Kinderbetreuung haben, die kein Au-pair bezahlen können, die ihren Lebensunterhalt im Niedriglohnsektor verdienen müssen. Hier und da mehren sich die Rufe nach einer steuerlichen Vergünstigung für Alleinerziehende, allerdings betrifft das eher gut verdienende Alleinerziehende, denn wer wenig verdient, dem werden demzufolge auch weniger Steuern erlassen.

Wenn es also keine einfache Lösung gibt, konzentrieren wir uns auf die zu vermeidenden Fehler. Einer der größten Fehler ist es, in der Partnerschaft nicht über Geld zu sprechen. Hier gilt das Gleiche wie bei anderen unangenehmen Themen wie schlechtem Sex oder Mundgeruch. Es ist lästig, aber es lohnt sich. Wer sich den Lifestyle des Partners aneignet, ohne selbst dazu beitragen zu können, also ständig Pulpocarpaccio isst, obwohl man es sich gar nicht leisten kann, der hat schon fast verloren. Und müssen beide wirklich je fünfzig Prozent der Miete zahlen, obwohl sie unterschiedlich verdienen?

Nächstes Thema: Die Hausarbeit beziehungsweise ihre gerechte Aufteilung. Dazu braucht es gar keine Gesetze, theoretisch kann jedes Paar es untereinander klären. Praktisch führt das Thema oft zu Streit, oder es wird ignoriert, und jeder fügt sich in seine Rolle, auch wenn es offensichtliche Diskrepanzen gibt. Die Soziologinnen Cornelia Koppetsch und Sarah Speck nennen es »die Gleichheitsillusion«. Laut einer von ihnen durchgeführten Studie gleichen sich vor allem »die akademisch gebildeten Großstädter« und »Paare aus dem ländlich geprägten Handwerker- und Arbeitermilieu« darin, die Arbeit im Privaten »traditionell« aufzuteilen, selbst dann, wenn die akademisch gebildete Frau die Hauptverdienerin ist. Im umgekehrten Fall, also der Mann arbeitet Vollzeit und kümmert sich gleichzeitig aufopferungsvoll um Kinder, Haushalt und Familie, wäre es höchstens der Plot für eine deutsche Komödie mit Matthias Schweighöfer. In kreativen und vom Selbstverwirklichungsgedanken getragenen Milieus gilt es laut dieser Untersuchung jedoch als akzeptabel beziehungsweise normal, wenn die Frau genau das tut. Mehr noch: »Je schlechter die Karriereperspektive eines Mannes ist, desto intensiver muss er sich um sein Fortkommen kümmern und kann eben nicht noch die Hausarbeit erledigen«, erklärt Soziologin Koppetsch in einem Interview. Es gibt immer ein Projekt, das das Ego in Schach hält, auch wenn es nicht bezahlt wird.

Die Paare, die es laut Koppetsch und Speck am besten hinbekommen, Kinder, Karriere und Hausarbeit gleichwertig zu erledigen, stammen aus »dem familistischen Milieu«. Dabei handelt es sich vornehmlich um Sozialpädagogen, Lehrer sowie Angestellte aus dem Dienstleistungssektor: »Hausarbeit und Kindererziehung werden dort in hohem Maß wertgeschätzt, genau wie Ehrenämter,

Nachbarschaftsdienste und kirchliches Engagement. Das Leitbild ist nicht Selbstverwirklichung, sondern der Dienst am Menschen«, so Koppetsch.

Höchste Zeit, so scheint es, für einen weiteren Dienst am Menschen, wenn nicht gar einen Dienst an der Menschheit. Denn wo kommen all die Männer her, die sich für Hausarbeit nicht zuständig fühlen oder sich durch sie entmannt fühlen? Aus Familien, die ihnen das bis heute so beibringen. Und wenn viele Väter ihren Söhnen in dieser Hinsicht noch kein Vorbild sein wollen oder können, müssen es dann eben auch hier die Mütter zu richten versuchen, indem sie ihren Söhnen beibringen, wie man putzt und kocht und sein Geld während der Schulzeit als Babysitter verdient. Sonst hört das doch nie auf!

Nun ließe sich sagen: Wenn es den Paaren nichts ausmacht, dass einer fast alles und der andere fast nichts im Haushalt macht, dann sollen sie doch so weitermachen. Lasst die doch in Ruhe, wenn sie damit glücklich sind! Muss doch jeder selbst wissen. Stimmt. Bloß, was man auch wissen muss: Wenn die Trennung kommt, fühlt sich der Deal, mit dem alle vorher so wahnsinnig zufrieden waren, rückwirkend nicht mehr ganz so perfekt an. Trennung bedeutet Bilanz ziehen. Und dass einer immer den Geschirrspüler ausräumte, die Weihnachtspostkarten schrieb und die Wände strich, während der andere an der Beförderung arbeitete oder YouTube-Videos auf der Couch schaute, rechnet sich für den Haushaltsmanager nicht. Darüber sollte man sich im Vorfeld zumindest im Klaren sein.

Ebenfalls negativ zu Buche schlägt, keinen Überblick über die Familienfinanzen zu haben. Wieso Konto? Bei uns kommt das Geld von der Kreditkarte! Scheidungsanwältin Christina Sieger trifft in ihrem Berufsalltag auf viele Frauen, die unabhängig von Alter oder Herkunft, nicht wissen, was ihr Mann verdient oder was sie selbst genau verdienen – und wo das Geld so hinfließt. Sie kennen weder ihren eigenen Kontostand, noch wissen sie, ob ihnen das Haus zur

Hälfte gehört oder nicht. Und sie wissen manchmal auch nicht, wo sie diese Informationen herbekommen können. Das macht eine faire Scheidung fast unmöglich, denn im Vorteil ist derjenige, der noch dieses oder jenes Sümmchen angelegt hat und das bei Scheidung dann trotz Auskunftsrecht anzugeben »vergisst«.

Das große Problem dabei: Ehen werden heute immer noch so geschlossen wie früher. Mit großem Enthusiasmus und wenig Vorausschau. Versorgungsausgleich? Noch nie gehört. Es sollten im Standesamt Infobroschüren darüber auliegen, was passieren kann, wenn die Romantik vorbei ist. »Es ist ein fataler Fehler, zu denken, dass es in der eigenen Ehe anders ist als bei allen anderen und sie für immer rosig bleiben wird«, sagt Christina Sieger. Ähnlich wie Feuerwehrleute immer empfehlen würden, einen Feuermelder in der Wohnung zu installieren, rät sie zu einem Ehevertrag und »nervt« damit gerne mal den Bekanntenkreis.

»Heiraten Sie?«, fragt auch die New York Times. »Lassen Sie uns über Geld reden.« In den USA, wo bereits die Grenze zwischen einem Date und einem privaten Bewerbungsgespräch fließend sein kann, schließen sich Romantik und Pragmatismus weniger aus als hierzulande, aber wenn es darum geht, das Worst-Case-Szenario im Vorfeld zu regeln, scheut hier wie dort die Mehrheit der Paare davor zurück. Dabei gibt es in den USA inzwischen »onboarding«-Seminare, bei denen sich im Vorfeld der Ehe über das jeweilige »Geld-Temperament« ausgetauscht wird, über die eigene finanzielle Geschichte und Ziele, in die in Zukunft investiert werden soll. Das alles klingt höchst vernünftig und ist es auch. Selbst wenn man keinen Kurs belegt: Wenn es ernster wird zwischen zwei Menschen, ist es sinnvoll, nicht nur über die Lieblingsnamen der zukünftigen Kinder zu diskutieren, sondern auch darüber, welche Vorstellungen man sonst so vom Leben, von der Liebe und eben auch vom Geld, von dessen Verteilung und dem Umgang damit, hat. So werden frühzeitig Themen angesprochen, die in den meisten Beziehungen viel zu spät auf den Tisch kommen. Und immer gilt: Es ist eine blöde Idee, dem Partner eine Kreditbürgschaft zu geben oder größere Geldbeträge zu leihen, ohne einen Vertrag aufzusetzen.

Natürlich können auch nicht verheiratete Paare eine Art innerpartnerschaftlichen Finanzvertrag abschließen. Aber das ist ungefähr so wahrscheinlich wie, dass sie gemeinsam ein privates Paarfest feiern –sie im weißen Kleid und er im Smoking. Eine Diskussion über das Kleingedruckte könnten sie sich aber wenigstens gönnen. Denn sollten sie sich trennen, müssten sie so ziemlich alles unter sich regeln. Die Düsseldorfer Tabelle hilft beim Kindesunterhalt, ansonsten hilft jeder sich selbst. Unverheirateten Frauen, die beruflich zurückstecken, um gemeinsame Kinder großzuziehen, kann tatsächlich mit guten Gründen zum Heiraten geraten werden. Etwa wegen des Versorgungsausgleichs, der für einen Rentenausgleich der Kinderversorger sorgt. Wer nicht heiratet und aufhört zu arbeiten, muss zumindest unbedingt an die Altersvorsorge denken. Ein furchtbarer Rat, weil eigentlich niemand je über Dinge nachdenken möchte, in denen das Wort alt vorkommt. Nicht mal als glücklicher Single.

Und somit kann eine Heirat mit Ehevertrag tatsächlich feministische Züge haben. Hätte man das den Müttern, egal ob progressiv oder konservativ, vor ein paar Jahrzehnten erzählt, sie hätten ihren schwarzen Tee ausgespuckt, prustend vor Lachen: Heiraten ist irgendwie feministisch? Ja. Kann man so sagen. Weil eine Heirat mit Ehevertrag die finanziellen Hürden, die vor einer Trennung schwer überwindbar scheinen, leichter passierbar macht.

Superglatte Scheidung gibt es nach Christina Siegers Erfahrung zwar nur in etwa zehn Prozent der Fälle, doch der tröstliche Rat, den die Anwältin für ihre traurigen Mandanten hat: »In einem Jahr geht es Ihnen besser.« Scheiden lohnt sich also doch, zwar nicht finanziell, aber zumindest um mehr Klarheit zu haben, um das Problem in den Griff zu bekommen.

5

MÜDE PAARUNG

Miriam und Julius

Als sie das erste Mal miteinander schliefen, waren sie betrunken. Sie hatten kein Kondom und sprachen bis auf den kurzen Dialog »Hast du eins?« – »Nein« nicht weiter darüber. Dann war es schon wieder hell. Julius' Haut war weich vom Schweiß, weiß und rot gefleckt, roch nach Zigaretten. Natürlich kam Miriam nicht. Auf dem Rücken liegend, die Beine angewinkelt. Sie klammerte sich an seinen Nacken und hielt ihn gleichzeitig fest: »Ich war vor allem sehr froh. Seit Wochen war ich um ihn herumscharwenzelt.« Jetzt hatte sie ihn rumgekriegt. »Die Tatsache machte mich glücklicher als der Sex selbst.« Sie schliefen bald ein. Das Aufwachen war etwas unangenehm, alles war neu. Er musste los. Sie wusste nicht, warum. Doch schon am Abend kam er zurück, hatte Rotwein dabei, frisches Brot und Käse. Ein guter Einstieg, »fast erwachsen, oder?«, sagt Miriam.

Sie waren erst Anfang zwanzig. Sie waren nicht nur sich selbst fremd, sondern auch ihren eigenen Körpern. Aber Miriam war sich irgendwie sicher: Sie war selbstbewusster als er. Auch schlagfertiger und neugieriger. Julius studierte halbherzig Informatik und dachte über die Gründung einer Firma mit einem Freund nach. Wenn er darüber sprach, leuchteten seine Augen, feine Spucketropfen stoben aus seinem Mund, und der Redefluss war kaum zu stoppen. Es sei denn, Miriam ließ wahlweise ihr T-Shirt, ihren Bademantel oder ihren Rock verrutschen. Oder sie drückte ihren Fuß in seinen Schritt. Es war so lächerlich einfach, dass sie es selbst kaum fassen konnte. Ein paar nicht sonderlich originelle Moves – sie kam sich manchmal im Nachhinein fast blöd vor –, und Julius verdrehte die Augen und fiel mit tollpatschiger Gier über sie her.

Miriam studierte Personalmanagement, interessierte sich für Politik und Film, engagierte sich in einer Gruppe, die geflüchteten Frauen Rad fahren beibrachte, legte zweimal im Monat in einer Indie-Bar auf und träumte davon, das gesammelte Kräuterwissen ihrer Urgroßmutter aus dem Oberammergau, die sowohl Hebamme als auch Engelmacherin gewesen war, als Buch zu veröffentlichen.

Für Julius war das alles fremdes Terrain. Er interessierte sich für Netzpolitik und spielte Tennis – immerhin ein exzentrisches Hobby, wenn man in einer Stadtwohnung mit Stockflecken an der Decke wohnte. Anfangs war er von Miriams Körper besessen, wie ein Welpe von seinem neuen Latex-Spielhuhn: »Ich hatte zum ersten Mal Macht über einen Mann, und das machte mich an. Das fand ich spannender als die unübersehbare Tatsache, dass wir uns kaum für das Leben des anderen interessierten und uns kaum etwas zu erzählen hatten.«

Innerhalb dieses überschaubaren Plots von Verführerin und Verführtem fielen sie in den ersten Jahren regelmäßig übereinander her: Auf Partys, in Miriams Küche, manchmal im Bad, später mehr und mehr im Bett. Miriam begnügte sich mit ihrer Rolle als Vamp für Julius. Was er sonst so fühlte, war kein Thema. Und was sie sich wünschte, auch nicht: »Ehrlich gesagt, kann ich nicht mal Freunde fragen, ob sie mir mal ihr Auto leihen. Wie sollte ich da über Sex reden?«

In den Jahren vor Julius hatte Miriam einige Affären: Männer, die sie nicht liebten, Männer, die sie nicht attraktiv fand, aber die sich zumindest für sie interessierten. Sie machte sich damals nicht viel aus Sex. Er passierte. Sex mit Julius ließ sie zu. Eine Art Ausgleich für frühere Erfahrungen, die sie oft schon am Morgen danach vergessen wollte. Das eine Mal am Rande des Fußballplatzes in ihrer Heimatstadt oder der Dreier mit einem befreundeten Pärchen, dabei fühlte sie sich immer, als hätte sie ihren Text vergessen. Mit Julius war der Sex trotz Begierde friedvoller, freundlicher Sex mit wenigen Variationen. Oft hielten sie sich hinterher lange in den Armen, ohne einander anzuschauen. Sein Sperma lief an ihr herunter. Manchmal nahm er einen seiner Socken, um es abzuwischen. Vertrautheit und Fürsorge, das hatten sie gut drauf.

Nach ein paar Jahren begann die Miriam-Show der Verführung sich zunehmend abzunutzen. Julius reagierte nicht mehr mit animalischen Reflexen, wenn sie keinen BH trug. Er reagierte irgendwann eigentlich kaum noch, wenn sie nackt durch die inzwischen gemeinsame Wohnung tänzelte, meist saß er vor seinem Computer, vertieft in irgendeine Aufgabe. Sie hatten beide Sicherheitsspeck angesetzt. Miriam ging öfter Auflegen. Julius seltener auf den Tennisplatz. »Richtig attraktiv fand ich ihn eigentlich schon länger nicht mehr, aber ich hatte zumindest noch den Ehrgeiz, sein Begehren anzustacheln.«

Wein trinken half. Nicht zu wenig, aber auch nicht zu viel. »Es war geradezu schmerzhaft offensichtlich, dass es Verstärker von außen brauchte.« Manchmal nahmen sie gemeinsam Kokain und schliefen am Ende der Nacht miteinander. Miriam empfand Verlangen, mochte es aber nicht, »das war so kalter Ballersex«. Am nächsten Tag fühlte sich alles schal und lächerlich an, wie sie das klischeehafte »Fick mich!« gesagt hatte. Julius mochte diese Abende, weil sie Sex garantierten. Jetzt ausschließlich im Bett. Weiße Laken. 1,60-Matratze.

Irgendwann, das erste Kind war schon geboren, vergaß Miriam ihr Engagement und war vor allem engagiert darin, sich selbst leidzutun: Spielplatz, Gelegenheitsjobs, Kinderarzt, Besuch von den Schwiegereltern – nicht mal die leise Rebellion gegen die Mutterrolle konnte ihr den Alltag aufhellen. Auf die Frage, was sie beruflich mache, wusste sie manchmal keine Antwort.

Julius arbeitete immer mehr. Hatte eine Firma gegründet. Was genau er den ganzen Tag tat, war ihr ein Rätsel. Jeden Morgen kontrollierte er seine Onlinekonten, flog regelmäßig in die USA, gerne auch im Sommer, wenn die Kita ihrer Tochter geschlossen war.

Zwischen ihren Körpern entstanden neue Rituale. Inzwischen aber eher von seiner Seite. Seine Anbahnungen waren immer die gleichen: Er legte seine Hand auf ihren Hintern. Küsste sie saftig. Manchmal schliefen sie morgens miteinander. Meist eher nachts. Auf jeden Fall viel weniger als früher. Sex war jetzt mehr Nähe. Weniger Leidenschaft. »Schade, dass wir uns nicht streiten«, hatte Julius mal gesagt. »So können wir keinen Versöhnungssex haben.« Manchmal sprach er mit kindlicher Stimme zu ihr. »Da war es wahrscheinlich vorbei.« Er machte die Augen zu und stöhnte leise, kläglich gar.

Miriam begann hin und wieder mit anderen Männern zu schlafen. Der Sex war gut. »Besser«, sagt sie. »Vielleicht, weil es verboten war.« Das schlechte Gewissen verfolgte sie. Sie liebte Julius ja. Seine Verlässlichkeit, seinen analytischen Verstand, seine freundliche und zuvorkommende Art, für die absurderweise immer sie das Lob bekam.

Warum tat sie es dann immer wieder? »Weil es eine Möglichkeit war, mich in anderen Männern neu kennenzulernen.« Sex musste hier nicht dazu dienen, die Beziehung zu erhalten, sondern bedeutete Weiterentwicklung. Auch Julius schlief mit mindestens einer anderen Frau, einer gemeinsamen Bekannten. Er beichtete es ihr. Es machte ihr kaum etwas aus, sie versuchte angemessen betroffen zu wirken.

Er sprach es jetzt manchmal an, dass sie über Wochen oder Monate nicht miteinander schliefen. Sie fühlte sich schuldig, sagte, er könne ruhig mit anderen Frauen schlafen, sie sagte, dass sie eigentlich nichts vermisse, sie wollte den Druck rausnehmen. Aber er verstand nur, dass sie ihn nicht begehrte. Dabei hatte Miriam durchaus zärtliche Empfindungen für ihn, aber die hörten schon unterhalb des Herzens auf. Und dann fühlten sich beide schlecht, was grundsätzlich eher keine gute Voraussetzung für Sex ist.

Immerhin, sie schliefen über die Jahre – zehn waren es – oft genug miteinander, um zwei Kinder zu bekommen. Im Jahr nach der Geburt kam die körperliche Nähe jeweils vollkommen zum Erliegen, was vielleicht nicht die beste Ausdrucksweise für diesen Zustand ist. Wenn die beiden schon mal zusammenlagen, war eigentlich immer auch ein Kind dabei. Die Matratze wurde größer. Das Glück und die Liebe hatten sich eingerichtet in der Gemütlichkeit. Nur manchmal kam das schlechte Gewissen wieder durch. Wenn sie Sex hatten, war die Stimmung gut, sie versprachen sich, es öfter zu tun. »Mich machte es hinterher auf eine Art glücklich, weil ich mir bewiesen hatte, dass unsere Beziehung funktioniert, dass wir doch noch ein paar Jahre durchhalten können.« Sie nahm sich vor, im Urlaub mehr Sex zu haben. Aber irgendwie kam es nicht dazu. Sie wachte früh auf und setzte sich mit den Kindern an den Strand. Er las abends lange auf dem Balkon.

Miriam verschlang jetzt Artikel, die ihr bestätigten, dass es ganz normal sei, keinen Sex zu haben. Sie schaute sich auf Facebook Bilder ihrer Freundin Kerstin an, die neuerdings regelmäßig zu Tantra-Workshops ging. Allerdings löste das eher ein Schütteln in ihr aus. Auch die ganzen Sexpartys, über die Blogger so gerne in Ich-Texten schrieben, interessierten sie nicht. Sie wollte niemandem beim Ausleben seiner Fetische zuschauen. Aber natürlich interessierte sie Sex. Sie hatte auch nicht zu wenige Orgasmen. Nur eben eher, wenn sie alleine war. Also frigide war sie nicht. »Das musste ich mir irgendwann sagen und mir stets beweisen, dass bei mir noch alles funktionierte.«

Ein halbes Jahr nach Geburt ihres zweiten Sohnes verbrachte

Miriam ein Wochenende in Barcelona mit einer Freundin. Sie hatten ein Paket gebucht. Sektfrühstück und eine Massage. Sie schwammen vor dem Frühstück, saßen in der Sonne, lasen ganze Bücher. Miriam buchte einen Termin beim Hotelmasseur. Ein Mann empfing sie mit zu sanftem Händedruck. Nur wenige Jahre älter als sie, einen Kopf kleiner. Sie hing den Bademantel auf, legte sich auf den Bauch. Er hatte ihr keinen dieser merkwürdigen Einmalstrings gegeben. Er fing an zu massieren. An der Wirbelsäule, immer tiefer herunter. Er schob das Handtuch etwas über den Hintern. Fasste mit beiden Händen an ihre Hüften. Schob seine Hände zu ihren Hüftknochen. »Das ist aber keine normale Massage, dachte ich. Und ertappte mich dabei, wie ich meinen Unterleib zu seiner Berührung bewegte.« Seine Hände massierten nun ganz andere Stellen. »Ich will dich nur glücklich machen« flüsterte er. Es hatte bisher noch kein Mann geschafft, sie manuell zu befriedigen. Es dürfe niemand wissen, sagte er.

Zwar mied Miriam die Massageräume für den Rest des Wochenendes großräumig, aber es hatte etwas in ihr verändert: »Ich war es leid, meine Sexualität in einer Art Box zu erleben. Mich für vorhandene Bedürfnisse und für den nicht vorhandenen Sex zu schämen.« Mit Julius sprach sie nicht darüber. Dann war es irgendwann zu spät. Sie hatten sich vollends eingerichtet, im Nichtstun. Mein Fehler, dachte sich Miriam. Und wandte sich weiter ab. Ihrer Fantasie zu. Anderen Männern. Sie hatte jetzt einen festen Job im Recruitment einer Versicherung. Wenn sie auf Geschäftsreise war, suchte sie die Hotelbars nach Männern ab. Tinder interessierte sie nicht. Dann lieber käuflicher Sex. Aber das traute sie sich nicht. »Vermutlich hätte ich es mir auch nicht leisten können«, sagt sie und lacht.

Julius unternahm ab und an einen verzweifelten Anlauf. Vielleicht aus Gewohnheit. Vielleicht aus stumpfem Verlangen. Legte seine Hand auf ihren Hintern, versuchte sie zu küssen. Miriam aber musste erst den Lauch aus der Hand legen, noch ebendiese E-Mail schreiben, lieber das Buch lesen. Schon sein Verlangen verstand sie als Verrat an ihren Problemen. Irgendwann sagte sie »Nein«. Kurz danach trennten sie sich. Fast einvernehmlich. Aber der letzte Sex, den sie hatten, der war eigentlich nicht mehr einvernehmlich. »Ich habe mehrmals gesagt, dass ich nicht möchte.« Er schlief trotzdem mit ihr. Sie ließ es geschehen.

Der Sex
und die Langzeitbeziehung

Wer sich getrennt hat und noch mal nachfühlen möchte, ob er oder sie die richtige Entscheidung getroffen hat, sollte eine Reise tun: Nicht in den Ashram oder auf den Jakobsweg, sondern in einen Wellness-Tempel. Wo das Wetter schlecht, die Umgebung unwirtlich ist und der Altersdurchschnitt zum Hochfiebrigen tendiert. Wo es keine nennenswerten Aktivitäten gibt außer Wassergymnastik oder halbherziger Bauch-Beine-Po-Kurse, deren Belegung einmal im Jahr eher demotivierende Wirkung hat. Und Körper ohne Reize, meist überflutet.

Im Sinne der Versuchsanordnung sollte die Reise außerhalb der Schulferien unter der Woche stattfinden, damit bloß nichts vom wahren Studienobjekt ablenkt: den Pärchen.

Sie sind dort, weil sie sich eine »Auszeit« nehmen. Wovon genau, ist meist nicht mal ihnen klar: Von der Arbeit, dem Alltag, von sich selbst. Wenn man Feuer mit Feuer bekämpfen kann, dann vielleicht auch Eintönigkeit mit Eintönigkeit. Nichts tun, bis es hoffentlich endlich wieder spannend wird. Es ist der Versuch, zwischen Käseplatte, Bademantel und hohen Temperaturen auch wieder etwas Hotness in die Beziehung zu injizieren: Bei Buttermilchbädern in

Bademuscheln, wechselnden Mood-Lichtern und Rosenblättern, die im Haar hängen bleiben.

Die mitfühlende Beobachterin stellt unangenehm berührt fest, dass es nicht funktioniert. Im Speisesaal wird mechanisch gekaut und angestrengt vor sich hin geschwiegen. Die interessantesten Informationen werden vom Kellner überbracht. Und der Ruhebereich bietet die bestmögliche Ausrede, gar nicht erst mit dem Sprechen anzufangen. Hier, wo sich fast nur Menschen in der gesellschaftlich akzeptierten Topkonstellation aufhalten, lässt sich so gut wie sonst nirgends besichtigen, dass die Luft sehr offensichtlich raus ist. Die Libido jedenfalls macht Urlaub woanders. Und zwar an einem Ort, der für diese Pärchen unerreichbar scheint, obwohl die meisten von ihnen schon einmal dort waren. Bei der Abreise empfindet man keine Schadenfreude, eher Erleichterung darüber, diesem düsteren Ort, an dem man sich selbst und den anderen zwar endlich mal wieder nackt sieht, aber nicht hingucken will, selbst entronnen zu sein.

Denn diese Pärchen sind keine Ausnahmeerscheinung oder bedauernswerte Randgruppe. Eines der am besten gehüteten und zugleich offenen Geheimnisse: Sex wird in Langzeitbeziehungen eingestellt – oder findet bestenfalls unter biologiebuchartigen Bedingungen statt. Die Domestizierung der einst begehrten Person bringt es in der Regel mit sich, dass das Verlangen Netflix und die nächtliche Unvernunft dem dringenden Bedürfnis nach Schlaf weicht. Zwar heißt es, wer öfter gemeinsam koche, habe ein ausgewogeneres Liebesleben, aber mal ehrlich, wer kennt denn Langzeitpaare, die nach dem Essen noch regelmäßig aufregenden Sex haben? Auch der Umkehrschluss macht deutlich, warum im Bett nach gewisser Zeit primär geschlafen wird: »Es ist einfach unangenehm, mit jemandem Schulbrote zu schmieren, den man in der Nacht zuvor noch in seiner Nixon-Maske gesehen hat«, bemerkt der amerikanische Schriftsteller Tim Kreider in seinen essayistischen Beobachtungen zur Liebe. Heißt: Sexuelle Extravaganzen ob mit oder ohne Fetisch und die tägliche Leberwurst-Routine schließen sich aus.

Man kann es auf Hormone und Neurotransmitter schieben: Oxytocin, zum Beispiel, das »Kuschelhormon«, das uns die körperliche Nähe des geliebten Menschen suchen lässt, ohne weitere Hintergedanken. Man kann den Umständen die Schuld zuweisen: Der dauernde Stress! Die Arbeit! Die Kinder! Nur hat einen das vorher auch nicht davon abgehalten, sich sexuell zu verausgaben. Eine nach wie vor beliebte Theorie ist auch: Die Natur sei schließlich nicht dafür da, uns glücklich zu machen, sondern um die Reproduktion zu garantieren. Nachdem genug Gene gemixt worden sind, wird sich der oder dem Nächsten zugewandt.

Wie viele Paare von der leidenschaftlichen in die leidlich leidenschaftliche Beziehung rutschen und wann, dazu gibt es kaum verlässliche Zahlen. Auch weil vielen Menschen die ehrliche Auskunft darüber schwerfällt. Nicht nur beim gemeinsamen Abendessen unter Freunden, sondern auch in Umfragen. Und zu den Gründen? Die Geburt eines Kindes ist meist ein Gamechanger. Und auch die Entwicklung der Partnerschaft: Fürsorge ist ein starkes Anti-Aphrodisiakum. Man will gewollt werden, aber nicht gebraucht.

Wissenschaftler schätzen, dass maximal zehn Prozent aller Paare gar keinen Sex haben. Und viele haben einfach wenig Sex, laut einer Studie von 2018 zum Beispiel zehn Prozent aller Paare nur einmal im Monat. Wissenschaftlich erforscht ist zudem, dass mit steigendem Alter die Häufigkeit der sexuellen Kontakte abnimmt. Aber wie oft ist wenig? Und was ist alt? Und wie oft ist zu wenig?

Was jedenfalls sicher ist, das Problem von Qualität und Quantität des Geschlechtsverkehrs in Partnerschaften beschäftigt sehr viele Menschen. Onlinejournalisten wissen: Besser als Sex klickt nur noch kein Sex. Artikel mit Titeln wie »Die traurige Sex-Realität von Paaren und Ü-30ern«. Wenig überraschend auch, dass dieses Thema in Frauen- und Lifestyle-Publikationen einen Dauerplatz hat: »Was man für ein glückliches Liebesleben wissen muss«, oder: »Partnerschaft: So viel Sex sollten Paare pro Woche haben« Selbst die deutschen Leitmedien widmen sich regelmäßig dem Problem. »Kein Sex ist auch keine Lösung«, »Jetzt nicht, Schatz«, heißt es dort in kaum originellerem Sound. Das Thema müsste in der Theorie längst ein für alle Mal geklärt sein. Doch die Überschriften versprechen mehr, als sie bieten, und zeigen vor allem, wie hoch der Druck ist. Von innen wie von außen.

Popstar Pink, die auch in ihrer Musik für ihre Bekenntnishaftigkeit bekannt ist, verriet in einem Interview, dass ihr Partner und sie nach fünfzehn Jahren und zwei Kindern auch mal über ein Jahr lang keinen Sex hatten. Sie habe sich gefragt: »Ist das das Bett des Todes? Ist das das Ende? Will ich ihn? Will er mich?«. Um letztlich zu dem Ergebnis zu kommen: »Monogamie ist Arbeit! Aber wenn du die Arbeit erledigst, ist es danach wieder gut.« Da ist es wieder, das Versprechen von der mühsamen Beziehungsarbeit, zu der man sich antreiben muss wie zum Fensterputzen. Sexy klingt das nicht, und worin diese Arbeit konkret besteht, verschweigt die Sängerin.

Eine Studie aus dem Jahr 2016 im Auftrag eines führenden Kondomherstellers ergab, dass siebenundvierzig Prozent der Männer und Frauen nicht zufrieden sind mit ihrem Sexleben. Das betraf sowohl die Häufigkeit der Kontakte als auch deren Verlauf. Entgegen aller geschlechtsspezifischen Mythen kommen nur einundsechzig Prozent der Männer immer zum Höhepunkt; bei Frauen sind es mit siebenundzwanzig Prozent nur knapp über ein Viertel. Wobei natürlich guter Sex nicht immer unbedingt zum Orgasmus führen muss. Die Berliner Charité veröffentlichte 2005 eine Studie, die zu dem Ergebnis kam, dass neunzig Prozent der befragten Frauen schon mal einen Orgasmus vorgetäuscht haben. Sprachlosigkeit ist der größte Lustkiller. Zielführender wäre es, dem Partner zu sagen oder zu zeigen, was man mag. Aber das ist leichter geschrieben als gesagt.

Doch kaum etwas wird so gut verdrängt wie ein mangelhaftes Liebesleben. Viele Paare bleiben trotz Fake- oder Null-Orgasmen zusammen. Dass Sex ein menschliches Bedürfnis wie Essen und Trinken sein könnte, fällt vielen erst auf, wenn sie ihn wieder haben – und sich ein Gefühl einstellt, als wäre man nach einer langen Wüstenwanderung mit nur ein paar Flaschen abgestandenen Wassers als Nächstes in einen Bergsee gesprungen. Oder wie im Berliner Winter: Man leidet vor allem gegen Ende sehr unter ihm. Das Gefühl, ihn eigentlich nur knapp überlebt zu haben aber stellt sich schlagartig an dem Tag ein, wenn die Stadt scheinbar über Nacht in Pastellfarben explodiert.

Sex lässt sich nämlich durch Sicherheit und Nähe recht gut ersetzen. »Nicht Sex ist das Grundbedürfnis. Kontakt ist das Grundbedürfnis. Sex ist eine Form, Kontakt herzustellen und so das Grundbedürfnis nach Intimität zu erfüllen«, sagt der Sexualtherapeut Christoph Ahlers. Da es in Paarbeziehungen noch viele andere Möglichkeiten gibt, miteinander in Kontakt zu treten – etwa über die Frage, wo die Kellerschlüssel sein könnten, oder wenn der Partner wortlos eine Banane rüberschiebt, weil er sieht, dass dramatische Unterzuckerung droht –, fällt diese spezielle Art der Kontaktaufnahme gerne mal unters Bett.

»Probleme rund um das nachlassende sexuelle Verlangen sind bis heute einer der Hauptgründe, warum Paare eine Paartherapie beginnen«, schreiben die Verfasserinnen einer amerikanischen Studie über sexuelles Verlangen in Langzeitbeziehungen aus dem Jahr 2018. Darin vergleichen und bewerten sie die Ergebnisse der wichtigsten Befragungen und Untersuchungen der letzten Jahre zum Thema Lustlosigkeit. Der meistgenannte Grund für weniger Sex: Stress, meist im Job. Und als hätte man es nicht schon geahnt: »Wenn die Anziehungskraft für den Partner schwindet, kann es auch zu Monotonie und Routine in der Beziehung führen, die dann wiederum einen negativen Einfluss auf die sexuelle Begierde hat.«

Die ewige Abwärtsspirale. Autonomie und Aufmerksamkeit gegenüber dem Partner, sowie intime Verbundenheit seien alles Faktoren, die einen positiven Einfluss auf das sexuelle Erleben von Paaren hätten. Es klingt doch fast einfach: Wer sich auch sonst gut versteht, einfühlsam ist, sich persönlich weiterentwickelt, eigene Aufgaben verfolgt, Interesse am Partner zeigt und sich nicht allzu sehr vom Alltag stressen lässt, wird sich auch im Bett ausdauernd gut verstehen. Wie immer geht es erst mal um einen selbst und dann um den anderen: Man wird nicht mit dem Partner gemeinsam wachsen und Dinge ausprobieren, wenn man es für sich selbst nicht auch oder zuerst tut.

Das gilt auch für die Frage »Was bereitet mir Lust?«, die sich jeder ebenfalls zuallererst selbst beantworten muss. »Das Einzige, was in unserer Gesellschaft noch schambehafteter als ein Orgasmus ist, ist das Ausbleiben eines Orgasmus«, schreibt die Schriftstellerin Nora Bossong in ihrem Buch *Rotlicht*. Dasselbe, könnte man behaupten, trifft auch auf Pärchen zu, die in keinem Geschäftsverhältnis zueinander stehen. Genauso wie die Frage, die Bossong stellt, »warum das Rotlichtmilieu die echte Wollust nur an den Mann bringen will – und niemals an die Frau.« Unter anderem weil die weibliche Sexualität nicht unbedingt die besten Vorrausetzungen hat, sich frei zu entwickeln, war sie doch seit jeher eher auf Passivität ausgerichtet. Die Supra-Studie sagt dazu: »Die Erwartungen der Gesellschaft an Männer und Frauen erhalten eine Kultur, in der Männer die Aggressoren der sexuellen Beziehung sind, von denen erwartet wird, die Macht anzustreben und aufrechtzuerhalten. Das ist kein Umfeld, in dem Begehren in Langzeitpartnerschaften gelingt.«

Die Stigmatisierung und Pathologisierung jeglicher sexueller Handlung und Orientierung, die jenseits der männlich-heterosexuellen lag, ist so alt wie die kontinentaleuropäische Geschichtsschreibung. Auch in der westlichen Welt wurde Frauen bis ins 20. Jahrhundert hinein aus therapeutischen Gründen die Klitoris entfernt. Zuletzt einem zwölfjährigen Mädchen aus Kentucky im Jahr 1953. Das einzige menschliche Organ, das einzig und allein der Lustbeschaffung dient, stieß von jeher auf Misstrauen oder Desinteresse. Von wegen Penis-, Klitorisneid ist, wenn überhaupt, die Wurzel vieler Übel! Die Menschen erforschten die Ozeane, den Regenwald und flogen zum Mond. Aber erst 1998 machten sie sich auf, dieses weibliche Körperteil und seinen Aufbau zu studieren.

Seit der Antike und bis ins 20. Jahrhundert hinein hielt sich zudem die Vorstellung, dass die sogenannte Hysterie, abgeleitet vom griechischen Begriff für Gebärmutter »Hystera«, eine typisch weibliche Unpässlichkeit sei. Und zwar ausgelöst durch sexuelles Begehren und Masturbation, was die Damen gänzlich ungesund erscheinen ließ. Für Freud lagen die Ursachen dieser Neurose, die heute nicht mehr im ICD 10 – dem Katalog der Krankheiten – gelistet wird, irgendwo in der erfolglos absolvierten ödipalen Phase. Konkreter und populärer war die Vorstellung von Freuds Kollege und Freund Wilhelm Fließ, der gar davon ausging, dass sexuelle »Störungen« der Frau, also zum Beispiel Masturbation, ihr an der Nase anzusehen seien. Kurzerhand operierte er an Freuds Patientin herum, die daraufhin fast verstarb – er hatte einen halben Meter Mullbinde in der Nasenhöhle vergessen. Letztlich ging es den motivierten Ärzten um eine »Pseudodiagnose, die Frauen stigmatisierte, deren Verhalten nicht den gängigen Normen entsprach«. Das schreibt die Psychologin Sandra Konrad, der Titel ihres Buches fasst das Dilemma zusammen, das bis heute auch noch in vielen modernen Beziehungen gilt: *Das beherrschte Geschlecht – Warum sie will, was er will.* Das heißt auch, dass manche Frauen eben immer noch lieber mit einem Mann zusammen sind, der sie sexuell nicht befriedigen kann oder will, als diese Befriedigung einzufordern oder sich zu trennen. Solange er sich nicht beschwert, kann sie irgendwie damit leben, obwohl sie eigentlich diejenige wäre, die Grund zur Beschwerde hätte. Männer hingegen haben sich stets und gerne über ein zu forderndes oder von einer imaginierten Norm abweichendes weibliches Sexualverhalten beschwert.

Denn die Geschichte der weiblichen Sexualität ist eine Geschichte voller Missverständnisse. Es gab etwa eine Zeit, da wurden Frauen, die an ihrer Sexualität »litten«, von Ärzten übelste Gerüche unter die Nase gehalten, um den Uterus nach unten zu treiben, oder die Vagina mit wohligen Gerüchen bedampft, um ihn zu locken. Die Schauspielerin und Wellness-Unternehmerin Gwyneth Paltrow schwört immer noch auf die Vaginalbedampfung mit Wermutkraut. Ein Graus für Gynäkologinnen. Denn das weibliche Geschlechtsorgan ist mit einer fragilen, schützenden Bakterienkultur ausgestattet, die durch seltsame Kräuterdämpfe aus der Balance geraten kann. Doch Paltrow geht es nicht um medizinische Notwendigkeit, sondern um Reinigung. Die Gebärmutter soll »blitzsauber« sein. Und weibliche Sexualität bitte schön auch. Die Frau bitte weder zu kalt noch zu heiß servieren! Sex sollte am besten so aussehen und sich anfühlen wie eine Yogaübung bei Sonnenuntergang – gesund und mit sexy Schweißfilm an den richtigen Stellen.

Aber auch wenn männliche Lust seit jeher als Naturtrieb gilt, die weibliche dagegen als etwas zu Bändigendes, haben natürlich beide Geschlechter mit Scham und Verboten zu kämpfen, die es uns heute noch erschweren, so locker über sexuelle Bedürfnisse zu reden wie über das Hoch Sigmund, das uns derzeit mit warmer Luft aus Südosten versorgt. Selbst wenn die Eltern von heute den um die Dreißigjährigen einst nur zum Scherz erzählten, die Kirche warne vor krummen Fingern durch Onanie, so ganz ohne Folgen bleibt kein Bild.

Auch der Mythos vom dauergeilen Mann hält sich wie eingefrorenes Sperma. Doch weder ist der Mann immer bereit für eine Erektion, noch hat er immer Lust. Das passt aber nicht zum allgemeinen männlichen Selbstbild, und schon beginnt das Drama um

Scham und Versagensängste. Impotenz, die mindestens jeden zweiten Mann irgendwann einmal betrifft, ist inzwischen recht gut untersucht. Man könnte es auch die 3-D-Theorie nennen: Diabetes, Depressionen, doppelter Wodka. Es gibt auch noch eine vierte Dimension, denn Dauerbeziehungen führen mitunter auch zu ungewollter Erschlaffung. Der Urologe Wolfgang Bühmann sagt dazu: »Bei einer lang andauernden Beziehung steigt die Reizschwelle. Das sexuelle Verlangen nimmt ab.«

Seit 1998 Viagra mit großem Tamtam gelauncht wurde, gibt es für Männer auch medikamentöse Unterstützung bei Impotenz. An der weiblichen Lust beziehungsweise Unlust beißt sich die Pharmazie jedoch immer noch die Zähne aus. Trotz diverser »Lustpillen für die Frau«, die den Serotoninspiegel beeinflussen. Was interessant ist: Beim Mann reicht es, mittels Chemie einen mechanischen Prozess zu optimieren – nämlich die Entspannung der Gefäße und das Einströmen von Blut in den Penis. Bei Frauen hingegen wird gleich das Hirn manipuliert. Mit mattem Erfolg. Die Wirkung vom »rosa Viagra« ist umstritten, und unangenehme Nebenwirkungen sind zahlreich: »Der Vergleich mit Viagra hinkt aber in jeder Hinsicht«, urteilt die *Deutsche Apothekerzeitung*. Weibliche Lust ist fragil, weil sie von vielen Faktoren abhängt und individueller entsteht.

Wenn Frauen mit ihrem Partner kaum Lust verspüren, versteigen manche sich gar zu dem Gedanken, sie seien frigide – auch so eine ausgedachte typisch weibliche Krankheit. Dieses Wissen hilft aber auch nicht dabei, aus dem Teufelskreis der Unlust herauszukommen: Er ist verunsichert, weil sie keine Lust hat, und sie ist verunsichert, weil sie keine Lust hat. Denn dummerweise finden wir ja gerade Selbstsicherheit oft am anziehendsten.

Es gibt auch Frauen, die glauben, dass Spaß am Sex trainiert werden kann wie ein Muskel. Im Internet finden sich zahlreiche Tipps, um wieder »in die Lust zu kommen«: Sport zum Beispiel, Tanzen, Reden, Sexdates, Masturbation, den Partner auch zwischendurch mal anfassen. Und da ist er wieder, der Leistungsdruck: »Lust ist Arbeit«, schreibt eine Sexbloggerin. »Zumindest zu Beginn. Wenn du beruflich oder sportlich ein Ziel erreichen willst, trainierst du, übst du, probierst aus, strengst dich an, informierst dich und bleibst am Ball. Mit der Lust ist das genauso. Lust kommt nicht von selbst. Das braucht anfangs Disziplin.« Gilt Disziplin eigentlich schon als Fetisch?

Therapeuten sind, was die Lustlosigkeit angeht, großzügiger. Der Sexualwissenschaftler und Therapeut Ulrich Clement sagt: »Keinen Sex zu haben, ist zunächst nur ein Sachverhalt und kein Problem.« Solange keiner von beiden den Zustand als Defizit empfindet und ihn problematisiert, solle man sich nicht verrückt machen. Das klingt entspannt und nimmt den Druck raus. Bloß ist es fraglich, ob das Nicht-drüber-Reden bedeutet, dass es gar kein Problem gibt. Oder ob die meisten Paare nur nicht darüber reden, weil sie dafür keine Worte finden. Weder für das Verschwinden der Lust, noch für die eigenen Bedürfnisse. Wer artikuliert, dass ihm oder ihr etwas fehlt, muss auch benennen können, was genau verloren gegangen ist. Und am besten noch mit ein paar Wünschen und Lösungsvorschlägen um die Ecke kommen. Aber wie sagt man am besten: »Du, ich bin einfach null heiß auf dich?« Ohne dass es jemanden verletzt? Noch ein Grund mehr, lieber schnell nach den Kindern zu schauen, den Rechner aufzuklappen. Irgendwie wird das Problem dann vielleicht von alleine verschwinden – im Urlaub, nach einem »schönen« Abend, wenn die Kinder aus dem Haus sind oder endlich die zehn Kilo zu viel runter sind.

Warum Paare auseinandergehen, hat unterschiedliche Gründe. Sexuelle Inkompatibilität wird jedoch selten genannt. Höchstens ein beiläufiges »Na ja, da lief ja auch schon lange nichts mehr zwischen uns«. Dabei sollte doch eigentlich klar sein, dass spätestens, wenn man mit dem anderen nicht nur nicht mehr schlafen will, sondern einem dieses Defizit auch noch als Vorzug erscheint, weil das lästige Thema dann gar nicht mehr aufkommt, eine Trennung eine mittel- und langfristige Erleichterung für beide wäre.

So frustrierend, wie das jetzt alles klingt, ist es aber nun auch wieder nicht. Der Wunsch Sex zu haben, der auf dauerhaftem Verlangen beruht, ist recht neu in der Geschichte von Liebe und Partnerschaft. Kein Wunder also, dass wir dafür noch nicht allzu viele gute Strategien gefunden haben. Schließlich hat es auch ein paar Jährchen gebraucht, bis die Achtundsechziger-Bewegung die sexuelle Revolution ausrief und der Feminismus das Binnen-I einforderte. Es ist alles schon viel besser als früher. Die Vatis und Muttis der Nachkriegsgeneration waren verklemmter und unterdrückter als wir. Aber nur weil wir eine nicht unerhebliche Anzahl wechselnder Partner und sexueller Erfahrungen vorzuweisen haben, der beste Freund schwul ist, die Kollegin lesbisch und sich ein Vibrator in der Nachttischschublade versteckt, haben wir trotzdem nicht alle Fragen gestellt.

Es geht heute darum, zwei eigentlich gegensätzliche menschliche Grundbedürfnisse miteinander zu verbinden – die Suche nach Sicherheit und das Bedürfnis nach Neuem und Abenteuer. Keine leichte Aufgabe. Aber eine, die zu zweit angegangen werden kann und sich nicht in Ideologie verlieren muss.

Die Bestsellerautorin, Über-Sexualtherapeutin und Ted-Talk-Zuschauermillionärin Esther Perel weiß auch von Paaren zu berichten, die erfolgreich an der Verbesserung ihrer Beziehung arbeiteten und sich trotzdem nicht mehr sexy fanden. »Behandeln Sie Ihren Partner wie einen Kunden, und Sie werden eine gute Ehe führen«, lautet eines ihrer Gebote. Es ist zumindest ein interessantes Gedankenspiel: Für gute Klienten hat man stets ein offenes Ohr, ist höflich, zuvorkommend und bemüht. Man setzt sich in langweilige Meetings und knabbert trockene Kekse, ohne sich zu beschweren. Doch Perel geht es letztlich um etwas anderes: Man müsse aufhören, den Partner als selbstverständlich anzusehen, und sich bewusst machen, dass er jederzeit gehen könnte. Wie eben ein Klient auch. Verlustangst zur Luststeigerung, Freud hätte seine Freude daran. Wenn er nach dem Abendessen wieder sabbernd, schnarchend und zufrieden auf dem Sofa eingeschlafen ist, braucht es allerdings sehr viel Fantasie, sich vorzustellen, dass er jederzeit die Koffer packen könnte.

Und was rät die Sexualtherapeutin noch? Zufriedene Partner ließen sich genügend sexuelle Privatsphäre, sie wüssten, dass das Vorspiel nach dem letzten Orgasmus beginnt. Wer bei großer Nähe das Gefühl von Abenteuer erhalten will, muss Verbundenheit und Abgrenzung gleichzeitig zulassen. Das erhöht den Reiz. Sie plädiert deswegen auch dazu, Seitensprünge neu zu bewerten. Affären können Verlangen innerhalb der Partnerschaft erneuern und den Kampfeswillen befeuern. Sie können dummerweise aber auch genau das Gegenteil bewirken.

Nicht ohne Grund ist Polyamorie das Hype-Thema der Stunde. Einige Paartherapeuten haben sich schon auf Polyamorie-Problematiken spezialisiert, das heißt, sie beraten Menschen, die in offenen Beziehungen mit mehreren Partnern leben. Sexualität und ihre Optimierung werden heute mehr und mehr ausgehandelt wie Geschäftsverträge, nur eben mit diesen komplizierten Gefühlen. Unter welchen Bedingungen darf A mit C schlafen, wenn B und D auch miteinander schlafen, aber eigentlich eher auf C stehen?

Und vieles, was vor noch nicht allzu langer Zeit als »nicht normal« galt oder worüber tunlichst nicht gesprochen wurde, hat inzwischen ein Stück weit Einzug in den Mainstream gefunden. Das ist gut! Keine Frau fällt mehr vor Entrüstung in Ohnmacht, wenn sie mit Pornografie in Berührung kommt. Im Gegenteil: Manche wissen die schnelle visuelle Nummer zu schätzen, nicht jede Frau braucht dafür opulente Handlungsstränge mit Gefühl. Es schaut ja auch nicht jeder nur koreanische Autorenfilme, sondern manchmal auch *Fack ju Göhte*. Man mag Trends wie Dildo-Partys, Yoni-Mapping zur Erforschung der Vulva oder »Find your inner womb«-Workshops belächeln. Doch sie sorgen für ein verstärktes Bewusstsein dafür, dass auch Frauen selbstverständlich sexuelle Bedürfnisse haben und haben dürfen. Sie fördern auch die dringend nötige Kommunikation zwischen den Geschlechtern – und sei es nur, dass sie gemeinsam darüber lachen.

Ob all das das Sexleben von Langzeitpärchen sofort einfacher macht, bleibt zu bezweifeln, weil es die Faktoren Routine, Leben, Interessenverlust ausklammert. Aber es schärft den Blick für den bedeutenden Faktor »Macht« in der Sexualität. Vermutlich liegt die Lösung für das ganze Sexdrama irgendwo zwischen Relaxen, Reden, weiblicher sexueller Selbstbestimmung und Neubewertung von einvernehmlicher außerehelicher sexueller Betätigung. Und manchmal eben auch Trennung: Es nicht mehr zu tun, wäre ein guter Grund, es zu tun.

Ansonsten müssen die Jungen es besser machen: Wer sich mit Menschen um die zwanzig über Sex unterhält, stellt übrigens erfreut fest, dass das Sexleben bei ihnen – wenn es gut läuft – nicht mehr als gottgegebenes Geschenk oder trauriges Schicksal, sondern als gemeinsames Experiment verstanden wird. Ein gemeinsames Entdecken von Sex, der nicht unbedingt in Beziehungen stattfinden muss. Die sexuelle Revolution ist also immer noch in vollem Gange.

Und wer von schlechtem Sex immer noch nicht genug hat: Nach der Trennung kann es für hartnäckige Verdränger und Ignoranten munter weitergehen. Weitere bizarre Auswüchse eines verkorksten Sexlebens sind oft nur eine SMS weit entfernt: Trennungssex, der verstörendermaßen manchmal auch gut sein kann, Mitleidssex und Sex, um dem anderen zu vermitteln, dass man doch noch Macht über ihn oder sie hat. Aber das ist eine andere Geschichte.

6

AUS DER GIFTKÜCHE DER LIEBE

Saskia und Lorenz

Es muss doch für alle offensichtlich gewesen sein: Der glücklichste Mensch auf ihrer Hochzeit war Saskias Mutter gewesen. Lorenz hatte sie vor der standesamtlichen Trauung in dem silbernen Mercedes Strich-Acht abgeholt und ihr einen Strauß zartlilafarbener Pfingstrosen überreicht. Später auf der Feier sorgte er dafür, dass ihr Champagnerglas nie leer war. Während seiner Rede, der längsten des Abends, bedankte er sich bei ihr für die »wunderbare Tochter«. Er habe immer geglaubt, dass Saskias Augen einzigartig auf der Welt seien und so weiter, bis er »das Vergnügen« gehabt habe, in die Augen ihrer Mutter zu blicken. Blablabla. An den Tischen seufzten die Gäste, einige kicherten, nur die Zyniker rollten unauffällig mit den Augen. Saskia lächelte gequält.

Der Rest der Hochzeitsgesellschaft war dem Bräutigam erlegen, der überall gleichzeitig zu sein schien: Er klopfte Freunden auf die Schulter, umarmte alte Tanten, und dann ließ er noch die Tanzfläche räumen, um mit den juchzenden Kindern Reise nach Jerusalem zu spielen. Nach Kirschsorbet und Schokoladensoufflé und offensichtlich literweise kalifornischem Chardonnay fiel Saskias Freundin ihr vor den Toiletten um den Hals und verdrückte ein paar Tränen. »Ich bin so glücklich für dich. Und vielleicht auch ein ganz, ganz bisschen neidisch. Er ist so großartig. Solche Typen gibt es so selten«, murmelte sie. Dabei schmierte sie Kirschreste und Schokokrümel auf

Saskias cremefarbenes Valentino-Kleid, das Lorenz eigenhändig in einem Vintage-Laden ausgesucht hatte. Saskia konnte sich keinen Zentimeter bewegen, ohne mit Komplimenten überhäuft zu werden: So ein originelles und außergewöhnlich geschmackvolles Brautkleid!

Saskia fummelte ihrer Freundin die Kirschen aus dem Gesicht und tröstete sie. Dabei stand sie seltsam neben sich, den Blick auf den Papierhandtuchspender gerichtet, auf dem eine halb leere Flasche Apfelschorle stand.

Ein paar Tage zuvor hatte sie mit Lorenz den schlimmsten Streit ihrer Beziehung gehabt. Aber das sahen all seine Anhänger natürlich nicht, dass er manchmal krass sein konnte. Andere Wörter fielen Saskia dafür nicht ein. Er schrie sie an, er ging mit großen Schritten durchs Zimmer, während er immer lauter und seine Sätze immer kürzer wurden. Er stellte ihr Fragen, die sie nicht richtig zu beantworten wusste. Sie verstand sie ja nicht einmal. Deswegen sagte sie meist gar nichts und hoffte, dass der andere Lorenz schnell wieder aus diesem großen Körper hervorkäme. »Ja, das war schon echt irgendwie unangenehm, aber schließlich habe ich auch meine Phasen, dachte ich immer.« Und so konzentrierte sie sich auf Lorenz' gute Seiten, da gab es ja viele: Jeden Morgen fragte er sie, wie sie geschlafen habe, er machte Witze mit den Verkäufern im Supermarkt, über die sie herzlich lachen konnte, weil sie nie von oben herab waren. Heimlich steckte er ihr einen Bildband über Alaska in die Arbeitstasche, machte das beste Pesto und drückte mit seinem Daumen in ihren Spann, wenn sie auf dem Sofa E-Mails beantwortete.

Aber der Streit vor der Hochzeit war anders. Saskia hatte Lorenz gefragt, warum eigentlich keine seiner Ex-Freundinnen zu ihrer Hochzeit komme. Sie kannte keine von ihnen persönlich, nur einige Namen, wenige Details. Lorenz sagte schon leicht gereizt, dass dies nun wirklich die letzten Menschen seien, die er an diesem Tag dabeihaben wolle, und dann ungewöhnlich scharf: »Ich gehe davon aus, dass deine ehemaligen Bettgenossen auch nicht da sein werden.«

»Ich weiß nicht, was du mit Bettgenossen meinst, aber natürlich ist Frank, mein Freund aus dem Studium, dabei.« Außerdem überschlug Saskia im Kopf, dass noch andere ehemalige Freunde und Liebhaber auf der Gästeliste standen, mit mindestens zwei von ihnen traf sie sich regelmäßig. Fast alle von ihnen brachten ihre Frauen oder Freundinnen mit. Ihre Kinder. Intuitiv behielt sie diese Information für sich.

Daraufhin explodierte Lorenz: Es sei schamlos, ehemalige Liebhaber auf ihrer Hochzeit »einzuschleusen«. Warum sie nie an seine Gefühle denken würde. Wie er denn dastehen würde, wenn irgendwelche Vorgänger ihm beim Sektempfang zuprosteten. Und ob sie ihm mit der Einladung von Frank irgendetwas sagen wolle. »Ich war so verunsichert«, erinnert sich Saskia. »Hier stand der Mann vor mir, den ich liebte und heiraten würde, und er unterstellte mir, dass ich ihn absichtlich bloßstellen und verletzen wolle. Dabei war Frank doch ein Freund von mir, ein wichtiger Teil meines Lebens.«

Nach endlosen Diskussionen rief Saskia Frank abends um zehn Uhr an und bat ihn unter tausend Entschuldigungen, nicht mit seiner Familie bei der Hochzeit aufzutauchen. Frank war am Telefon eher perplex als beleidigt. Er kam nicht, und bis heute haben sie nicht darüber gesprochen, weil sie seither nämlich gar nicht mehr miteinander reden: »Ich schäme mich dafür«, sagt Saskia. Aber Lorenz war zufrieden, präsentierte ihr voller Stolz eine Pappbox, aus der sie weiße Stilettos von Prada zog.

In der Hochzeitsnacht tauchte Lorenz irgendwann zwischen ihren Beinen auf, schaute sie eindringlich an und sagte, dass er sich eine große Familie wünsche und ob sie nicht sofort anfangen könnten, daran zu arbeiten. Saskia war verwirrt: Vor fünf Jahren hatte sie nach einer Blinddarmoperation Vernarbungen bekommen, die ihre Eileiter in Mitleidenschaft gezogen hatten. Zum Thema Kinderkriegen hatten die Ärzte ihr verkündet: »Nicht unmöglich, aber schwierig und unter Umständen mit Komplikationen für Ihre Gesundheit verbunden.« Seitdem hatte sich Saskia auf ein Leben ohne Kinder eingestellt: Sie konzentrierte sich auf die Arbeit, hatte drei Patenkinder, mit denen sie regelmäßig in den Zoo ging, Disney-Filme im Kino ansah und denen sie Legopakete schenkte. Sie hatte mit ihren Freundinnen anfangs noch über die Trauer gesprochen, dass sie gar keine Wahl hatte. Natürlich könnte es immer noch passieren, aber »einfach so«, das wäre wohl eher ein Wunder, das hatten die Ärzte ihr behutsam beigebracht. Lorenz wusste das natürlich. Sie ließ seine Verkündung unkommentiert. »Ist wohl sein Überschwang«, versuchte sie sich zu beruhigen.

Aber nichts da Überschwang. Lorenz meinte es ernst. Bereits am nächsten Morgen, als sie nach dem Frühstück die Geschenke einsammelten und in den Kofferraum luden, die Reste der Hochzeitstorte mit den Fingern aufschleckten, fing er erneut an. Kinder wolle er, und sie hätte ihm doch sagen müssen, wenn sie das nicht wolle. Saskia brach in Tränen aus. Sofort wechselte er den Tonfall, ließ sie seinen Sahnefinger ablecken, zog ihre Haare stramm im Nacken zusammen und sagte, dass sie sich keine Sorgen machen solle, dass sie es gemeinsam durchstehen würden. »Dass ich weinte, weil er mich nicht akzeptierte, wie ich war, dass er über meinen Körper bestimmen wollte, das kam ihm gar nicht in den Sinn. Und dabei fühlte ich mich gleichzeitig so schlecht und unvollkommen, undankbar gar, weil ich nicht freudig sagen konnte: Ja, lass uns eine Familie gründen. Er hatte meinen Schwachpunkt getroffen.«

Sein sexueller Appetit schien plötzlich unersättlich. Bisher hatte Saskia das Gefühl gehabt, dass ihre Körper miteinander harmonierten, sie fand ihn leidenschaftlich, er konnte alles mit ihr machen. Sollte es sogar. Aber plötzlich war da auch ein aggressiver Unterton. Er schaute an ihr vorbei, wenn er ihre Oberschenkel in Position drückte. Sie versuchte scherzhaft anzudeuten, dass er wohl seine

Körperkräfte nicht immer richtig einschätzen könne. Er konterte, er habe gar nicht gewusst, dass sie verklemmt sei. »Hier war ich, eine sexuell aufgeklärte und selbstbewusste Frau und zweifelte an meiner Lockerheit«, sagt Saskia.

Nach dem Sex erzählte er ihr oft von ihren gemeinsamen Kindern: ein Junge, zwei Mädchen. Die Mädchen mit ihren Augen. Der Junge mit aufgeschürften Knien. Jeden Monat fragte er sie, ob sie einen Test gemacht habe. Das war jedoch nie nötig, denn Saskias Blut schoss jedes Mal auf den Tag genau aus ihr heraus.

Nach einem Jahr war sie müde: vom Sex, von ihrem Körper und den ständigen Geschichten über die glückliche Familie, die es wohl nie geben würde – weil mit ihr etwas nicht stimmte. Saskia interessierte sich immer weniger für ihre Arbeit, sie frühstückte nicht mehr, sie hatte selten Lust, abends noch etwas zu unternehmen. Wenn sie doch mal ausgingen, umtänzelte Lorenz sie aufmerksam, legte seine Hand auf ihr Bein, bestellte noch eine Nachspeise und hatte zu allem etwas Intelligentes zu sagen. Zum neuen Album von Jay-Z und Beyoncé genauso wie zu den erhöhten EU-Zöllen auf Erdnussbutter und Jeans aus Amerika. Höhere Zölle auf Popmusik, das wäre sein Vorschlag, um zu zeigen, wer hier am längeren Hebel sitzt.

Ihre Freunde fanden ihn immer noch wahnsinnig lustig, merkten aber, dass Saskia weniger laut lachte als früher. Eine Bekannte sagte auf einer Party zu ihr, sie solle sich mal locker machen. Schließlich habe sie sich doch den »heißesten Typen der Stadt« geangelt. Die Formulierung war Saskia unangenehm, und dass ihr Umfeld so dachte auch.

Im Frühjahr wollte Saskia das Bett nicht mehr verlassen. Auf einmal saß Lorenz wieder an ihrer Seite, massierte ihre Hand, brachte Cornettos mit Crema vom Italiener an der Ecke ans Bett und eine *Süddeutsche* zum Draufkrümeln. Dann verkündete er den neuen Plan: künstliche Befruchtung. Dann würde alles gut, ihr würde es besser gehen. »Und ich glaubte ihm.«

Zwei Jahre hielt sie durch. Ließ sich literweise Blut abzapfen, schluckte Hormone, Vitamine, Folsäure, ließ sich Eizellen entnehmen und befruchtet wieder einsetzen. Jede hormonelle Regung und Temperaturschwankung wurde zu Material für die Statistik, über die sich immer wieder neue Ärzte beugten. Sie nahm sich ein Sabbatical. Ihre Freunde und Eltern lobten sie für ihr Durchhaltevermögen. Sie dankten Lorenz, dass er Saskia unterstütze, es sei für ihn sicher auch nicht immer leicht. Er nahm die Huldigungen stets mit einem bescheidenen Lächeln entgegen. Zu Hause jedoch regte er an, dass sie endlich mal ihre innere Blockade gegen ein Kind aufgeben solle.

Und dann geschah das jahrelang herbeigeredete Wunder. Sie saß auf dem Klo, blickte fast schon angeekelt auf den Schwangerschaftstest, und plötzlich erschien dort ein feiner blauer Streifen. »Lorenz war nicht zu Hause. Ich legte mich aufs Sofa und weinte.« Als er kam, kriegte er sich gar nicht mehr ein. Champagner wurde geöffnet – für ihn. Eltern und Schwiegereltern rief er an. Natürlich unter dem Siegel der Verschwiegenheit, man wisse ja nie. Mit Saskias Vater besprach er gleich, welcher Baum auf seinem Grundstück sich am besten für ein Baumhaus eignen würde. Dann erklärte er Saskia, dass sie von nun an nur noch das Kind friedlich in ihrem Leib wachsen lassen müsse. Er bat sie, sich krankschreiben zu lassen, er kochte ihr Essen und Tee, streichelte zärtlich ihren Bauch. Jetzt würde endlich alles gut.

»Wurde es natürlich nicht.« Ein paar Wochen später, sie kamen gerade vom Einkaufen zurück, spürte Saskia etwas zwischen ihren Beinen. Es war Blut. Lorenz sagte sehr ruhig, dass es ihre Schuld sei, dass sie den Einkauf nicht hätte tragen dürfen. Im Krankenhaus dachte Saskia: Dass ein Mensch so viel Blut in sich haben kann. Als sie aus der Narkose erwachte, war es Nacht. Eine Hebamme kam zu ihr ans Bett. »Das war der Moment, als mein Überlebenswille wieder ansprang. Plötzlich war ich ganz klar.«

Sie sagte der Hebamme, dass sie ihren Mann nicht sehen wolle. Sie hörte Lorenz auf dem Gang toben. Sie rief ihre fassungslosen Eltern an. Sie rief Freunde an, die ihr eine hormonell bedingte Übersprunghandlung unterstellten. Andere erzählten ihr, dass es Lorenz »echt schlecht« gehen würde, dass er am Ende sei – ihretwegen. Ihre beste Freundin stellte angemessen wenig Fragen, packte sie ins Auto und verfrachtete sie auf ihr Sofa. Saskia versuchte zu erklären, es hörte sich selbst für ihre Ohren bizarr an. »Auch meine Freundin war beschämt, geschockt, hatte nichts gemerkt.« Und ein Großteil des gemeinsamen Freundeskreises wollte auch weiterhin nichts merken. Entweder stempelten sie Saskia als bedauernswerte Kranke ab oder zogen sich zurück. Zu stressig, zu undurchsichtig die Situation. Dazu gehören doch irgendwie immer zwei, da mischt man sich besser nicht ein.

Sie nahm sich eine Anwältin. Viel gab es zum Glück nicht aufzuteilen, aber das, was es gab, wollte Lorenz nicht hergeben. Die bescheuerten Eames-Stühle. Und er behielt auch gleich die Wohnung. Sie zog für ein halbes Jahr nach Italien. Jobbte als Tennislehrerin in einem toskanischen Ressort für ein lächerliches Gehalt. Zum Scheidungstermin kam sie zurück nach Deutschland – und sah Lorenz zum ersten Mal wieder. Er schaute sie nicht an. Auf dem Gang neben ihm stand eine junge Frau, sichtlich nervös und sichtlich schwanger.

Ist das schon toxisch oder nur normaler Beziehungs-Wahnsinn?

Dass Ingrid Bergmans Augen magnetisch wirken, zeigte sich bereits in der legendären Abschiedsszene ihres berühmtesten Films *Casablanca*, in der Humphrey Bogart seinen Blick in ihrem versenkte. Das volle Potenzial ihrer Augen kam jedoch erst zwei Jahre später im Film *Gaslight* (deutscher Titel: *Das Haus der Lady Alquist*) zur Geltung, für den die Bergman sogar einen Oscar und einen Golden Globe gewinnen sollte. In dem Thriller ging es nicht um den Schmelz von Liebe, Sehnsucht und Verlangen, sondern um dessen düstere Kehrseite: Angst, Wahnsinn und Kontrollverlust. *Gaslight* erzählt von einem Mörder, der seine Frau so weit manipuliert, dass sie mehr und mehr an ihrer eigenen Wahrnehmung zweifelt. In der Schlüsselszene geht es darum, ob der Mann das Gaslicht gedimmt hat und es dadurch im Raum dunkler geworden ist. Obwohl das offensichtlich der Fall ist, redet der Ehemann seiner Frau ein, dass sie sich die Dunkelheit nur einbilde und etwas mit ihren Sinnen nicht in Ordnung sei. Der Effekt, den diese Lüge auslöst, lässt sich an Bergmans Augen ablesen: Irre und verzweifelt blickt sie ihren Mann an, unfähig, sich aus der Diskrepanz zwischen ihrem Wissen und seinen Worten zu befreien. Ihre Darstellung ist so eindringlich, dass der Begriff »gaslighting« im Englischen bis heute für die systematische psychische Manipulation eines Opfers steht.

Zum »gaslighting« gehören immer zwei. Nicht im Sinne der Zuschreibung von Schuld, sondern als Teil einer geradezu zwanghaften Interaktion: derjenige, der manipuliert, und derjenige, der weder die Fähigkeit hat, die Manipulation als solche einzuordnen noch sich ihr zu entziehen. »Toxische Beziehung« wird diese Art zerstörerischer Verbindung auch genannt. Toxisch, weil sie beide Partner berauscht: den Manipulierenden in seiner Macht und Darstellungskraft und den Manipulierten in dem sisyphusartigen Versuch, die Kontrolle wiederzuerlangen. Die Realität gibt der manipulierende Part vor, und sein Gegenüber findet darin seinen Platz. Fast dankbar, dass da überhaupt Platz ist. Dieses Setting funktioniert als in sich geschlossenes System, in dem die Logik und Regeln der Außenwelt nicht gelten. Hier und da gibt es Bewegung hin zu einer vermeintlichen Besserung, die bald wieder zunichtegemacht wird. Wegen dieser kurzen Momente des Luftholens wird jedoch an der Beziehung festgehalten und der Rest ausgeblendet. So kann das, was kaum auszuhalten ist, unter Umständen lange halten. Und wie bei jedem rauschhaften Exzess gilt auch hier: Je länger er andauert, desto größer ist hinterher der Kater.

Menschen, die in Partnerschaften alle gängigen Normen des Umgangs außer Kraft setzen und den anderen damit terrorisieren, sind ein beliebter Gegenstand filmischer und literarischer Betrachtung. Wer jedoch mittendrin steckt in der toxischen Beziehung, hat nicht unbedingt das Gefühl einen packenden Thriller zu schauen, sondern eher in ein schwindelerregendes Kaleidoskop zu blicken. Denn Täuschung ist das Fundament dieser Verbindung. So hinterlässt sie oft nicht nur akute, sondern auch chronische Vergiftungserscheinungen. Wer aus einer solchen Verbindung wiederauferstehen möchte, muss sich meist mit Hilfe von Therapeuten wieder zusammenflicken lassen: Selbstbewusstsein, Vertrauen in sich und andere sowie ein Stückchen Lebensfreude sind zerstört. Das eigene Narrativ zurückzuerobern, dauert um einiges länger als sonst üblich nach Trennungen. Auch weil diese Geschichte kaum einer hören mag. Denn das Umfeld wurde meistens gleich mit getäuscht. Von außen sehen diese Beziehungen nämlich oft besonders hübsch aus. Ein Fixstern im Freundeskreis, der ganze Stolz der Eltern.

So wie die von US-Schauspielerin Chloe Dykstra und ihrem Ex-Freund, ebenfalls Schauspieler: »Wenn die Kameras auf uns gerichtet waren, war er ein Prinz«, schrieb sie in einem Beitrag, bestärkt durch die #MeToo-Bewegung. Ansonsten klingen die Beschreibungen ihrer ehemaligen Beziehung eher nach bösem Zauberer. Als Erstes stellte er Regeln auf: Sie durfte an den Abenden nicht ausgehen, sondern nur noch Zeit mit ihm verbringen. Sie sollte – wie er – keinen Alkohol trinken. Sie durfte in der Öffentlichkeit nicht mit ihm sprechen, weil er Sorge hatte, die Leute würden ihn erkennen und belauschen. Sie sollte ohne Erlaubnis keine Fotos von ihm machen. An all diese Regeln hielt sie sich, weil sie dachte, er würde aufgrund seiner letzten Trennung eine schwere Zeit durchleben. Weil sie mit ihm glücklich werden wollte. Wenn sie keine Lust auf Sex hatte, sagte er: »Ich möchte dich nur daran erinnern: Meine letzte Beziehung ist daran zerbrochen, dass wir zu wenig Sex hatten.« Er hielt sie von ihren alten Freunden fern, schrie auf ihre Mailbox, wenn sie nicht erreichbar war. Sie wurde magersüchtig, still, unglücklich. Er wurde erfolgreicher. »Ich dachte, wenn ich nur lange genug buddle, finde ich schon die Quelle. Manchmal stieß ich auf etwas Wasser, genug um durchzuhalten.« Wer zu verdursten droht, dem reichen wenige Tropfen. Und wer keine Freunde mehr trifft, hat auch niemanden, der einem zeigt, dass die nächste Wasserquelle wenige Meter entfernt ist. »Wenn dein Selbstwertgefühl am Boden ist, weil du über Jahre behandelt wurdest, als wärst du nichts wert, dann glaubst du, du hast es verdient.«

Diese Art menschlicher Interaktion eignet sich gut als Gruselstück. Narzissten, Suchtkranke, sexuell Übergriffige, Gewalttäter oder gar Mörder: Man möchte glauben, dass die Täter mehr oder weniger kranke Extremisten sind und die Opfer einfach Pech hatten und (hinter vorgehaltener Hand ausgesprochen) auch ein bisschen dumm sein müssen, um da reinzurutschen. Aber so einfach ist es nicht. Denn toxische Tendenzen finden sich auch in vielen »normalen« Beziehungen, die erst mal nicht den Anschein machen, als müsste man ein Polizeisonderkommando oder die Familienhilfe zurate ziehen. Das kennt jeder, der schon einmal unglücklich in jemanden verliebt war, der nach tagelanger Funkstille nur mit dem

Finger zu schnippen brauchte, damit man in zwanzig Minuten frisch geduscht und gut gelaunt zur Stelle war.

Diese Tendenzen sind so verbreitet, dass einer der besten Popsongs aller Zeiten davon handelt. In »Toxic« besingt Britney Spears genau diese Abhängigkeit zwischen schlechter Behandlung und dem erhebenden Gefühl, wenn der Schmerz kurz nachlässt und daraus eine Sucht entsteht:

> *You're dangerous*
> *(...)*
> *I'm addicted to you*
> *Don't you know that you're toxic?*

Nein, weiß er nicht, Britney. Aber vermutlich fühlt er sich unwiderstehlich und ist es irgendwie auch. Die Berliner Psychologin und Therapeutin Barbara Becker arbeitet seit über dreißig Jahren mit Menschen in dieser ungesunden Konstellation: Sie kennt sich mit denjenigen aus, die ihre Partnerschaft und ihre Familie ob ihres destruktiven Verhaltens in Schutt und Asche legen, und mit denjenigen, die danach wie Schutt und Asche aussehen und trotzdem nicht von ihren Peinigern lassen können.

Laut Becker ist einer der beiden Partner in einer ausgeprägt toxischen Beziehung meist narzisstisch veranlagt. Und Narzissten verwechseln Liebe gerne mit Bewunderung und Bestätigung. Sie sind meisterhafte Manipulatoren, charmant, obersensibel, superalert. Ihr Charme wird jedoch nur dann angeknipst, wenn sich daraus ein unmittelbarer Nutzen für sie und ihr Selbstbild ergibt. Gleichzeitig sind diese Menschen nämlich mehr oder weniger empathiebefreit und Reflexionsverweigerer. Wachsam sind sie nur, wenn es um die eigenen Bedürfnisse und Ansichten geht.

Dabei sieht in toxischen Beziehungen mit einem narzisstischen Partner erst mal alles nach einem Hauptgewinn aus. Diejenigen, die beim bösen Spiel Regie führen, entsprechen vordergründig oft so gar nicht monströsen Klischees. Die Fassade nach außen sitzt, auch das nähere Umfeld käme gar nicht auf die Idee, dass der gut gelaunte Charmeur oder die witzige Kollegin noch andere, weniger glänzende Seiten haben könnte: »Nicht alle charmanten Menschen sind Narzissten, aber alle Narzissten sind zunächst überbordend charmant«, so Becker. »Nur wenn es nicht nach ihren Vorstellungen läuft, ist davon plötzlich nichts mehr übrig.« Dann wird gedroht, erniedrigt und teilweise Gewalt eingesetzt.

Am Anfang stellt der narzisstische Partner den anderen auf ein Podest, gibt mit seinen tatsächlichen und vermeintlichen Fähigkeiten an. Die Autorin Jen Waite, die ein Buch über ihre Ehe mit einem Narzissten geschrieben hat, nennt es »Liebesbombardement«. Es sei »eine konstante Bombardierung mit Schmeicheleien, Aufmerksamkeiten und Zuwendung«. Wie es weitergeht, weiß die Therapeutin Becker: »Dann wird mit dem Hammer nach und nach die Statue abgetragen.« Ein Hassbombardement gewissermaßen. Zurück bleibt im schlimmsten Fall ein Mensch ohne Selbstwertgefühl, der nicht mal mehr daran glaubt, irgendwann wieder für sich selbst sorgen zu können.

Wäre diese Beschreibung eines Narzissten ein Castingaufruf, der ehemalige New Yorker Generalstaatsanwalt Eric Schneiderman wäre die perfekte Besetzung. Nach außen hin inszenierte er sich als vorderster Kämpfer für den Feminismus und gegen den Machtmissbrauch durch »mächtige Männer«. Er ging juristisch und öffentlichkeitswirksam gegen den wegen Missbrauchs und Vergewaltigung angeklagten Filmproduzenten Harvey Weinstein vor. Auch als Widersacher von Donald Trump setzte er sich in Szene. Kurz: Er war Darling des liberalen New Yorker Establishments. Bis er im Mai 2018 von seinem Amt zurücktreten musste.

Denn privat missbrauchte, schlug und erniedrigte er seine wechselnden Partnerinnen – darunter eine Anwältin, eine erfolgreiche

Autorin, eine liberale politische Aktivistin. Sie litten nicht nur unter den körperlichen Folgen, der als sexuelle Spielchen getarnten gewalttätigen Übergriffe, sondern verloren Haare, Gewicht und nicht zuletzt komplett die Nerven. Damit einhergehend schaffte Schneiderman es auch, ein veritables Alkoholproblem vor der Öffentlichkeit und seinem näheren Umfeld geheim zu halten. Zwar dauerten seine Beziehungen selten länger als ein Jahr, aber alle Frauen, die sich später öffentlich äußerten, versuchten sich bereits vorher von ihm zu trennen. Dann drohte er ihnen mit diffusen juristischen Konsequenzen und Einschüchterungen, unterstellte ihnen, dass sie nicht »befreit« genug seien. Die Frauen wiederum redeten sich teilweise ein, dass es sich um »Ausrutscher« gehandelt habe. »Sich eine starke Frau vorzuknöpfen, sie in Stücke zu reißen, das ist sein Ding«, so eine seiner ehemaligen Partnerinnen. Er nutzte seine feministische Fassade, um genau die Frauen zu brechen, für die er öffentlich kämpfte: »Ein weißer Ritter der Frauenrechte, der privat Frauen missbraucht: Das ist so überwältigend narzisstisch, dass es fast fiktional klingt«, schrieb die *New York Times*. Oder: zu grotesk, um wahr zu sein. Noch ein Grund, weswegen Opfer oft schweigen. Wer würde ihnen glauben.

Extrembeispiel? Sicher. Die eignen sich aber ganz gut, um die drastischen Kräfte und Wirkungen von Wollen und Gewolltwerden innerhalb von Beziehungen oder das über Jahrhunderte entstandene, aber nicht gottgegebene Machtgefüge zwischen Frau und Mann grell auszuleuchten. Natürlich gibt es auch narzisstische Frauen, aber sie fallen weniger auf, sind kein lohnender Stoff für investigativen Journalismus oder ein potenziell kostspieliger Fall der Rechtsabteilung eines großen Unternehmens. Weiblicher Narzissmus wirkt verdeckter. Er zeigt sich unter anderem in Perfektionismus, übersteigertem Leistungsdruck oder dem Kampf mit einem extremen Schönheitsideal. Nichts also, was von Frauen nicht ohnehin verlangt würde. Narzisstinnen schwanken zwischen Größenwahn und vermindertem Selbstwertgefühl. Sie suchen nach Anerkennung durch Extreme. Aber ihr Narzissmus bringt sie meistens nicht so weit wie Männer. Er richtet sich eher gegen sie selbst. »Die gesellschaftlichen Strukturen begünstigen männlich-narzisstisches Verhalten«, sagt Barbara Becker. Denn es wird öfter belohnt. Machtspielchen und Protzereien unter Männern sind vielleicht nicht immer gern gesehen, aber oft zielführend und werden als Stärke oder Durchsetzungskraft ausgelegt.

Das heißt ganz und gar nicht, dass Männer per se böse und giftig sind, aber die über Generationen gelernten Rollenzuschreibungen wirken nach. Und wenn er böse und giftig ist, begünstigen diese Muster eine pathologische Interaktion, bei der Männer krankhaft überzeichnet Macht ausüben und Frauen als Dulderinnen oder Ignorantinnen daran kaputtgehen. Und diese Dynamik wirkt selbst in leicht verwässerter bis homöopathischer Variante.

Stark runtergekocht, ließe sich sagen, die Frage nach der eigenen Identität und dem Einfluss des Gegenübers gehört zum Wesen der romantischen Liebe dazu. Fast jede Beziehung wirkt persönlichkeitsverändernd. Die Liebe oder die Suche nach ihr führt von Anfang an zu einer Art Selbstmorphing. Und da gehört flunkern und heucheln dazu. Oma hätte es netter ausgedrückt: Man zeigt sich von seiner besten Seite. Ob man dem Tinderdate verschweigt, mal für Carsten Maschmeyer gearbeitet zu haben, oder eine Begeisterung für das italienische Kino der Sechzigerjahre vortäuscht. Streng genommen, geht es darum, sich liebbar zu machen. Dafür zwängt man sich in Schuhe, die drücken, oder schlingt verkochte Nudeln mit einem verzückten Lächeln hinunter. Die gesammelten Suhrkamp-Bände werden gut sichtbar auf dem Nachttisch platziert. Das ist kein Posing, man wollte sie ohnehin längst lesen. Und plötzlich sind ein paar Wochen wie im Rausch vergangen. Ein Abend alleine wäre auch mal wieder ganz schön, nur wie beibringen? Ach, egal! Bloß nichts aufs Spiel setzen. Wo fängt der Spaß an, und wo hört er auf?

Das ist fast so schwierig zu sagen, wie seinen Freunden zu erklären, warum man auf einmal begeistert mit zum Jahrestreffen der mecklenburgischen Oldtimerfans fährt, obwohl man gar keinen Führerschein hat.

Die meisten Verliebten finden irgendwann wieder zu sich selbst. Ansonsten wird es unsexy, in hartnäckigeren Fällen ungesund: Wer sich dauerhaft verstellt oder dauerhaft körperlich oder psychisch unter seiner Beziehung leidet, für den ist sie giftig. Und das bedeutet nicht gleich ein blaues Auge oder Depressionen. Und auch nicht, dass zwingend ein Narzisst sein Unwesen treibt. Ewig schlechte Laune sollte schon reichen, um deren Ursache mal genauer nachzugehen. Gefühle von Ausweglosigkeit, kreisende Gedanken und Abgeschlagenheit ebenso. Toxische Beziehungsmuster verändern sich nicht von alleine zum Guten, das macht sie so ermüdend. Egal, wie viel Mühe sich gegeben wird, egal, wie oft es miteinander versucht wird.

Statistisch gesehen, trennt sich zwar eher die Frau vom Mann und reicht öfter die Scheidung ein als umgekehrt, aber wenn Frauen lange in offensichtlich schädlichen Verbindungen bleiben, dann gerne mit selbstzerstörerischer Inbrunst. Fast jeder kennt solche Geschichten: Viele Jahre vergehen, in denen sie bloß nicht zu viele Forderungen stellt und vornehmlich an sich selbst arbeitet. Das wird vielen Frauen noch so beigebracht, unter anderem auch, weil es immer noch Mütter gibt, die genau das vorleben. Und nicht nur diese Frauen neigen dazu, sich eher die Frage zu stellen, ob mit ihnen etwas nicht stimmt, bevor sie die Schuld in der Beziehung suchen.

Klassische Vorwürfe an eine Frau sind unter anderem, dass sie zu viel fordert, zu anstrengend ist oder ganz allgemein die Dinge nicht »richtig« einordnen kann. Wem eine eigene Sichtweise nicht zugestanden wird, der neigt dann auch eher dazu, sich der Realität gleich komplett zu verweigern. »Natürlich merken Frauen, wenn sie schlecht behandelt werden oder etwas nicht stimmt. Aber sie blenden es trotzdem aus. Sie denken, wenn sie nur genug lieben, wird alles gut«, sagt Psychologin Becker. Sie suchen die Schuld bei sich. Und das passiert leider nicht nur in Beziehungen mit einem Narzissten. Es fängt bereits an, wenn der Partner den Spieß bei Streitereien stets umdreht. Ein klassischer Dialog in Beziehungen mit leichten toxischen Tendenzen: »Ich bekomme Angst, wenn du laut wirst.« – »Das ist nicht mein Problem, überleg mal, woher das bei dir kommt.« Oder: »Selber schuld! Du bringst mich dazu.« Und schon grübelt der oder die Leidende, was an ihm oder ihr verkehrt ist, dass das Gegenüber immer laut werden muss.

Da scheint es einfacher, sich mit schlechten Gefühlen zu arrangieren. Oder sich als supertoleranten oder auch irgendwie stabileren Menschen zu imaginieren. Um das Verhalten des anderen geht es dabei nur vordergründig. Eher darum, die eigenen Bedürfnisse und Wünsche nicht ernst genug zu nehmen: Seine Arbeit ist wichtiger als ihre, denn er verdient ja das Geld. Ihre Eifersucht ist doch nur Ausdruck davon, wie sehr sie ihn liebt. Sein Kinderwunsch ist doch eigentlich was Schönes. Und sein regelmäßiges Gebrüll? Nun ja, er steht halt beruflich sehr unter Stress. Er hat nicht gelernt, sich anders auszudrücken. Sie meint es nicht so. Er ist halt verletzt. Er ist echt nur einmal handgreiflich geworden, das war wirklich eine Ausnahme. Und sie war betrunken. Und es war auch nur ein Taschenbuch, das sie geworfen hat. Und er hat auch wirklich genervt.

Und dann? Barbara Becker sagt: »Die einzige Rettung aus so einer Beziehung: Ich schaue auf mich. Ich stelle mich der Realität. Schiebe Fantasien und Manipulationen beiseite.« Und dann dämmert es hoffentlich: Raus hier und weg. Denn mit Liebe hat das alles nun wirklich nichts mehr zu tun.

Ein unverstelltes Gespür für die eigenen Bedürfnisse und Grenzen hilft im Übrigen auch in einer der kniffeligsten Krisen: der Untreue. Denn wenn ein Partner fremdgeht, kracht es garantiert nicht nur in der Beziehung, das Umfeld zetert mit. Schon die Bibel hat ihren Senf dazugegeben: »Die Ehe soll ehrlich gehalten werden bei allen und das Ehebett unbefleckt; die Hurer aber und die Ehebrecher wird Gott richten«, heißt es im Buch der Hebräer wenig kompromissbereit. Und selbst der Gedanke an ein bisschen außerehelichen Spaß ist bei Gläubigen nicht wohlgelitten: »Wer ein Weib ansieht, ihrer zu begehren, der hat schon mit ihr die Ehe gebrochen in seinem Herzen.«

Doch einen Seitensprung per se als toxisches Verhalten abzutun, wäre zu einfach. Auch wenn es sehr wehtut, giftig wird es erst dann, wenn Fremdgehen zum Parallelleben wird. Wenn nicht nur der sechste Sinn des betrogenen Partners, sondern auch Fakten und Beweise als paranoid abgetan werden. Wenn systematisch vertuscht wird und das Zusammensein mit dem Zweit- oder Drittpartner ähnlich viel Talent und Heimlichkeit erfordert wie die Organisation einer Überraschungsparty. Wenig hilfreich ist es auch – selbst wenn es sich nur um eine einmalige Begegnung handelt –, den Seitensprung als »Ausrutscher« zu entschuldigen und damit basta. Denn mag Untreue auch die verbreitetste (und gleichzeitig verpönteste) Art des Vertrauensbruchs sein, sie tut dem anderen weh. Wer keine Empathie für diese Verletzungen zeigt und wer die Untreue nicht als Teil eines übergeordneten Problems einordnen kann, wird langfristig nicht weit kommen. Nicht mit sich, nicht mit dem Partner und auch nicht mit dem Zukünftigen.

Untreue in nicht offenen beziehungsweise monogamen Beziehungen passiert eher nicht aus Versehen, sondern ist Symptom für Unausgesprochenes, für unerfüllte Bedürfnisse oder Krisen. Denn wo betrogen wird, ist eigentlich immer was los beziehungsweise vielleicht auch gerade nicht mehr so viel. Worum es genau geht, wie es dazu kommen konnte – diese Frage sollte nicht mit ein paar Plattitüden oder Blumensträußen abgespeist werden, zumal unter Menschen, die sich vorgeblich wertschätzen und für die Reflexion nicht vornehmlich etwas mit Licht zu tun hat. Auch wenn die wahren

Antworten darauf schwer zu formulieren und noch schwerer anzunehmen sind.

Danach aber kann es durchaus weitergehen. Vielleicht sogar besser als vorher: »In der Zeit nach einer Affäre sage ich oft zu dem betroffenen Paar: Ihre erste Ehe ist vorbei. Würden Sie gerne zusammen eine zweite erschaffen?«, erklärt die Paartherapeutin und Fremdgehexpertin Esther Perel. Das klingt zumindest nach einer Option. Die lange Zeit allgemeingültige Regel »Wer fremdgeht, muss gehen« macht nur noch mehr Druck und diente stets und vor allem ziemlich erfolglos nur der Prävention.

Ein Seitensprung muss also nicht immer das Beziehungsende bedeuten, ein Doppelleben sollte es aber auf jeden Fall: Niemand sagt immer die volle Wahrheit, bloß Liebe und Lüge passen auf Dauer nicht zusammen. Es ist nicht sexy, es ist nicht romantisch, es ist nur egoistisch und zerstörerisch. Dass ein Partner noch ein anderes, unsichtbares Leben führt, ist ein wiederkehrendes Motiv innerhalb toxischer Beziehungen. Autorin Jen Waite spricht von einer »Maske, die irgendwann fällt«. Ein etwas abgedroschenes Bild, aber hier passt es wirklich. Nach außen hin scheint alles in allerbester Ordnung zu sein: Erfolg im Job, beliebt im Freundeskreis, niedliche Kinder und so ein schönes Paar! Zwischen den Partnern gibt es im Binnenverhältnis vielleicht ein paar rätselhafte Unstimmigkeiten, aber wo gibt es die nicht? Bis plötzlich alles zusammenbricht: Ob Affären, Drogen, Alkohol oder Schulden, irgendwann ist unter dem Teppich kein Platz mehr.

Plötzlich stellt der betrogene Partner fest, dass tatsächlich etwas mit seiner Wahrnehmung nicht stimmte. Er muss sich nun nicht nur fragen, warum er sich so lange hat täuschen lassen, sondern auch, wer dieser Fremde an seiner Seite ist. Und sich in den meisten Fällen damit abfinden, dass es keine eindeutige Klärung geben wird: Anstatt Reue gibt es Aggression, anstatt Klärung Vermeidung und nicht selten Flucht.

Wie es danach überhaupt weitergehen kann? Erst mal nur alleine. Und hoffentlich ohne bleibende psychische Schäden. Wenn es gut läuft, folgt lediglich ein »zermürbender Trauerprozess«. Größer als Liebeskummer: »Ich betrauerte nicht die Beziehung an sich, sondern dass (...) meine Realität und alles, was ich für echt gehalten hatte, zu Staub zerfallen war. Ich war gezwungen, mich selbst und meine eigene Unzulänglichkeit anzuschauen, die mich dazu geführt hatten, dass ich meinen inneren Kompass und meine Instinkte ignoriert hatte«, so Autorin Waite. Währenddessen war man nicht man selbst, hinterher ein anderer. Diese Gefühle wieder in Einklang zu bringen, ist eine in etwa so schwere Aufgabe wie Hand- und Kopfstand gleichzeitig zu machen. Die Lösung aus einer toxischen Beziehung ist Gefühlsakrobatik auf dem Level des chinesischen Staatszirkus.

Letztlich müssen sich jedoch alle verbiegen, um aus der Misere rauszukommen: Wenn die Liebe sich im Abwicklungsprozess befindet, wird nicht selten mit Waffen aufeinander geschossen, die Kollateralschäden nach sich ziehen. Fragen Sie jeden Familienanwalt. Diese tapferen Kämpfer an der Scheidungsfront haben meist alles gesehen und mehr Tränen getrocknet als ein Erzieher in der Krabbelgruppe. Am Ende einer Beziehung, so scheint es, stehen Menschen ähnlich neben sich wie an ihrem Anfang. Nur, während sich das Ich zu Beginn scheinbar auflöst, drängelt es sich zum Schluss mit aller Kraft in den Vordergrund. Im Kampf um die Deutungshoheit, Kinder und Konten geht als Erstes die Liebenswürdigkeit verloren. Selbst ansonsten aufgeräumte Vernunftmenschen neigen auf einmal zu unüberlegten oder rachsüchtigen Handlungen, die darauf zielen, den anderen zu verletzen oder einen Vorteil zu erlangen. Autos zerkratzen, Kinder mit Geschenken erpressen, Rufmord, es bleibt oft nicht bei Rachefantasien. Und schnell ist der ganz normale Wahnsinn nicht mehr normal.

Macht wird dann das zentrale Thema. Wer wahrt das Gesicht,

wer behält recht? Beide haben offene Rechnungen, klaffende Wunden, einen Mangel an Anerkennung und Entschuldigungen zu beklagen. Jeder glaubt, ihm steht die Opferentschädigung zu. Und wo um Macht gerungen wird, wird jede Reaktion als Angriff gewertet: Wer ruhig bleibt, stachelt den Ex-Partner auf, weil das auch als eine Form der Überheblichkeit gelesen werden kann. Und wer austickt, zeigt mal wieder, wie verletzt oder instabil er oder sie ist.

Was jede Trennung, nicht nur die aus toxischen Beziehungen, so verdammt schwer macht, ist die Frage: Was will ich eigentlich selbst – nach all den Enttäuschungen, Verletzungen und routinierten Duellen. Also nicht: Was will ich für den anderen nicht. Das ist der entscheidende Unterschied. Die Besinnung auf sich selbst, nicht im Sinne von Egoismus, sondern von Authentizität, und den Mut, danach zu handeln, Ruhe zu finden im Chaos, darum geht es im Kern einer halbwegs anständigen Trennung. Und anstrengenderweise wohl auch im restlichen Leben.

Denn müssen wir bei Trennungen wirklich gewinnen? Oder ist das alleine schon eine toxische Frage? Schlauer ist doch derjenige, der erkennt, dass er oder sie auch und vor allem in der Trennung nicht bekommen wird, was ihm oder ihr in den letzten Jahren fehlte. Und trotzdem Grenzen setzen kann. Erst wenn ein Waffenstillstand da ist, können die Blutungen gestoppt werden. Und selbst bei einer höchst toxischen Beziehung bringt einen die verlockende Frage, was genau mit dem anscheinend monströsen Partner los ist, nicht weiter. Besser wäre es, herauszufinden, welche Person du selbst bist, wer du warst und, vor allem, wer du sein kannst.

Und das kostet Zeit. Zeit sei Luxus, heißt es. Luxus ist aber nicht die Zeit an sich, sondern was man mit ihr macht. Zum Beispiel Kraft finden, um in Ruhe nachzudenken. Dinge mal anders angehen. Keine Flasche Wein öffnen. Nicht ins Kino gehen. Es braucht Abstand zu dem Menschen, der so lange mit vorgeben wollte, wer man ist. Abstand zum Freundeskreis und der Kakofonie an Meinungen. Wieder die eigene Stimme finden, die lange Zeit still war. Recht und Gerechtigkeit zusammenbringen. Um dann endlich sagen zu können: »Ich werde mich nicht mehr anschreien lassen. Dass er schreit, hat mit ihm zu tun. Nicht mit mir.«

7

DIE SCHLAUE FRAU SAGT CIAO!

Birte und Felix

Birte hat Feierabend. Sie steht barfuß mit einer Cola in der Hand auf der Frühstücksterrasse des Hotels, in dem sie arbeitet. Am späten Nachmittag schwirren nur noch ein paar Fliegen um ihr weißes Polohemd. Die Steine haben die Temperatur einer überhitzten Fußbodenheizung. Sie hält sich die feucht-kühle Flasche an die Stirn. Ganz entfernt sind die Alpen zu sehen. Der Swimmingpool blitzt blau hinter der Haselnusshecke hervor. Sie deutet in die nahe Ferne, wo die Umrisse eines Bauernhofs mit Scheunen und Nebengelassen zu erkennen sind. Das ist Felix' Hof: »Wir könnten uns zuwinken, wenn er dort auf das Sonnendach steigt«, sagt Birte und nimmt einen Schluck. »Tun wir aber nicht.«

Vor zwölf Jahren haben Birte und Felix sich auf einer Party am Bodensee bei gemeinsamen Freunden kennengelernt. Er hatte in der Gegend den Hof seiner Großeltern geerbt und wollte ihn zu einer Pension umbauen. Birte hatte die Jahre zuvor in Peru und Malaysia gelebt, in Restaurants, Hotels und einer Tauchschule gearbeitet. Ihr damaliger Freund wohnte in San Francisco. Eine offene Beziehung: »Der Deal war, dass jeder auch mit anderen schlafen darf, solange der andere nichts davon erfährt. Das hat so mittel geklappt«, lacht Birte.

Irgendwann wurde ihr das alles zu anstrengend. Nach einem

Weihnachtsfest blieb sie in Deutschland: »Ich wollte Ruhe, Jahreszeiten und meinen eigenen Rhythmus wiederfinden.« Sie zog an den Bodensee, weil eine Freundin dort wohnte. Weil sie die Milde der Landschaft mochte und auch die betulichen Rentner, die sie in der Eisdiele in Überlingen bediente. »Weniger Bullshit.«

Felix ist acht Jahre älter als sie: »Der Mann mit zwei rechten Händen.« Der große, lustige Felix, der seinem Namen alle Ehre macht. Der sein Glück nicht sucht, sondern es da findet, wo er gerade ist. Und Birte glücklich machte. Mit seiner wie Sicherheit wirkenden Ruhe. Mit einem Teller Nudeln mit Butter und Parmesan. Er verstand sie, denn er war lange Zeit ähnlich nomadisch herumgezogen. So würde sie das beschreiben. Ihre Eltern sagten »getrieben«.

Felix hatte als Fotograf in Hamburg gearbeitet, als Messebauer überall in Europa und als Manager eines Berliner Restaurants, in dem der Nachtisch gemeinhin auf dem Klodeckel eingenommen wurde. Auch deswegen zog es ihn schließlich ins westliche Allgäu auf den Hof seiner Großeltern zurück. Das Versprechen von Wahrhaftigkeit. Keine Kraft mehr für die trügerischen Versprechen des Morgengrauens. Felix' damals fünfjährige Tochter blieb bei ihrer Mutter. »Sicher nicht ganz ideal«, sagt Birte. Aber Leila kam immer in den Ferien.

Nach der Party lag ihr gemeinsamer Plan bald auf der Hand: Gemeinsam wollten sie den Hof renovieren, Gästezimmer ausbauen. Es sollte ein offenes, freundliches Haus mit einfacher Küche und Produkten aus dem eigenen Garten werden. Ganz anders als die spießigen Pensionen oder teuren Hotels in der Umgebung. Bis die Zimmer fertig waren, organisierten sie Sommerfeste. Freunde bauten aus alten Paletten Podeste und eine kleine Hütte mit DJ-Pult. Hingen Punktstrahler auf, die bunt in die Baumkronen leuchteten. Zelte und ausgebaute Busse standen auf dem Grundstück.

In einem Herbst kam ein Schamane aus Peru für eine Ayahuasca-Zeremonie. Birte traute sich im letzten Moment doch nicht daran teilzunehmen. Danach räumte sie die vollgekotzten Eimer weg. »Ich hatte auch eine Erleuchtung – wenn auch um ein paar Jahre verzögert«, sagt sie. »Ich habe allen immer nur hinterhergeräumt. Den Spruch habe ich schon bei meiner Mutter gehasst, aber ich dachte ihn irgendwann selbst. Kein gutes Zeichen.«

Im Winter veranstalteten sie Lesungen von befreundeten Autoren aus entfernten Großstädten. Es ging um Sachbücher über Permakultur, Romane über das Technoberlin der Neunziger. Alle waren entzückt von dem wildromantischen Ort, an dem die Pflaumen direkt in den Mund wuchsen, der Garten eine Ordnung hatte, die nicht danach aussah. Die Münchener schauten vorbei. Und die gelangweilte Dorfjugend auch. Sie verdienten vor allem mit den Veranstaltungen im Sommer ein bisschen Schwarzgeld, das sie direkt in die Renovierung steckten. Für die Durststrecken gab es Birtes Gehalt, die nebenher als Rezeptionistin im Hotel jobbte.

Drei Jahre dauerte es, bis die »Pension Gräser-Alm« eröffnete. Der Name bezog sich auf Felix' Nachnamen und war zugleich ein versteckter Hinweis auf ein paar scheue Marihuana-Pflanzen, die sich im Kräutergarten versteckten. Kurz bevor die Einweihungsparty losging, machte Felix Birte einen Heiratsantrag. In der Dusche. Ihre Antwort: »Ich bin doch viel zu jung.« Woraufhin er entgegnete: »Aber ich bin bald zu alt.« Und nach einer schaumigen Knutscherei sagte sie: »Dann werde ich mich wohl beeilen müssen. Ja!«

Die Hochzeit mutierte zum provinziellen Staatsakt. Felix wollte es so. Birte fand es »witzig«: die Familie, die Tradition. Deshalb trafen sich die beiden an einem Tag im Juni in einer Barockkirche vor dem Traualtar. Mit Orgel, Chor und Blumenkindern. Das ganz große Halleluja. Obwohl Birte mehr von Osho als über Jesus gelesen hatte. Felix war jedenfalls extra wieder in die Kirche eingetreten, die er einst nach dem Abitur mit revolutionärem Gestus verlassen hatte. Damals auf dem Einwohnermeldeamt, als er das Austrittsformular abgab, trug er das Tour-Shirt der Death-Metal-Band Atheist.

Die meisten Hochzeitsgäste hatten sich viel Mühe gegeben, so auszusehen, als wäre dieser Aufenthalt für sie so normal wie eine Fahrt mit öffentlichen Verkehrsmitteln. Kirchen schauten sie sich sonst höchstens im Italienurlaub an. »Dona nobis pacem« erklang, der Pfarrer oder Pastor, so genau wusste das keiner, erzählte etwas von einer Linde, die seit zweihundert Jahren fest verwurzelt im Garten steht. Alle fanden ihn wahnsinnig nett, sogar »attraktiv«, aber was die Kirche genau zur Ehe zu sagen hat, interessierte nicht mal am Rande. Die Andacht war genauso Dekoration wie die Efeu-Girlanden an den Holzbänken, die Blumenkränze in den Haaren, die Schaukel, auf der die Hochzeitsfotos gemacht wurden, und die Einmachgläser mit der selbst gemachten Limo oder den Teelichtern.

Die Gräser-Alm lief vom ersten Tag an. Sie hatten Stammgäste, die im Sommer jedes zweite Wochenende vorbeischauten und vor Verzückung stöhnten, wenn Birte ihnen Salat aus dem Garten servierte oder Hühnersuppe aus dem Federvieh aus Nachbars Stall. Birte erzählte ihnen Geschichten von Urtomaten, obwohl sie keine große Expertin war: Sie hatten eindeutig die kleinsten Kürbisse im Dorf, auch in der Zucchini-Ernte ging Birte nicht so auf, wie sie es sich erhofft hatte. Felix organisierte im Dorf die Ausstellung eines befreundeten Künstlers, der Objekte aus Furnierpapier fertigte, lud eine Liedermacherin aus Frankfurt ein, die auf dem Marktplatz gegen Gentrifizierung und Fremdenhass sang. Das Dorf wiegte sich im neuen Takt, den Birte mit vorgab.

Fast alle Gäste verkündeten spätestens am zweiten Abend, dass sie ja auch am liebsten aufs Land ziehen oder »so etwas« auf die Beine stellen würden. Die Münchener mit ihren BMW-Youngtimern und die Stuttgarter in den extra ungepflegten Mercedes-Kombis checkten Immobilienpreise in der Umgebung. Aber Birte erschien dieses »Was wäre wenn«-Szenario als eine mentale Erholung. Eine Übung für die anderen, weil theoretisch noch etwas anderes möglich wäre als der alltägliche Trott. Es blieb stets bei der fröhlichen Theorie. »Man hat doch immer zu viele Probleme, um Zeit zu finden, sich von den Problemen zu lösen, oder?«

Birte lebte den Traum, und ebender wurde zum Problem. Denn Träume sind anstrengend und lassen doch genügend Zeit für Zweifel. Sechzehn Stunden Arbeit am Tag waren keine Seltenheit. Trotz der Helfer, die sie in der Hochsaison einstellten. Das Finanzamt rief häufiger mal an, und die Denkmalschutzbehörde hatte ebenfalls ihr Interesse an der Pension entdeckt. Zwei Jahre nach der Hochzeit kamen noch die Zwillinge dazu. An sich ein Wunder der Natur, doppeltes Glück. Doch die einzige Kita ist zwanzig Kilometer weit entfernt, einen Platz gab es dort eh nicht, geschweige denn zwei, und Mia und Lotti schliefen als Babys eher nicht friedlich unter dem Apfelbaum. Sie schrien. Später war Birte vor allem damit beschäftigt, darauf zu achten, dass die Kinder nicht in den Teich fielen, die unebenen alten Holztreppen runterpurzelten oder den Hund am Schwanz zogen. »Das Landleben ist für Kinder in den ersten Jahren vor allem lebensfeindlich«, sagt sie. Und genauso, wie sie der Anbau von Erbsen nicht glücklich machte, obwohl sie deren Geschmack liebte, erging es ihr mit der Mutterrolle.

Felix' zwei rechte Hände waren inzwischen ganz mit der Restaurierung alter Bauernmöbel beschäftigt. Er hatte sich eine Werkstatt im Nachbardorf eingerichtet. Eine Tischlerin eingestellt. Er war oft unterwegs, um in Scheunen und auf Märkten nach Möbelstücken zu suchen, die er dann schliff, ausbesserte, um sie anschließend in den wildesten RAL-Farben zu lackieren. Felix' Möbellinie G.raes wurde auf der Möbelmesse in Köln gezeigt, nachdem Birte einen alten Freund anrief, der dort arbeitete. Und dann ging es ab.

»Eigentlich war er fast von einem Tag auf den anderen weg, Mailand, Brüssel, keine Ahnung.« Einmal standen Japaner auf dem Hof, die Felix treffen wollten. Sie schickte sie weg. Sie schaffte, was sie schaffte, kümmerte sich um die Zwillinge und in den Ferien auch um Leila. Ihre Unzufriedenheit ging auf wie der Hefeteig für den Pflaumenkuchen.

Erst vermisste sie Felix, dann ärgerte sie sich über ihn. Wenn sie sich beschwerte, hörte er ihr nicht richtig zu und jammerte über die zu kleinen Hotelzimmer und wie sehr er sein Bett vermisse auf diesen anstrengenden Reisen. So anstrengend, dass er öfter daheim blieb, waren sie aber auch wieder nicht. Zur Beschwichtigung stellte er neue Mitarbeiter ein. Als sie sich weiter beschwerte, wurde er wütend. Das war zur Erdbeerernte, sie konnte die Marmelade gar nicht so schnell einkochen, wie die Früchte an den Sträuchern verdarben. Es fühlte sich alles fürchterlich piefig an. Die Welt von Birte schien Felix nicht mehr wirklich zu interessieren. Am wenigsten profane Pflichten wie Holz hacken oder die Zwillinge zum Reiten bringen. Wenn sie stritten, sagte er Birte fast flehend, das mit den Möbeln sei seine Chance, die Erfüllung, auf die er nicht mehr gehofft hatte. Dass sie ihm den Rücken frei halten müsse. Dass er das auch tun würde, wenn der späte Ruhm sie ereilen würde. »Beim Marmeladenkochen?«, fragte Birte ihn. »Ich habe seinen Traum für ihn weitergelebt, dabei hatte er sich längst daraus verabschiedet.«

Und dann kam eines Tages Jasper. Als Gast aus der Stadt, wie alle auf der Suche. Er frühstückte spät und lange, lästerte mit Birte über die Frau, die gerade in Zimmer zwei wohnte und den Tag damit verbrachte, »bewusstes Atmen« im Garten zu üben, was eher nach einem Bewerbungsgespräch für eine Telefonsexhotline klang, wie er fand. Jasper bedankte sich überschwänglich für jedes von Birte herangetragene Käsestück, für die Semmeln und den Honig. Nach ein paar Tagen half er ihr bei der Apfelernte und las ihr Artikel aus dem Internet vor, während sie das Mus rührte. Er fragte sie nach ihrer Meinung zum Einwanderungsgesetz, zu Glyphosat und zu ihren Lieblingswerken in der Pinakothek der Moderne. Einen Tag vor seiner Abreise küssten sie sich in der Küche. Stundenlang. Am übernächsten Wochenende war Jasper zurück, und dann immer, wenn Felix nicht da war. Die Zwillinge mochten ihn. »Ich lief innerlich Amok. Einen Tag wollte ich mich von Felix, den nächsten Tag auf jeden Fall von Jasper trennen«, sagt Birte. Irgendwann erledigte sich die Entscheidung von selbst. Einer der Mitarbeiter auf dem Hof steckte Felix, was los war. Und Felix schmiss Birte raus. Umgehend. Er brauche Zeit zum Nachdenken. Was sie brauchte, fragte er nicht. Die Zwillinge nahm Birte mit und zog in die benachbarte Kleinstadt, erst zu einer Freundin, dann bekam sie das Angebot, wieder bei ihrem alten Arbeitgeber im Wellnesshotel zu arbeiten inklusive einer kleinen Wohnung auf dem Gelände.

Es folgte »die Zeit der Schmach«. Felix machte ihr Vorwürfe, beschimpfte sie, weinte manchmal. Zurück durfte sie trotzdem nicht. Sie wusste auch nicht, ob sie es wollte. Ihre Mutter schickte ihr eine SMS: »Hast du den *Zeit*-Titel gelesen? Guter Artikel!« Birte ging zum Bäcker. »Die Illusion von der glücklichen Patchwork-Familie« stand auf der Zeitung. Birte ärgerte und schämte sich. Jasper hatte längst das Interesse an ihr verloren. Sie auch an ihm. Von Patchwork konnte gar keine Rede sein. Illusionen hatte sie sich über ganz andere Dinge gemacht: die Arbeit, das Landleben, ihre Ehe. »Du musst dich mal entscheiden, dich nicht nur von deinem schlechten Gewissen leiten lassen«, hatte Jasper gesagt. Also dachte sie nach. Auch wenn sich die Gedanken anfangs immer nur im Kreis zu drehen schienen.

Abends, wenn die Zwillinge schliefen, starrte Birte vom Balkon ihrer Wohnung aus in die Nacht. Die Gräser-Alm schloss »vorübergehend«. Das stand in der Lokalzeitung. Noch mehr Schuld. Weniger vorübergehend schien der Einzug von Felix' Tischler-Assistentin zu sein. Das hatte ihr eine Freundin gesteckt. Ob sie die Obstbäume abernten würde? Noch so eine neue Erfahrung. »Dass man eifersüchtig ist auf Menschen, mit denen man nicht tauschen möchte.«

Birte hat ihre Cola ausgetrunken, ascht in die leere Flasche. »Letzte Woche habe ich die Zusage bekommen.« Sie hatte sich auf die Leitung des Fremdenverkehrsamts am Bodensee beworben. Sie habe »im Leben nicht« damit gerechnet, dass sie genommen werde. Dabei hatten sie sogar zu ihren Gehaltsvorstellungen Ja gesagt. Also haben sich die Jahre auf der Gräser-Alm wohl doch gelohnt: »Alle wollen mehr junge Leute und Familien ansprechen, alle wollen ein bisschen sogenanntes urbanes Flair ins Landleben bringen. Das kann ich im Schlaf.« Währenddessen streiten sich Felix' und Birtes Anwälte über die Wertsteigerung des Hofs durch die Renovierung und die Beliebtheit der Pension. Klar, der Hof gehört ihm, aber wie viel ist ihre Arbeit dort im Nachhinein wert? Welchen Anteil hat sie nicht nur am Erfolg der Gräser-Alm, sondern auch an Felix' Möbelkarriere? »Ich dachte immer, dass wir es anders machen als die anderen. Freier und gerechter«, sagt Birte. »Das hat leider nicht geklappt, und warum genau, darüber muss ich weiter nachdenken.« Dafür erscheint ihr das neue Leben genau richtig: ein echtes Büro; mit Stifthalter, Locher, Assistentin und Feierabend um siebzehn Uhr. »Die Struktur ist meine Befreiung.«

Trennung als emanzipatorischer Akt

Es ist eine lustige kleine Randnotiz, dass der Achtundsechziger-Posterboy Rainer Langhans in die Kommune 1 zog, weil er von seiner Freundin verlassen wurde und ihm eine »Neuorientierung« nötig schien. Dieser Trennung haben wir nicht nur ein paar ikonische *Stern*-Titel zu verdanken. Er und seine neue Freundin Uschi Obermaier, die ebenfalls Teil der Kommune wurde, entwickelten sich zum Vorläufer deutscher Influencer-Paare, extrem marketingtauglich und mit einem verlockenden Versprechen: »Freie Menschen« sein zu können, weil »Beziehungen ohne Eifersucht, ohne Besitzdenken möglich« seien, wie Langhans ihren Markenkern im Nachhinein in einem Interview beschrieb. Das tatsächliche oder vermeintliche Sex- und Liebesleben von Uschi und Rainer (darüber sind sich die beiden Protagonisten heute uneins) ließ sich medial außerordentlich gut ausschlachten. Dass sie unverschämt gut aussahen und ungewöhnlich volles Haar hatten, half sicherlich auch dabei. Irgendwann war Uschi jedoch so frei, sich mehr dem Rockstar-Typus à la Jagger, Richards und Hendrix zuzuwenden. Sie setzte die Theorie der besitzlosen Liebe auf ihre Art in die Praxis um und ließ die Kommune nebst Rainer hinter sich. Dabei hatte der sich zuvor ihretwegen von den größeren Vorhaben der Studentenbewegung getrennt: »Die Revolution für eine Frau zu verraten, ist immer gerechtfertigt.«

Davon gab es in den Sechziger- und Siebzigerjahren mehr als nur eine. Nicht nur von den Frauen, auch von den Revolutionen. Es war die Zeit unzähliger Mikro- und Makro-Umbrüche mit teilweise skurrilen Auswüchsen: Friedensbewegung mit Protesten im Bett, BH-Verbrennungen, Anti-Babypillen-Partys und Haarschneide-Verweigerung. Vieles davon wirkte im Privaten: Heiraten galt als spießig, Treue auch irgendwie. Neben der »Sexuellen Revolution«, die mehr Freizügigkeit und Aufklärung ermöglichte, aber eben auch zur Folge hatte, dass in Werbung und Medien von nun an weniger die brave Hausfrau, sondern eher die Straps- und Bikinimaus auftauchte, setzte unter anderem die damalige Frauenbewegung unter dem Ausspruch »Das Private ist politisch« die Dinge zwischen Männern und Frauen nachhaltig in Bewegung. Politik sollte am Ort des Geschehens gemacht werden, Veränderungen gleich umgesetzt werden. Es eröffneten Frauenkneipen und Frauenhäuser, Mütter stillten in der Öffentlichkeit, Kitas und Schülerläden wurden gegründet.

Man mag sich über Alice Schwarzers heutige Thesen wundern, sie sogar ärgerlich finden, aber sie war diejenige, die in Deutschland im wahrsten Sinne des Wortes ihr Gesicht für die Forderungen der Frauenbewegung hingehalten hat. Sie sind derzeit zwar nicht alle glanzvoll erfüllt, aber doch in der Mitte der Gesellschaft angekommen, was die Kraft von sozialen Bewegungen beweist: legale Schwangerschaftsabbrüche, die Verfolgung und Verurteilung von Gewalt in der Ehe, die Diskussion über die gleiche Bezahlung von Frauen. Alles Themen, die heute nicht mehr als extremistisch gelten. Vor wenigen Jahrzehnten jedoch wurde die Frauenrechtlerin für ihre Beharrlichkeit in der Sache sowohl von Männern als auch von Geschlechtsgenossinnen unter anderem als »Hexe mit stechendem Blick« und »Schwanz-ab-Schwarzer« diffamiert. Es gerät manchmal in Vergessenheit, welch große Veränderungen hier in welch kurzem Zeitraum erreicht wurden. Aber dass die Vergewaltigung in der Ehe erst seit 1997 strafbar ist, zeigt auch, dass es eigentlich immer noch etwas zu verbessern gibt. Was zum Beispiel ist denn jetzt mit der Pille für den Mann?

Geht der Kampf also weiter in Zeiten, in denen Fäuste lieber im Fitnessstudio in die Luft gereckt werden? Vieles scheint erreicht, und spätestens seit es den Rechtsanspruch auf den Kitaplatz gibt, wird Frauen ohnehin ständig erzählt, dass irgendwie alles möglich sei, wenn sie sich nur genug anstrengen. Wer privilegiert genug ist, mag das glauben. Denn schnell lässt sich vergessen, dass ohne die von den Eltern finanzierte Auszeit auf Menorca oder ohne die Babysitterin, die einsprang, als der Kitaplatz sich dann doch nicht pünktlich zum Ende der Elternzeit materialisierte, womöglich alles nicht ganz so reibungslos geklappt hätte. Frauen, die scheinbar »alles haben«, besitzen in der Regel auch ein gutes, oft kostspieliges Netzwerk, das dennoch oft unterbezahlt und eher nicht männlich ist.

Es gibt unter Frauen nicht nur eine Aversion gegen Alice Schwarzer, weil sie über die Jahre reaktionärer geworden ist, sondern auch, weil Frauen nicht mehr nur als Opfer von männlichem Tun gesehen werden wollen. Weil sie zum Beispiel Pornografie nicht als »frauenverachtend« rundheraus ablehnen. Oder manchen Sexarbeiterinnen glauben, dass sie gerne zur Arbeit gehen. Auch soll es Frauen geben, die darauf bestehen, Kopftuch zu tragen, und sich als emanzipiert verstehen.

Hinzu kommt die Genderforschung. Sie hat mittlerweile viel eher die gesellschaftliche Konstruktion von Geschlechterrollen im Blick, und in der »spielen Männerbilder die gleiche Rolle wie Frauenbilder«, so Regina Ammicht Quinn, Professorin für Ethik und Direktorin des Zentrums für Gender und Diversitätsforschung der Universität Tübingen. Die Forschung ist also um einiges weiter als der lahme Männerhass-Verdacht, der ihr immer noch entgegenschwappt. Und ihr Einfluss reicht inzwischen weit in die Popkultur hinein: Serien wie *Transparent*, in der ein Familienvater sich einer Geschlechtsumwandlung unterzieht, erfolgreiche Musiker wie Lotic oder Kim Petras, die geschlechtslos auftreten oder ihr Geschlecht angepasst haben – das alles ist unterhaltsamer, als die *Emma* zu lesen.

Vielleicht auch deswegen halten junge Frauen den Feminismus aus dem vergangenen Jahrhundert für nicht mehr ganz so notwendig. Oder finden ihn vor allem dann cool, wenn er niemandem wehtut. Wenn er in einen Hashtag passt, auf einem süßen T-Shirt steht, das von Frauen in Bangladesch genäht wurde, oder wenn er weiblichen Popstars in Unterwäsche den Auftritt als Headliner auf einem Festival verschafft. Viele Frauen hielten »den Kampf der Frauenbewegung für erledigt«, sagt Ammicht Quinn. Bis sie nachts zum dritten Mal wegen des Babygeschreis aufstehen, dem Kind den Schnuller reinschieben, und der Partner neben ihnen friedlich schnarcht. Oft ist mit der Berührungsangst vor dem Feminismus dann Schluss, wenn Beruf und Familie organisiert werden müssen. Denn dann fallen die Unterschiede deutlicher auf: dass für seinen Beruf eine eingebaute Vorfahrt zu gelten scheint. Und welche Eltern wechseln sich beim Zu-Bett-Bringen der Kinder wirklich täglich ab? »Die Zahl der

Männer, die mehr als drei Monate in Elternzeit gehen, liegt immer noch im einstelligen Prozentbereich. Die meisten nehmen nur drei Monate und verreisen in dieser Zeit mit Frau und Kind«, sagt der Philosoph Leander Scholz, der nach seiner eigenen Elternzeit das Buch *Zusammenleben – Über Kinder und Politik* schrieb.

Mit der zunehmenden Berufstätigkeit der Frau haben sich auch ihre Ansprüche an eine Beziehung verändert. Anders als noch vor wenigen Jahrzehnten kann sie sich heute Trennungsgründe, die sich aus ihren emotionalen Bedürfnissen ableiten, im wahrsten Sinne des Wortes eher leisten. Diese Freiheit hat aber auch ihren Preis. Überspitzt formuliert: Ihre wirtschaftliche Macht hat die Frau zur nervigen Zicke mit gefühligen Forderungen gemacht.

Konflikte zwischen Partnern sind komplizierter geworden, weil die Erwartungen fein ziselierter sind und deswegen für den außenstehenden Partner schwerer nachvollziehbar werden. Aber das muss – anders als sowohl konservative als auch manche kapitalismuskritische Stimmen behaupten – nicht per se schlecht sein. Bedeutet es doch vor allem, dass Partner mehr verhandeln müssen als je zuvor.

Wenn es bei den Themen WC-Reinigung, Vereinbarkeit von Beruf und Familie oder auch der Anerkennung der eigenen Person zu keiner dauerhaften Übereinkunft kommt, werden heute eben auch schon mal Trennungen durchgezogen. Das akute Verliebtsein jedoch löst erst mal einen gewissen Realitätsverlust aus, der dazu führt, dass Männer sich in Frauen verlieben und hoffen, dass sie immer so bleiben wie im ersten Ausnahmezustand. Frauen verlieben sich und denken, was nicht passt, treibe ich ihm noch aus. Beides klappt am Ende nie.

Je mehr Verantwortung und Verpflichtung angehäuft werden, desto fragiler wird oft die Liebesbeziehung. Die Scheidungsanwältin Helene Klaar kann aus ihrer Praxis sogar präzise benennen, wann genau es oft kritisch wird. Das zweite Kind sei häufig der Anlass, die

Brocken hinzuschmeißen: »Mit einem Kind lässt sich der Status noch aufrechterhalten. Mit dem zweiten Kind tritt der permanente Ausnahmezustand ein.« Das einsame Gefühl trotz Partner, das alles noch ein zweites Mal federführend wuppen zu müssen, die eigenen Interessen noch einmal hintanzustellen, während die Beziehung zu kurz kommt, lässt Paare nicht selten kapitulieren. Viele müssen feststellen, dass die eigenen Erwartungen an die Mutterrolle mit der Realität weniger zu tun haben als ursprünglich gedacht. Und auch den Vätern fällt das alles nicht nur leicht: »Die Erwartung der Gesellschaft an den werdenden Vater, jetzt funktionieren zu müssen«, lösten eine »Angstkrise« aus, sagt Philosoph Scholz. Würden sich also beide Partner im Vorfeld genauer mit ihren Erwartungen aneinander und der Verteilung der Rollen auseinandersetzen, nicht nur was Kinder angeht, wäre jedenfalls einiges gewonnen. Doch dafür müssten diese Rollenbilder erst mal so wacklig werden wie die Zähne eines Vorschulkindes.

Wie lose Rollenzuschreibungen eigentlich sind, beweist der Blick zurück: Theorien, die den Frauen ihren natürlichen Platz am Herd via einer angeblich genetischen oder »natürlichen« Disposition zuweisen, sind ungefähr so überholt wie stramm geflochtene Zöpfe. Trotzdem werden auf Varianten dieser Annahme immer noch Olympiastadion-füllende Karrieren à la Mario Barth aufgebaut, oder Frauen mit Abitur geraten beim Prosecco-Mädelsabend ins Relativieren, weil er eben ein Jägertyp sei. Es gibt keinen natürlichen Urzustand zwischen Männern und Frauen, sondern eher bessere und schlechtere Zeiten: Unlängst kratzte die archäologische Geschlechterforschung an dem Mythos der Jäger-und-Sammler-Legende. Und die Fans der strammen Zöpfe sollten sich bitte fragen, warum sie nichts dagegen hatten, dass ihre Frauen, als Städte zerbombt dalagen, den Schutt wegräumten, anstatt am Herd zu stehen. Waren da die Gene kurzfristig ausgeschaltet? Vielleicht ja auch nur, weil es gerade nichts zu kochen gab.

Was viele Anthropologen heute vermuten, ist, dass im Zuge der menschlichen Sesshaftwerdung eine mächtige Veränderung des sozialen Gefüges und das Patriarchat, wie wir es bis heute noch kennen, begann: Mit der Landwirtschaft entwickelten sich dichte Besiedlung, Privatbesitz und Hierarchien. Frauen bekamen mehr Kinder, die länger lebten, und gerieten in stärkere materielle Abhängigkeit. Und irgendwie zu der Zeit muss jemand auf den merkwürdigen Gedanken gekommen sein, auch bei der Frau handle es sich um eine Art Besitz. Denn Kontrolle über Frauen brachte die Sicherung von Nachkommen, was wiederum den Besitz sicherte. Da sind wir wieder im Privaten.

Gleichberechtigung beginnt leider bereits bei der Partnerwahl. Das lässt sich schnell mal vergessen, wenn auf dem Dancefloor ein hotter Boy gespotted wird. Aber Frauen neigen auch nüchtern nicht selten zu Widersprüchlichkeiten: »Viele heterosexuelle Frauen bevorzugen charismatische oder beruflich sehr engagierte Männer, für die Erfolg und nicht etwa die Familie oder gar das Häusliche an erster Stelle steht«, sagt die Soziologin Cornelia Koppetsch in einem Interview. Das zeige sich unter anderem im Kontaktverhalten von Frauen und Männern auf Onlinedating-Portalen. Gleichzeitig wollen viele Frauen auch einen modernen Mann, der die häuslichen Pflichten nicht vernachlässigt, empathisch und trotzdem aufregend ist. Ein paar Muskeln wären ebenfalls nicht schlecht. Nicht, weil wir ausschließlich Sixpacks attraktiv finden, sondern weil ein Mann, der ständig verunsichert an sich herunterschaut, unsexy ist. »Die charismatische Kopplung von Männlichkeit und Erfolg ist so tief in unserer Kultur, etwa in Werbung, Film oder auch Literatur, verankert, dass ein weniger erfolgreicher Mann offenbar als schwach empfunden wird. Ein Ausweg wäre, als Frau darüber nachzudenken, ob einem so ein Alphamännchen wirklich so guttut«, sagt Koppetsch. Lieben, was wir brauchen, nicht, was wir denken, brauchen zu müssen.

In ihrem Buch *Sex – Die wahre Geschichte* gehen der Psychologe Christopher Ryan und die Psychiaterin Cacilda Jethá unter anderem der Frage nach, ob es ein evolutionär »natürliches« Paarungsverhalten gibt. Sie liefern eine Erklärung für die mal mehr, mal weniger ambivalente weibliche Männerwahl: »Die scheinbare weibliche Präferenz für potenziell wohlhabende Männer ist keine angeborene evolutionäre Programmierung, wie das Standardmodell behauptet, sondern einfach eine Verhaltensanpassung in einer Welt, in der Männer einen überproportional großen Anteil der Ressourcen kontrollieren.« Von daher gilt auch hier: Die Ressourcen gerecht zu verteilen, schützt nicht vor schlechtem Männergeschmack, erspart aber sonst einiges an Ärger.

Inzwischen geht auch den jüngeren Frauen ein Licht auf. Die Autorin Charlotte Roche weiß, worauf es ankommt: »Jede Frau kann den Grundstein legen für ihre berufliche Freiheit, wenn sie sich gar nicht erst mit Männern einlässt, die nicht zu Hause bleiben wollen mit dem Baby.« Auch zu Hause bleiben, ließe sich noch ergänzen. Es geht nicht darum, die Verhältnisse einfach umzudrehen, sondern die ungerechte Aufgabenteilung zu Hause eben nicht als naturgegeben anzusehen. Dazu gehört, die Wäsche so zu waschen, dass sie vor dem Urlaub noch trocknen kann, Kindersocken zu kaufen oder das Handtuch nach der Benutzung aufzuhängen. Und von selbst daran zu denken. Feministinnen nennen das den »Mental Work Load«, den Frauen zusätzlich mit sich rumschleppen. Das bedeutet, dass die gesamte Haushaltsorganisation bis hin zu der Frage, wann der Strom abgelesen wird und wieder Salami gekauft werden muss, im Kopf der Frau stattfindet. Würden beide gleichermaßen mit praktischen und organisatorischen Tätigkeiten in die Haushaltskasse einzahlen, würde es am Ende in der Summe stimmen. Ein andauerndes Ungleichgewicht im Alltag jedenfalls führt heute deutlich eher zur Trennung als noch in der Elterngeneration. Das nur mal für den Hinterkopf, bevor die Dinge zu Hause einreißen.

Und die Männer? Wollen sie alle Nobelpreisträgerinnen im gebärfähigen Alter in High Heels? Nun, gewisse Abstriche werden hier und da gemacht, vor allem beim Nobelpreis. Denn als »Standardmodell« suchen sich Männer eher jüngere Frauen. Ja, immer noch. Wo bei Männern das reale Kapital zählt, ist es bei Frauen das körperliche. Nur zehn Prozent von ihnen haben einen höheren Bildungsstand als der Mann. Den Männern ist gleichwertige Bildung nicht allzu wichtig, solange sie so fit ist, die Schlauheit ihres Gatten zu erkennen. Jung ist bei Frauen immer noch ein Wert an sich. Was bei der Weinauswahl und in Literaturdebatten als unverzichtbar gilt, nämlich eine gewisse Reife, ist in diesen Beziehungen eher ein Manko, zumindest für den männlichen Part der Beziehung. Aber diese Konstellationen »sind mit gutem Grund langsam dabei auszusterben. Ehrlicherweise muss man hinzufügen: Viel zu langsam«, so die Autorin Iris Radisch in ihrem Buch *Die Schule der Frauen – Wie wir die Familie neu erfinden*. Bei Frauen ist das meist etwas anders. Wenn sie zum Beispiel Molekulare Medizin studiert hat, möchte sie zwar eher keinen Partner, der ihr die Biosynthese mansplaint, aber doch vielleicht einen, der den Unterschied zwischen DNA und RNA kennt.

Leider ist es aber auch nach einer Trennung mit der Unausgewogenheit nicht schlagartig vorbei. Wer sich trennt, stößt an. An Erkenntnisse und nicht zuletzt an Grenzen, die bis dahin einfacher übersehen werden konnten: »Wer sich nicht bewegt, spürt seine Fesseln nicht«, wusste bereits Rosa Luxemburg. Wer sich trennt, wird jedenfalls nicht nur sich selbst neu kennenlernen, sondern merken, dass etwa die Unfähigkeit, einen Mietwagen zu buchen oder den Fitnessvertrag zu kündigen, nicht an den eigenen Möglichkeiten scheiterte, sondern an der lethargischen Unbeweglichkeit, die die Unzufriedenheit in einer Beziehung mit sich bringt.

Wer sich trennt, wird viel Erfreuliches erleben: Menschen treffen, die lange Zeit auf unerklärliche Weise aus dem eigenen Leben verschwunden waren. Freude in Ecken finden, in denen sie nie erwartet wird, einfach weil lange in keine Ecke und unter keinen Teppich mehr geschaut wurde. Doch höchstwahrscheinlich warten auch allerlei Unmöglichkeiten auf die getrennte Frau, die rein zufällig auch zu den Themen des klassischen Feminismus gehören: ungleiche Teilung von Verantwortung, ungleiche Beurteilungen durch das Umfeld oder die steuerliche Einstufung, die den ungleich kostspieligeren Alltag von Alleinerziehenden weitestgehend ignoriert.

Wie politisch das Private ist, zeigt, dass in Schweden »Bonusfamilje« heißt, was wir hier Patchworkfamilie nennen. Klingt gleich viel attraktiver und auch so viel treffender als die Vorstellung vom Teppich aus kaputten Textilien, oder? Und wo wir schon bei Sprache sind, es ist doch auch interessant, dass im Spanischen das Wort »esposas« sowohl Ehefrauen als auch Handschellen bedeutet.

Wer von Liebe und deren Ende spricht, kann jedenfalls von Politik nicht schweigen. Die zeitgenössische feministische Autorin und bekennende Polyamoristin Laurie Penny sagt: »Viele Frauen – auch viele Feministinnen – verlieben sich in Männer, viele Männer verlieben sich in Frauen und damit landen all die politischen Geschlechterfragen in der privaten Sphäre. Die alte Phrase, dass das Persönliche politisch ist, gilt bei diesem Thema also ganz besonders.«

Inzwischen beinhaltet sie aber auch neue Tendenzen. In Zeiten, in denen das Politische immer weiter auseinanderdriftet und polarisiert, zu Kommentarschlachten auf Twitter und Facebook führt, muss die kleinste Zelle wieder mehr als Vorbild für das Gute und Schöne in der Welt herhalten. Mehr noch, sie soll die eigene Identität sichern, die ins Wanken zu geraten droht. Soziologin Koppetsch erklärt das so: »Zum einen kämpfen spätmoderne Menschen unter Bedingungen beschleunigter Veränderungsprozesse um die Aufrechterhaltung eines minimalen Standards an Identität. Wer diesen Standard preisgibt, wird irgendwann verrückt. Zum anderen ist vielen Menschen klar, dass die Zukunft völlig ungewiss ist und damit auch die Zukunft ihrer eigenen Gruppe.« In der Beziehung oder der Familie, so die Hoffnung, lassen sich die eigenen Ideale eher verwirklichen. Oder: Es erscheint einfacher, ein Familienleben so zu ändern, dass es den Vorstellungen der CSU entspricht, als einen Horst Seehofer aus dem Amt zu jagen. Es reicht jedoch nicht, nur dafür zu sorgen, dass es allen in der Familie gut geht und die Nachbarn neidisch sind. Eine Demokratie braucht dringend weitere Teilnahme. Und dazu gehört auch, Verhältnisse infrage zu stellen.

Nach einer Trennung wird das auf der privaten Ebene mit zur Hauptbeschäftigung. Wer sich trennt, muss herausfinden, was die eigene Unabhängigkeit denn jetzt eigentlich genau beinhaltet. Am Morgen den Radiosender selbst bestimmen zu können? Dem Kind endlich und einzig die eigenen Ideen über die Welt zu vermitteln? Nach Hilfe zu fragen? Nicht mehr nach Hilfe fragen zu müssen? Die allzu bequemen Rollenzuschreibungen müssen allerspätestens nach einer Trennung verlassen werden, wenn man nicht für den Rest seines Lebens weinend zu Hause sitzen möchte. Die eigene Selbstverteidigung nimmt dann eine viel umfassendere Bedeutung an als gezielte Tritte in die Weichteile in einem Hauseingang bei Nacht, und Solidarität ist dann nicht mehr nur ein altmodischer Begriff aus der Arbeiterbewegung. Die wenigsten getrennten Frauen werden automatisch zu radikalen Feministinnen, aber der Beziehungskokon, der manche Unstimmigkeit zwischen Männern und Frauen als angeblich naturgegebene oder freiwillig gewählte Gegebenheit puffert, ist weg. Und das spürt jede Frau, egal, welche politische Ausrichtung sie sonst bevorzugt, vor allem wenn Kinder im Spiel sind.

Da nämlich die Auswirkungen der Heteronormativität sowohl Klebstoff als auch Sprengstoff sind, bieten Trennungen Männern wie Frauen im besten Fall einen Anlass, zu erkennen, was in Beziehungen grundsätzlich verbesserungsfähig wäre. Beziehungsideale mit der Realität abzugleichen, zu betrachten, wo und warum der

Schuh oder besser der Ring bei vielen immer an der gleichen Stelle drückt. Trennungen sind auch ein guter Zeitpunkt, zu hinterfragen, warum Partnerschaft immer noch übertrieben idealisiert wird, was das Funktionieren von Langzeitbeziehungen erschwert, und warum ihre Beendigung dann wiederum besonders oft Frauen in wirtschaftlich und sozial schwierige Situationen bringt, obwohl Beziehungen sogar weitaus öfter von ihnen beendet werden. Wir könnten uns auch fragen, warum Partnerbörsen und ihre überpräsente Werbung, Liebe noch drastischer zu einer Ware machen. Als Single suggerieren sie uns mangelnde Perfektion, weil wir uns nicht wie alle anderen nach elf Minuten wieder neu verlieben. Denn Werbung schreit uns an, dass wir etwas nicht haben, es aber haben müssen und im Zweifelsfall nicht haben können. All das zu hinterfragen würde der Frau und auch dem Mann helfen, der ja ganz genauso an überhöhten und überholten Erwartungen leidet.

Trennungen zu einem besseren Image zu verhelfen, sodass die Chance der Entwicklung im Vordergrund steht und nicht ein Scheitern, wäre auch eine Aufgabe des zeitgenössischen Feminismus. Doch diese Art von Debatte, die allen nützen sollte, löst immer noch ähnliche Abwehrreaktionen aus wie die frühe Frauenbewegung. Auch weil sie »vermeintliche Grundsicherheiten einer Gesellschaft erschüttert«, sagt die Ethik-Professorin Ammicht Quinn. Das macht Angst. Und Angst schürt Hass. Auch Laurie Penny erhält heute täglich Morddrohungen. Grundsicherheiten werden anscheinend bereits erschüttert, wenn gesagt wird, ein Baby brauche seine Mutter nicht vierundzwanzig Stunden am Tag, eine Frau suche keinen Schutz oder ein Mann nicht immer nur Sex. Um zu verinnerlichen, dass ein Kind auch ein paar Tage ohne seine Mutter auskommt, bedarf es in manchen Fällen leider überhaupt erst einer Trennung. Aber selbst dann werden Mütter beim Ausgehen stets gefragt: »Wer kümmert sich denn grad um dein Kind?« Und immer noch gilt, dass kein beruflich viel beschäftigter, erfolgreicher

Mann je gefragt wird, »was er denn mit den Kindern macht«. Das stellte bereits einst die Schauspielerin Senta Berger fest. Der Vintage-Feminismus ergänzt sich bei genauer Betrachtung immer noch gut mit den aktuellen Themen.

Die Angst davor, die vermeintlich sicheren Annahmen einer Gesellschaft zu erschüttern, ist auch der Grund, warum Beziehungsmodelle so ungern neu betrachtet werden. Weshalb Familien bitte irgendwie zusammenbleiben müssen. Auch im Unglück und vor allem in der Stagnation. Alles andere gefährdet die Ordnung, stellt den Status quo infrage. Dabei gibt es bereits mehr und mehr neue Konzepte des Zusammenlebens, die eine Alternative zur Paarbeziehung sein können. Es gibt baugenossenschaftliche Projekte, die Alters-Wohngemeinschaften oder Patchworkfamilien-WGs gleich mit einplanen. In den Kitas kennen die Erzieher inzwischen die Namen mehrerer Bezugspersonen, die die Kinder abholen, wenn die Eltern noch im Büro oder auf der Baustelle arbeiten müssen. In London, traurige Trendsetter-Stadt in Sachen hermetischer Wohnungsmarkt, berichtete der *Telegraph* von Anpassungserscheinungen, die aus der Not heraus geboren sind, aber durchaus auch positives Potenzial haben. Demnach sei in den fünf vergangenen Jahren die Zahl der Menschen zwischen fünfundfünfzig und vierundsechzig Jahren, die in Wohngemeinschaften lebten, um 343 Prozent angestiegen. Also noch eine Grundsicherheit, die ins Wanken gerät: Die Alten, sie wollen anscheinend auch nicht mehr, dass alles so bleibt, wie es schon immer war.

Und dann gibt es natürlich noch die Polyamorie. Ein neuer Name für das nicht ganz so neue Konzept der offenen Beziehung, in der emotionale und sexuelle Bedürfnisse nicht nur von einer Person erfüllt werden müssen. Diese Lebens- und Liebesform wird gerne als das Hirngespinst verblendeter Utopisten abgetan, aber die Idee hält sich recht wacker. Dass ausgerechnet Parship Zahlen veröffentlicht, die dem einverständlichen, nicht monogamen Zusammenleben ein

Potenzial von nur zwölf Prozent zuweist, verwundert nicht weiter. Obwohl ein stärkerer Trend in diese Richtung ihnen noch nicht einmal gegen das Geschäftsmodell gehen müsste. Im Gegenteil, der Polyamorist wäre doch ein potenzieller Stammkunde, seine Suche hört nicht auf. Eine amerikanische Studie, die Suchanfragen bei Google auswertete, kam jedenfalls zu dem Ergebnis, dass das Interesse an Polyamorie zwischen 2006 und 2015 auf dieser Basis »signifikant zugenommen« habe. Hierzulande hat sogar die *Bravo* die Polyamorie mit in ihren Aufklärungskanon aufgenommen.

Klar, Polyamorie klingt für viele anstrengend, ist es vermutlich auch, aber was bei den Debatten um die vermeintlich einzig und allein glücklich machende Gestaltung des Privatlebens oft vergessen wird, ist, dass es sich bei all diesen Konzepten nicht um Clubs handelt, für die eine Mitgliedschaft auf Lebenszeit abgeschlossen werden muss. So wie sich die wenigstens Leute einmal im Leben für Schoko- oder Erdbeereis entscheiden, können sowohl Polyamorie als auch Monogamie als Option gesehen werden. Ähnliches gilt für sexuelle Präferenzen: Homo- und Heterosexualität sind die real existierenden Pole, die manche Leute in ihrem Leben nicht verlassen. Aber schön für all diejenigen, die sich auch dazwischen bewegen können oder wollen. Es gibt Phasen im Leben. Nicht zwangsläufig in der sexuellen Orientierung, die strukturelle Experimentierfreudigkeit ist unabhängig von den Vorlieben: Als Student mit nomadischer Tendenz hat man vermutlich andere Vorstellungen von Partnerschaft als ein Mensch mit Kinderwunsch oder ein Single in der Großstadt mit heiß laufender Dating-App. Letztlich geht es um die Aufweichung einer Norm, der sich viele Menschen gefühlsmäßig zu bestimmten Zeiten in ihrem Leben nicht ergeben können oder nicht mehr ergeben wollen. Es geht darum, herauszufinden, was man möchte, was einem guttut. Und eine Trennung ist dafür kein schlechter Zeitpunkt.

Auch Männer fühlen sich übrigens in Rollenzuschreibungen gefangen: der Ernährer, der Nestbauer, die starke Schulter. Aber solange sie heterosexuell sind, können sie sich leichter, bequemer und auch zu ihrem Vorteil darin einrichten. Bei Frauen ist das Unbehagen weitläufiger und umfangreicher, weil sie für die Rolle, derer sie sich eigentlich entledigen wollten, nicht nur weniger Applaus bekommen, es fällt auch den meisten Frauen immer noch sehr schwer, dieses verdammte schlechte Gewissen loszuwerden: Darf ich die Familie verlassen, weil ich mehr will? Im Privaten wird es ihr übler genommen, wenn sie ihr Unbehagen artikuliert: Einer Frau, die sich trennen möchte, wird auffällig oft empfohlen, Probleme in der Partnerschaft mal therapeutisch anzugehen. Bei sich selbst versteht sich. Fast jede weiß von einem Ex-Partner zu berichten, der sie in Krisenzeiten zur Therapie drängte, sie für verrückt oder zum Opfer ihrer Biografie erklärte. Die Unzufriedenheit kann also wirklich nur aus ihr selbst herauskommen. Bis sich herausstellt, dass dieses einsame Abschieben in die Pathologie beziehungsweise in die Reparaturwerkstatt vielleicht auch einem verbreiteten Machtgefüge geschuldet ist: Eine unzufriedene Frau ist eine unbequeme Frau. Sie nervt halt mal wieder.

Frauen, die sich trennen, sind zu einem gewissen Grad immer noch moderne Aussteigerinnen. Die verschiedenen Drehbücher, die die Gesellschaft für sie nach einer Trennung im Angebot hat, scheinen erst mal überschaubar: Alleinerziehende Mutter ist der Klassiker (sie hat es nicht leicht), Karrierefrau ist vorstellbar (Ersatzbefriedigung), beides zusammen: schwierig. Wenn sie es nicht »schafft«, wieder in die Zweisamkeit einzuscheren, droht ein Leben als Dauersingle (mit ihr stimmt was nicht, im besseren Fall Bridget Jones). Die verlassene Frau und die Langzeitsingle-Frau ernten Mitleid, Schulterzucken, Häme und, wenn sie besonders Pech haben, Penis-Bilder.

Dem verlassenen Mann dagegen möchte die Allgemeinheit durch die Haare wuscheln. Er hat viel durchgemacht und darf dann Kolumnen darüber schreiben. Wie der Autor Michalis Pantelouris, der nach seiner Trennung Briefe an seine »zukünftige Lieblingsfrau« verfasst: »Du kannst nicht wissen, wie wichtig du bist. Der Gedanke, dass du irgendwo herumläufst und nicht weißt, dass ich an dich denke, lässt mich manchmal lächeln. Es gibt dich, das weiß ich, und deshalb gibt es auch uns.« Das klingt zwar eher nach gruseligem Stalker, aber in Wirklichkeit schreibt er sich damit – natürlich höchst gefühlig – zum begehrten Single hoch. Autorinnen würden mit derlei Tagebucheinträgen jedenfalls eher nicht in einem Leitmedium landen. Bei Pantelouris hagelte es angeblich Heiratsanträge. Das sagt leider auch etwas über die fast schon peinliche Bedürftigkeit von Frauen aus. Aber dieses Buch schenken Boys auch gerne mal ihrem Buddy, denn das ist ihre wichtigste Message nach einer Trennung: Andere Mütter haben auch schöne Töchter. Dem Mann wird auch ein vermeintliches Scheitern eher verziehen. Nach der Beziehung ist vor neuen Abenteuern. Ein Single-Mann ist, außer in wirklich schwer vermittelbaren Fällen, das interessantere und aufregendere Subjekt auf fast jeder Party. Und selbst für die schwer Vermittelbaren gibt es noch Shows wie *Bauer sucht Frau*.

Wer weiblich ist und sich trennt, gilt als egoistisch genug, sich die Freiheit zu nehmen, und wird mit steigendem Alter und steigender Kinderanzahl unweigerlich mit der Frage konfrontiert werden, ob sich »das« denn gelohnt habe. Die vermeintliche Kosten-Nutzen-Rechnung wird der Frau stets und gerne bereits im Trennungsprozess präsentiert. Keine Frau wird heute offen diskriminiert, weil sie nicht liiert ist, es gibt allerdings nicht wenige Frauen, die sich immer wieder dafür rechtfertigen müssen: Warum sie »es« getan haben, oder »ob er wirklich so schlimm« war. Ressourcen an Langmut sind hier von Vorteil. Selten wird gefragt: »Warum genau ging es für dich nicht mehr?« Doch wer sich gut trennt, wird schnell feststellen, dass es dabei gar nicht mehr so sehr um den angeblich genau messbaren Grad des Fehlverhaltens des anderen geht, ob der

Partner immer wusste, wann der richtige Moment war, den Blick vom Smartphone abzuwenden, oder ob er an das jährliche Liebesjubiläum dachte. Sondern um das Ausloten der eigenen Grenzen: Was kann, was muss ich tolerieren? Was will ich mir nicht bieten lassen? Was ist mein Anspruch, was ist mein Manko? Was erwarte ich von einer Beziehung und für mein Leben? Nicht gerade kleine Fragen, auf deren Behandlung die Leute, die die neugierigen Fragen nach dem Nutzen einer Trennung stellen, meistens eher weniger Lust haben. Der Rosé könnte darüber warm werden.

Dass vor allem Trennungen über dreißig bei Frauen von der Gesellschaft als Risiko wahrgenommen werden, liegt natürlich auch an der Tatsache der schwindenden Möglichkeit der Reproduktion. Auch wenn wir wissen, dass ein Kind nicht zwangsläufig zur Glückseligkeit einer Frau führen muss. Doch für die Beantwortung der Frage, ob und wann ein Kind zur eigenen Biografie hinzugefügt wird, ist nun mal nicht ewig Zeit. Selbst Brigitte Nielsen und Gianna Nannini, die sich beide für das Muttersein jenseits der Wechseljahre entschieden haben, können darüber nicht hinwegtäuschen. Doch die Reproduktionskraft und die Superpotenz schwindet auch beim Mann, steht ja sogar auf den Zigarettenpackungen. Wobei die späte bis sehr späte Vaterschaft immerhin möglich ist und eher weniger mit Sorgenfalten als mit einem anerkennenden und aufmunternden Schulterklopfen begleitet wird: Hach, wie das Leben so spielt, nicht!?

Frauen zwischen dreißig und vierzig müssen »ihren Plan« jedoch irgendwie hinbekommen: Ein Kind mit ihm oder ohne ihn? Wer das nicht beantworten kann, für den gibt es mittlerweile sogar irgendwas dazwischen. Erst mal auf Eis legen. Zum Beispiel die eigenen Eier und die Spermien des Ex-Partners. Er ist ja eigentlich ein guter Vatertyp, und wer weiß, ob bei ihm noch mal eine Frau auftaucht, deren Brut in spe Liebenswürdigkeit verspricht? Sollte sich in den nächsten Jahren keine bessere Kombi ergeben, liegt dann der

Genpool theoretisch allzeit bereit. Diese Modelle gibt es wirklich, na klar! So wie Frauen und schwule Männer, die in Internetportalen zueinanderfinden, um gemeinsam ein Projekt zu starten, das alle Parameter einer Familie erfüllt, nur dass Mama und Papa nicht zusammenwohnen und miteinander schlafen. Aber das kommt ja in den besten Familien vor.

Ob der vermeintlich ideale oder zweitbeste Partner dann auch der bessere Vater wird, ist sowieso nie wirklich vorherzusagen. Das meiste klärt sich ja erst hinterher. Wir leben nach vorne und verstehen nach hinten. Das ist nicht nur ein etwas abgedroschener Spruch, sondern unter Umständen auch ein Euphemismus für »böse Überraschung«, aber das Verstehen in der Retrospektive macht Trennungen tatsächlich attraktiv. Das ebenfalls etwas abgenudelte Sprichwort »Hinterher ist man immer schlauer als vorher« wird gerne hämisch benutzt. Dabei ist genau das auch ein Ziel jeder Trennung: zu Erkenntnissen über sich selbst zu gelangen, auch wenn sie nicht immer nur angenehm sind; die Neu-Ausrichtung des inneren Kompass abzuwarten, bis die Nadel sich nicht mehr irre im Kreis dreht. Im Idealfall ist es wie bei einem harten Work-out: Erst Anstrengung und Schmerz, danach die Dehnungsübungen. Das Alleinsein nach einer Trennung zerrt an unseren Gedanken. Wer sich drauf einlässt, wird geistig elastischer, gelassener, selbstbewusster. Autorin und Regisseurin Lena Dunham schrieb nach ihrer Trennung einen Text über den Unterschied zwischen der Einsamkeit und dem Alleinsein: »Diese reine und glühende Zeit des Alleinseins, ist die Zeit, in der Frauen sich selbst formen. Die patriarchale Gesellschaft hat uns dieses Privileg genommen, durch die Drohung mit ewiger Einsamkeit als Strafe für die Sünde, sich selbst zu lieben.«

Diese Pause taucht in den meisten Biografien erst dann auf, wenn bereits einige Partner zurückgelassen wurden. Wenn man merkt, dass es so nicht weitergehen kann. Meist passiert das in einem Lebensabschnitt und bei Trennungen, bei denen es wirklich was zu trennen gibt wie Porzellan, Kinderbücher und berufliche Kontakte, also die Brüche ab ungefähr dreißig aufwärts. Aber das sind leider auch die Trennungen, zu denen das Umfeld immer eine Meinung hat und bei denen es in einem drin wie auch außen oft sehr laut wird. Das muss ausgehalten werden. Gerne wird geraten, möglichst schnell wieder »nach vorne zu gucken«. Schwamm drüber, carpe diem! Was nichts anderes heißt, als zu verdrängen und sich dem Markt wieder zur Verfügung zu stellen.

Niemand muss nach einer Trennung im Zölibat leben. Aber eben auch nicht sofort neue Treuegelübde ablegen – außer hoffentlich sich selbst gegenüber. Partnerwahl kann oft erst bewusster oder ehrlicher angegangen werden, wenn dazwischen auch mal Partnerlosigkeit war. Eine Zeit, in der niemand etwas fordert und die Gedanken sortiert werden können. Eine bewusst erlebte, teils quälende, teils erhebende Zeit.

Gutes Trennen und damit verbundenes Erkennen heißt nämlich auch, das zukünftige Zusammenleben zwischen Männern und Frauen weiter zu gestalten. Denn es ist in der Liebe wie in der Politik: Wenn es gut läuft, wird man aus Fehlern klug. Wenn es schlecht läuft, geht es einfach immer so weiter: Ein Samstagnachmittag auf einer Sitzinsel in jeder beliebigen Shoppingmall Deutschlands führt zu der ganz sicheren Erkenntnis, dass es auf keinen Fall *so* weitergehen darf. Es gibt immer noch einiges zu arrangieren zwischen Mann und Frau und allem dazwischen. Und damit meinen wir nicht Streits darüber, ob das Haushaltsgeld nun für Frappuccino mit Einhorn-Staub-Sahne oder Barbecue-Doughnuts ausgegeben wird. Trennungen sind ein top Beitrag für die Evolution!

8

PRESSESPIEGEL

Ben und Jana

Es war das erste Mal, dass ein Fotograf ihren Namen rief. Sie war zusammengezuckt, gleichzeitig fühlte sie sich nicht wirklich angesprochen. Doch er meinte sie. Es war Fashion Week, und dass die Fotografen überhaupt vor der Tür des Restaurants standen, war einer Schauspielerin aus den USA zu verdanken, die ihre größten Erfolge hinter sich hatte und nun von einem deutschen Modelabel als Medienfutter eingekauft worden war. Am nächsten Vormittag mailte eine Freundin Jana einen Link. Jana begutachtete das Foto wie ein seltenes Insekt unter dem Mikroskop, zoomte ran und wieder raus: Sie hatte die Augen zu weit aufgerissen, die Haare lagen ja wohl eindeutig zu platt am Kopf an. Und auf ihrem hellgelben Rock war ein Fleck von dem Rotwein, den sie beim Essen verschüttet hatte, als der Kellner im Borchardt sie übersehen hatte. Der Trottel.

Aber obwohl Jana oder Janaklärchen* – wie sie sich auf Instagram nannte – im Zentrum des Fotos stand, war sie nicht dessen Mittelpunkt. Den Blick zog der Mann hinter ihr auf sich. Ben, der sie in einer Mischung aus Begeisterung und freudiger Ungläubigkeit anstarrte. Jana konnte sich nicht erinnern, dass ein Mann sie schon mal so angeschaut hatte. Noch verwirrender war die Bildunterschrift: »Mehr als nur Freunde? Die Schauspieler Jana und Ben nach einem langen Abend im Borchardt«.

Sie hatten während des Essens über zwei Plätze voneinander

entfernt gesessen, aber als die Leute zwischen ihnen zum Rauchen nach draußen gegangen waren, war er zu ihr rübergerutscht. Er fragte sie nach ihren neuesten Projekten. Und anstatt von ihrer Minirolle in dem Volksbühnen-Stück zu berichten, bei dem sie Wasser und Äpfel auf die Bühne tragen musste und dabei das rechte Bein hinter sich herzog, als hätte sie eine Kriegsverletzung, hatte sie von ihrem inzwischen drei Wochen andauernden Versuch berichtet, die Decke in ihrer Einzimmerwohnung hellgrün zu streichen. Dabei war ihr der Putz entgegengerieselt, und sie hatte darunter Teile eines sehr schlecht gezeichneten Deckengemäldes mit Putten entdeckt, die aussahen wie Karlsson vom Dach. Er hatte gelacht und sich wieder umgesetzt, als die Raucher zurückkamen.

Das war's eigentlich. Aber je öfter sie die Bildunterschrift las, desto verwirrter war sie: Mehr als Freunde. Habe ich da irgendwas nicht mitbekommen? Ist er an mir interessiert? Oder ich an ihm?

Janas Freunde jedenfalls waren vollkommen aus dem Häuschen. Sie ermutigten sie. Zu was genau, war nicht klar, aber es schien, als wären sich auf einmal alle einig, dass da mehr laufen könnte. Zumindest sollte. Ben. Alle standen ja auf ihn. Er war auf jeder Party, selbst wenn er nicht eingeladen war. Alle schauten seine Instagram-Stories, in denen er besonders gerne die Kinder seines Bruders von hinten filmte, wie sie etwas auf den Boden warfen, Treppen hochstolperten oder kreischend die Katze verfolgten. Und die Frauen mochten, dass er nicht zu schön war. Dafür etwas kaputt, was bedeutete, dass er sensibel sein musste. Irgendwie.

Zu diesem Zeitpunkt war Ben einer der bekanntesten deutschen Schauspieler. Er hatte gerade den Deutschen Schauspielpreis bekommen für seine Rolle als Vorsitzender einer Kleingartenkolonie, die mit dem Anpflanzen von Johannisbeeren gegen Rassismus in ihrem Kiez kämpft. Jana hatte den Zusammenhang nie ganz verstanden. Sie war weder zur Premiere noch zur Verleihung des Preises eingeladen gewesen. Sie war mit viel gutem Willen als »Nachwuchsschauspielerin« bekannt. Vielleicht noch als Influencerin, weil sie sich auf Instagram und roten Teppichen in Fair-Fashion zeigte. Sie fand, so könne sie der Welt etwas zurückgeben. Das letzte Jahr hatte sie eigentlich nur dank zweier Werbespots überlebt. Ihre Agentin sagte immer, sie passe in keine Schublade. Sie sagte auch, sie müsse sich deshalb selbst eine Schublade zimmern. Jana war von so viel Metaphorik überfordert.

Als zwei Wochen später eine Sonntagszeitung im Vermischten in einem Artikel über eine neue Studie zum Thema »Liebe auf den ersten Blick« mit demselben Foto von ihnen beiden aufmachte, war es ihr fast schon zu viel. Und sie überließ es dem Zufall.

Sie trafen sich bei einem Casting für eine Verfilmung von *Effi Briest* von einem französischen Regisseur. Jana sprach für die Effi vor. Ben war nur da, weil er gerade einen Film mit dem Regisseur in Frankreich abgedreht hatte und ihn mit einem Kaffee in der Hand beim Casting besuchte. Ihm gewissermaßen über die Schulter guckte. Was Jana eher nicht half, sich darauf zu konzentrieren, eine Siebzehnjährige zu werden, die zwangsverheiratet wurde und sich nun langweilt, weil ihr Ehemann immer der Karriere wegen unterwegs ist. Jana hampelte rum. Im letzten Moment fiel ihr ein, das Kaugummi rauszunehmen. »Es war ein Desaster.«

Die Rolle bekam sie wenig überraschend nicht, dafür eine Nachricht: »Mehr als nur Kollegen, oder was?« Sie hatte ihm ihre Nummer nicht gegeben. Sie antwortete: »Kommt drauf an, was dein Beruf ist! ;-)« Drei Tage später, an einem gelb-roten Oktobertag, stapften sie um den Liepnitzsee: »Ich glaube, wir haben genauso geleuchtet wie die Natur. Super kitschig«, erzählt Jana. Sie diskutierten über die neuesten Filme, die sie teilweise nur zur Hälfte gesehen hatten, weil irgendjemand sie während der Premiere an die Bar gezerrt hatte, sie lästerten über Regisseure und Kollegen: Mehrberg soll ja mittlerweile wie ein Penner aussehen. So schade, eigentlich doch ein schlauer Mann. Total vergaloppiert. Ben machte Fotos von ihr, wie sie auf einen Baum kletterte, um eine bessere Aussicht auf den See zu haben, und postete eins davon auf Instagram, #amazone. Auf dem Rückweg zum Auto küssten sie sich. Und zitterten.

Danach war alles so weit klar. Ben kam mit zu ihr nach Prenzlauer Berg, sie verbrachten die Nacht miteinander, danach die meiste Zeit in seiner Dachgeschosswohnung am Schlesischen Tor. »Wir waren so verliebt, dass es wehtat. Also wirklich.«

Ein paar Tage nach dem ersten Spaziergang klingelte Janas Handy. Unbekannte Nummer. Es war eine Frau von der *Bild*-Zeitung: Ob Jana glücklich sei. Jana war so perplex, dass sie Ja sagte. Am Sonntag drauf war das Instagram-Foto von Ben in der *Bild*, darunter die Aufnahme aus dem Borchardt. Titel: »Diese Amazone kann sich glücklich schätzen«. Jana war genervt. Ben sagte, sie solle es ignorieren. »Was mich so wütend machte, war, dass die Rollen verteilt zu sein schienen. Er der Wohltäter qua seiner Existenz, ich diejenige, die dankbar dafür sein sollte, dass er mich erwählt hatte.«

Und tatsächlich, für Jana öffneten sich ab dem Tag, an dem ihre Verbindung mit Ben offiziell wurde, Türen, von denen sie vorher gar nicht gewusst hatte, dass es sie gab: Sie wurde mit Einladungen überschüttet zu Shoperöffnungen am Ku'damm und in der Potsdamer Straße und zu Vernissagen in Stadtteilen, die sie sonst nie besuchte. Sie verbrachte mit Ben Nachmittage auf Segelbooten und Wochenenden in Häusern irgendwelcher Kunstsammler und Verleger, die ihnen ihre Bienenstöcke zeigten und deren Frauen ihr faltige Hände auf die Schulter legten und etwas zu überschwänglich Wein nachgossen. Und wenn sie ein Kleid brauchte, musste sie nicht mehr einkaufen gehen, sondern nur bei einer Agentur anrufen, in der junge Frauen mit viel zu hohen Stimmen ans Telefon gingen. Und überall tauchten auf einmal Fotos von ihr auf: mit Ben, ohne ihn, egal. Ihr Name bekam einen Hashtag. »Ich schaute mir die Bilder jetzt nicht mehr so genau an. Ich musste erst mal überlegen, ob ich es gut oder schlecht finde, dass es sie überhaupt gab.«

Ben sah das alles wesentlich entspannter. Er flirtete mit Journalistinnen, die ihn auf dem Roten Teppich fragten, was er von der #MeToo-Bewegung halte, ob er für Angela Merkel sei oder wie sein Lieblingssommerhit heiße. Jana wurde eigentlich immer nur gefragt, was für ein Kleid sie trage. Oder ob Ben ihr schon einen Antrag gemacht habe. Sein Tipp: Nichts erzählen, was man nicht möchte, und alles nicht so ernst nehmen. Außerdem empfahl er ihr, eine PR-Frau anzuheuern. Machte sie beides nicht.

Es kamen jetzt auch mehr Angebote für Castings. Sie waren lukrativ, aber für Jana vielleicht auch deswegen gruselig: Fernsehfilme, deren einziger Vorteil es war, dass sie in der Karibik oder Patagonien gedreht werden sollten. Ein Biopic über eine Schlagersängerin. Eine Märchen-Serie. Janas Agentin fand das natürlich alles super. Und Ben auch. Sie solle jetzt durchstarten, auf Qualität könne sie später noch achten. Aber Jana blieb stur und entschied sich für die Rolle einer Medizinstudentin mit Kopftuch in einem bayerischen Autorenfilm.

Und der landete aus bis heute ungeklärten Gründen auf der Festplatte eines Hollywoodregisseurs, eines Cineasten-Gottes. Er lud Jana zu einem Casting für seinen neuen Film ein. Eine der Hauptrollen war ein junges deutsches Escort-Girl mit dominanter sexueller Ausrichtung, das den Präsidenten der Vereinigten Staaten zu Fall bringt. Als Janas Agentin ihr die Nachricht überbrachte, zitterte ihre Stimme. Und Jana fühlte sich fast so gut wie beim ersten Kuss mit Ben. »Ehrlich gesagt, noch besser.« Ben wiederum gratulierte ihr zwar seltsam förmlich, stellte aber auch gleich klar, seiner Erfahrung nach würde so etwas für deutsche Schauspieler in der Regel nicht klappen. Am Ende setzten sich immer die Studios und ihre Interessen durch. Ein Kampf gegen übermächtige Gegner, und sie solle vor allem niemandem trauen. Keinem!

Natürlich flog Jana nach Los Angeles. Das Casting war ihr bestes überhaupt. Sie übertrieb ihren deutschen Akzent, ließ ihre Stimme rauchig klingen und machte auf böse Schwester von Marlene Dietrich. Streng, mit einem Hauch Nazigrusel. Die Amerikaner waren obszön begeistert. Zwei Tage später, sie aß gerade Pancakes in einem Diner in Silver Lake, bekam sie die Zusage für die Rolle. Ihre Agentin kriegte sich überhaupt nicht mehr ein und postete die Neuigkeit, ohne es mit ihr abzusprechen, auf Twitter.

Ihr Telefon vibrierte fortan nur noch. »Keine Ahnung, woher diese Leute meine Nummer hatten.« Am Anfang ging sie noch ran. Es waren Redakteure der deutschen People-Magazine, aber auch Leute aus den Kulturressorts, PR-Menschen, Stylisten, sonst wer. Nach dem vierzehnten Anruf stellte sie das Handy aus und kaufte sich eine amerikanische SIM-Karte. Sie rief ihre Eltern an. Und Ben, der angetrunken klang. Sie telefonierten schreiend, weil er auf einer lauten Party war. Es war unklar, was er von der Situation hielt. Später twitterte er ein Mark-Twain-Zitat: »Das schönste aller Geheimnisse: ein Genie zu sein und es als Einziger zu wissen.« Jana beschloss, das als Botschaft an sie zu lesen.

Am nächsten Morgen brachte *Spiegel Online* eine Meldung über ihre Rolle, und in der *Bild* prangte ein Oben-ohne-Foto von ihr, das ihr vorletzter Freund in Dänemark am Strand gemacht hatte. Unterzeile: »Ist sie die deutsche Stormy Daniels? So stürzt Jana den Präsidenten der USA«. Im Text dazu die Frage, ob Ben jetzt auch nach L. A. zöge. Jana entließ ihre Agentin. Woraufhin sie eine böse WhatsApp von Ben bekam, der das unmöglich fand »nach all den Jahren« und ihr »hollywoodeske Allüren« unterstellte.

Zurück in Berlin, fühlte sie sich erst mal wohl bei Ben. Seine Küsse schmeckten nach zu Hause. In der Stadt war die Stimmung hysterischer geworden. Wenn sie irgendwo hinging, wurde ihr ein guter Platz freigeräumt, Leute laberten sie auf dem Weg zum Klo zu. Bei Filmpremieren fragte man sie: Was ist in Los Angeles besser als bei uns? Hast du den männlichen Hauptdarsteller schon kennengelernt? Musst du ihn küssen? Jana lernte, ausweichend darauf zu antworten. Ben stand daneben und versuchte so zu tun, als ob es ihn brennen interessierte. Im Taxi sprach er dann mit dem Fahrer über die Zunahme des Autoverkehrs in Berlin und lobte die Parkraumbewirtschaftung. Und sagte zu Jana nur, dass er es hasse, wenn das Eigelb im Bibimbab roh über den Spinat laufe.

Jana schaute sich im Internet Hundewelpen und gebrauchte Porsche an, Ben ging noch öfter aus und taggte immer mehr Frauen: Schauspielerinnen, Models, *Germany's Next Topmodel*-Teilnehmerinnen, egal. In der *Bunten* wurde ein Partyexzess angedeutet, daneben ein Foto, aufgenommen am Pool des Soho House, auf dem irgendeine Female-Leadership-Schlampe ihre langen Finger unter sein T-Shirt schob. Jana unterstellte ihr, dass ihr einziger Beitrag zum Empowerment die Überlassung der ollen Reste ihrer Goodie-Bags an die Praktikantinnen war. Es war ihr zu blöd irgendwas zu sagen. Natürlich likte sie das Bild.

»Krise bei Ben und Jana. Hollywood zerrt an ihren Nerven«, stand irgendwann irgendwo. Dabei war es Ben, der Janas Nerven mehr als überstrapazierte. Zu Hause schmiss er immer mehr Gemüse in seinen neuen Entsafter. Den grünen Saft ließ er in Glasflaschen laufen, mit denen er fast den gesamten Kühlschrank füllte. Trinken tat er das Zeug eher nicht. Sie ging ins Bett, legte sich auf den Bauch, las und verschaffte sich selbst drei nebensächliche Orgasmen hintereinander.

Jana reiste vorzeitig ab, um zu proben. In Los Angeles kannte sie fast niemanden. Sie lernte ihren Text, nahm sich eine private Yogalehrerin, ging wandern im Laurel Canyon und schluckte Ecstasy bei einer Party, auf der sie in den Pool kotzte, was keinen zu stören schien. Jemand streichelte sie und sagte, dass sie »beautiful« sei. Niemand machte ein Foto.

Die Dreharbeiten fanden im Sommer statt. Ben drehte zur selben Zeit im Schwarzwald mit einer deutschen Regisseurin, die nach ein paar SAT.1-Filmen nun Arthouse machen wollte. Janas Bilder vom

Set bekamen Tausende Likes. Ihr Selfie mit dem Regisseur schaffte es in jedes deutsche Blättchen. *Teen Vogue* fragte nach einem Interview. *Broadly* erhob sie zu einem hoffnungsvollen Role Model, als eine Art präsidiale Daenerys Targaryen, die Weltenretterin aus *Game of Thrones*. Es war alles absurd.

Als sie im September in Berlin mit Ben auf irgendeiner Charity-Veranstaltung war, wurde sie von unzähligen Influencern auf Selfies und in Stories gezerrt, weil sie sich ein paar Follower von ihr erhofften. Jana war übersättigt. Ben wurde still. »Krise durch Konkurrenz?«, stand unter einem Bild von den beiden vor einer Sponsorenwand. Jana lächelte, Ben schaute zu Boden. Am Ende reichte ein Anruf. »Ich erklärte Ben, dass es einfach nicht mehr passt.« Dann weinte Jana ein wenig. Es war nicht ganz echt. Jana postete ein Bild von Ben und sich auf Santorini. Blau und weiß. »It takes an ocean to describe how much love I have for you.« Dann fühlte sie sich so frei wie noch nie.

Der ewige Zyklus von Märchenhochzeit und Schlammschlacht

Jahrhundertelang begründeten Eheschließungen Imperien. Doch einer der größten medialen Beutezüge der Jetztzeit basiert auf einer Trennung. 300 Millionen Euro. So hoch wird derzeit das Vermögen von Kim Kardashian, Celebrity aus Calabasas in Kalifornien, geschätzt. Ein hübscher Haufen Kohle, dessen stetes Anwachsen vor allem durch eine sonst eher unpopuläre Entscheidung möglich gemacht wurde: die Beendigung einer Ehe. Über den genauen Scheidungsdeal zwischen dem Basketballspieler Kris Humphries und ihr ist wenig bekannt, aber laut gewisser »Quellen« flossen keine nennenswerten Beträge in die eine oder andere Prada-Tasche. Gold wert war jedoch der ausschlachtbare Nervenkrieg, der losbrach, als das Paar nach nur zweiundsiebzig Tagen Ehe die Scheidung einreichte: Nachtflüge mit dem Linienflieger und ohne Bodyguard (!), Hilfegesuche bei einem Pastor, Bekenntnis-Interview der Mutter. Nicht nur der verlassene Ehemann behauptete daraufhin, dass sowohl die Ehe als auch die Auflösung derselbigen vor allem dazu gedient hätten, die Einschaltquoten der familieneigenen Realityshow *Keeping Up with the Kardashians* zu steigern.

Ob Inszenierung oder nicht, es hat funktioniert: Kim wurde bekannter, ihr Körper mächtiger und ihre Einflusssphäre größer. Und die Scheidung machte auch den Weg frei für eine noch ertragreichere, weil mehr Schlagzeilen produzierende und bis jetzt dem Anschein nach auch liebevollere Verbindung zwischen ihr und dem Rapper und Unternehmer Kanye West. Manch einer mag die Dame als oberflächlich kritisieren, doof ist sie nicht. Und so setzt auch der Rest ihres Clans erfolgreich auf das Aufmerksamkeitsmodell: Ihr Stiefvater trennte sich von ihrer Mutter und wurde eine Frau, ihre Schwester trennte sich von einem weiteren Basketballspieler, der die Drogen mehr liebte als sie, und bekam ein Kind. Die jüngste Schwester wechselte von einem Rapper zum anderen und sorgte ebenfalls für Nachwuchs. Was man daraus lernen kann? Ohne Trennung würde die Geschichte nicht weitergehen. Die Medien, die diese Art von Geschichten begleiten, ziehen daraus ihre Existenzberechtigung, denn wir alle wollen nicht nur lesen, dass, sondern auch wie es nach einer Trennung weitergeht.

Und mal ehrlich, kaum jemand hätte den Rechner aufgeklappt oder wäre zum Kiosk geeilt, wenn diese Menschen einfach nur geheiratet hätten, um dann ein beschauliches Pärchenleben mit hübsch arrangierten Cookie Jars zu führen. Trennungen bringen Klicks, Einschaltquoten und Auflage. Selbst wenn sie von keinem der Beteiligten ausgesprochen wurden. Es reichen bereits Spekulationen. Im Jahr 2010 verklagten Brad Pitt und Angelina Jolie deswegen sogar die britische Sonntagszeitung *News of the World*, die behauptet hatte, eine Trennung stehe unmittelbar bevor. Das war natürlich gelogen beziehungsweise eine Avantgarde-Behauptung. Sechs Jahre hielten Brangelina noch durch. Danach war auch dieses Überpaar Geschichte. Als es so weit war, brach ein Mediensturm aus, der das sonstige Weltgeschehen auf die hinteren Plätze verwies.

Dass das Privatleben von mehr oder weniger bekannten Personen zum Gegenstand des öffentlichen Diskurses wurde, dass auf Dinnerpartys über die neuesten Paarungen und Entpaarungen spekuliert und Partei ergriffen wird, als handelte es sich um gute alte Bekannte, dass royale Eheschließungen ähnlich zelebriert werden wie das Endspiel einer Fußball-Weltmeisterschaft, ist das Ergebnis einer Entwicklung, die ungefähr vor hundert Jahren begann. In der ersten Hälfte des 20. Jahrhunderts ebneten Fan-Magazine aus Hollywood den Weg dafür, dass auch jenseits der Leinwand das Leben der Stars für einen kontinuierlichen Plot sorgte. Wobei die Geschichten aus dem »echten« Leben anfangs eher der Vorstellungswelt eines pickeligen Teenagers entsprachen. Es waren »fröhliche, unterwürfige Berichte über den Lifestyle, das Liebesleben und die Frisuren der Hollywood-Stars« schreibt die amerikanische Autorin Karen Sternheimer in ihrem Buch *Celebrity Culture and the American Dream*. Ein Panoptikum des Glamours, entworfen nicht selten von den im Hintergrund werkelnden Repräsentanten der jeweiligen Stars.

Die einzige öffentlich diskutierte Scheidung in den Zwanzigerjahren war von Owen Moore und Mary Pickford, die darauf ihren Kollegen Douglas Fairbanks heiratete, für den es ebenfalls die zweite Ehe war. Sie galten als »King and Queen of Hollywood«, ließen sich jedoch zur Verstörung vieler Fans 1936 wieder scheiden. Pickford heiratete daraufhin Buddy Rogers: »Womöglich war es die erste Ehe einer älteren Frau mit einem jüngeren Mann, einem Boy Toy«, so der Filmhistoriker Anthony Slate. Ansonsten nutzten die Studios die Gerüchte um eine Liaison zweier Stars für ihre Zwecke.

Gerne schickten sie Schauspieler auf arrangierte Dates, weil sie damit Publicity für zwei Schützlinge bekamen oder weil ein Schauspieler schwul war, was es unter allen Umständen zu vertuschen galt. Nach und nach schlichen sich jedoch pikantere Details in die Berichte ein, immer mit Blick auf die Aufmerksamkeitsökonomie. Allerdings verklausuliert. Zunächst waren diese nur durch Insider zu dechiffrieren. Hatte eine Schauspielerin beispielsweise eine Abtreibung hieß es, ihr wurde »der Blinddarm entfernt«. Das funktionierte als Storyline natürlich nur einmal.

Je weiter das 20. Jahrhundert fortschritt und analog dazu das Privatleben aller Menschen freizügiger wurde, desto mehr rückten auch die persönlichen Dramen der einst so unfehlbaren Stars in den Vordergrund: die unglücklichen Ehen von Marilyn Monroe und Romy Schneider zum Beispiel. Oder die im doppelten Sinne toxische Beziehung der alkoholabhängigen Schauspieler Richard Burton und Elizabeth Taylor, die zweimal miteinander verheiratet und noch öfter voneinander getrennt waren. Selbst die Affären von Präsident John F. Kennedy waren ein offenes Geheimnis. Sein Glück, dass sie zu dieser Zeit noch nicht zum Politikum gemacht wurden.

Heute blicken wir auf all diese mehr oder weniger unglücklichen Begegnungen mit nostalgischer Milde: Tragische Lebensläufe sehen auf Schwarz-Weiß-Fotos und in Coffeetable-Büchern einfach viel dekorativer aus als in der *Grazia* oder *InTouch*. Ob diese Leute Glück oder Pech hatten, in einer Zeit zu leben, in der die Konventionen strenger und das Patriarchat noch verfestigter war, dafür aber die Privatsphäre leichter geschützt werden konnte, weil nicht an jeder Ecke jemand sein Telefon zückte? Wer weiß! Wahrscheinlich ist, dass der Zeitgeist ihr Schicksal heute in andere Richtungen gelenkt hätte: Mit Taylor, Burton und Schneider gäbe es tiefschürfende Interviews nach Aufenthalten in der Rehab, und Monroe und Kennedy wären eventuell zu Protagonisten auf unterschiedlichen Seiten der #MeToo-Bewegung geworden.

Gleichzeitig scheint die Darstellung von Frauen in den bunten Blättern auch heute, in Zeiten des Hashtag-Feminismus, fast lächerlich antiquiert. Ihr Aussehen wird nonstop kommentiert und bewertet. Und bis zur Menopause sollte man es dringend geschafft haben, unter die Haube zu kommen: Verlassene Frauen wie Demi Moore bekommen den Stempel der Unvermittelbaren, der tragischen Figur, ganz nach Aristoteles, sie erfährt Unglück aus Gründen, die in ihr selbst zu finden sind. Oder nehmen wir Katie Holmes: Auch wenn sie sich aus einer Ehe mit einem Sektenmitglied befreit hat, liegt auf der Berichterstattung über sie der Opfer-Schleier. Ihr jetziger Freund will angeblich zurück zu seiner Ex, bei Partys taucht sie mit Mutti auf oder im Partnerlook mit ihrer Tochter. Die meisten Berichte über Trennungen sind nicht gerade zeitgemäß. Auf Websites, die man in seinem Leben nur einmal besucht, finden sich Slideshows, und Vorher-Nachher-Artikel über Celebritys, die nach der Trennung besser aussehen. Darunter verirrt sich aber höchstens hin und wieder mal ein Mann. Dabei rennen doch die meisten Männer nach einer Trennung das erste Mal im Leben zum Sport.

Robert Pölzer, verheiratet, ist Chefredakteur der Zeitschrift *Bunte*. Fragt man ihn, ob sich Trennungen auf dem Titel seines Blattes besonders gut verkaufen, antwortet er: Das Thema Partnerschaft stoße auf großes Interesse. Hochzeiten allerdings noch mehr. Doch: »Damit fängt die ganze Herausforderung des Lebens ja erst an.« Deshalb folgen auf Platz drei die Trennungstitel. Im Jahr 2017 wurden siebzehn der zweiundfünfzig *Bunte*-Cover mit Wortschöpfungen wie »Liebes-Krise« oder »Ehe-Aus« betitelt. Auf dem Zyklus von Liebe und Hass basiert das Geschäftsmodell der People-Magazine: »Unser ganzes Leben dreht sich um Partnerschaft, so sind wir konditioniert«, sagt Pölzer. Auf der *Bunte*-Website sind die aktuellen Trennungsereignisse noch von glücklicheren Konstellationen unter der Rubrik »Stars & Die Liebe« umrahmt. Bei der Konkurrenz von der *Gala* widmet man den Stars, die »getrennte Wege«

gehen, gleich eine eigene Rubrik. Dort kann man sich noch mal an Fotos »aus besseren Zeiten« erfreuen oder den Kopf darüber schütteln, dass Menschen »ausgerechnet an Weihnachten« ihren Trennungsentschluss fassen, voll sorgenvoller Gedanken an den eigenen nächsten Winter.

Wir spiegeln uns im Leid der anderen, wir wollen vergleichen. Es ist wie einst auf dem Dorfplatz, wo früher mittels Tratsch das soziale Gefüge und die moralischen Rahmenbedingungen umrissen wurden. Heute kommen *TMZ* und Instagram & Co dazu, und plötzlich ist die ganze Welt ein Dorf. Promis sind jetzt auch Nachbarn, die wir über den Gartenzaun hinweg dabei beobachten, was sie gerade alles wieder falsch machen. Wobei der Begriff »Promi« in Zeiten von Fitness-Influencern und Post-Realityshows enorm dehnbar ist. Sie sind einfach überall. Der Marktplatz des digitalen Dorfes ist verdammt überlaufen, wer da nach dem Biogemüsestand sucht, ist verloren.

»Man gleicht sich immer ab: Habe ich das schon mal erlebt? Habe ich Angst, das auch zu erleben?«, erklärt Pölzer. Wohl auch deshalb werden manche Trennungen nur weggemeldet und konsumiert, während andere als Platzhalter für die eigene Bedürftigkeit dienen oder gar zum Zeitgeist erhoben werden. Beispielsweise wurde die Geschichte von Torwart Oliver Kahn, der seine schwangere Frau mit der damaligen Barfrau und heutigen Moderatorin Verena Kerth betrog, hoch aufgehängt. Die Angst der Leserin, dass ihr so etwas auch passieren könnte, die Grundangst vor Zurückweisung in fragilen Momenten, die wiederum auch männliche Leser kennen, lässt beide Geschlechter wie kleine Erdmännchen darauf lauern, was vom Schicksal gezeichnete Promis wohl als Nächstes tun.

Grundsätzlich jedoch berühren Trennungen umso mehr, je größer ihre gesellschaftliche Relevanz ist, vermutet der Chefredakteur. So bildet die Trennung aller Trennungen, die Scheidung von Prinz Charles und Prinzessin Diana gleichzeitig den Höhe- und seither unerreichten Tiefpunkt innerhalb dieses Reigens. Sie steht nicht nur für die emotionale Befreiung einer Frau durch die Loslösung von ihrem lieblosen Ehemann, sondern auch für die Sprengung von bis dahin in Stein gemeißelten Konventionen. Persönliches Wohlgefühl stach erstmals jahrhundertelange Tradition. Die unersättliche Gier nach neuen Wendungen in dieser Geschichte, die in dem dramatischen Tod von Diana, ihrem Freund Dodi und dem Fahrer bis heute keinen Schlusspunkt gefunden hat, war der Auftakt für den Promi-Craze des Internetzeitalters.

Als Brad Pitt und Angelina Jolie sich trennten, mussten nicht nur bei der *Bunten* hektisch Sonderseiten nachgedruckt werden. Der Chefredakteur des amerikanischen Magazins *People* Jess Cagle verkündete: »Auf einer Bedeutungsskala von eins bis zehn liegt sie bei siebzehn.« Das Pärchen beflügelte viele Jahre lang Männer- und Frauenfantasien gleichermaßen. Zwei schöne, erfolgreiche und engagierte Menschen in Liebe und im Kampf gegen das Böse vereint, das wollten alle sehen, und zwar für immer. Das Interesse an dem Paar war auch so groß, weil sie ein neues Beziehungsmodell verkörperten: glückliche Adoptivkinder, überall auf der Welt zu Hause, und trotzdem schien da sogar auch noch sexuelles Feuer zwischen den beiden zu lodern.

Plötzlich jedoch hieß es, der coole Dad und Lover Brad habe Alkohol- und Drogenprobleme. Ein weiterer Schrei der Empörung erklang, als bekannt wurde, dass er sein Gemüt gegenüber der Gattin und den lieben Kindern wohl nicht immer im Griff gehabt habe. Es dauerte nicht lange, da heizte die Gegenseite über die Medien ein, kratzten an Jolies Image und präsentierten sie der Welt als böse und kalte Übermutter. Fassungslos starrten die Fans von Brangelina auf die Einblicke in ein bis dato verborgenes Paralleluniversum. Eines, das niemand sehen wollte, denn sie »hatten ihre Beziehung außerhalb des Hollywood-Gemetzels positioniert«, so eine US-Kommentatorin. Sie schienen über den profanen Ehen dieses zynischen

Mikrokosmos zu stehen. Stattdessen war die ganze Welt scheinbar ko-abhängig gewesen, hatte an die Lüge geglaubt, an die wir ja fast alle glauben möchten: dass es sie gibt, die außergewöhnlich perfekte Beziehung, die alle anderen überstrahlt.

Dass Pitt sich in seinem ersten Interview nach der Trennung unter anderem mit der Hand auf dem Herzen, tränengefüllten Augen, in nachdenklichen Posen sowie halb nackt zeigte, musste seine Fangemeinde auch erst mal sacken lassen. Im Gespräch mit *GQ Style* ließ sich der Schauspieler zu diesem grandiosen Lonesome-Cowboy-Satz hinreißen, an dem sich viele traurige Männerseelen wärmen können: »Ich stehe jeden Morgen auf und zünde ein Feuer an. Wenn ich ins Bett gehe, ebenfalls, einfach weil es mich das Leben spüren lässt, weil so Leben ins Haus kommt.« Dann folgte noch ein inzwischen legendäres Bekenntnis über sein neu gefundenes Hobby: Skulpturen aus Ton, Gips, Holz oder Betonstahl schaffen. Ach ja, das sprach er auch noch in das Aufnahmegerät: »Ich bin jetzt in Therapie. Ich liebe, liebe es.« Sollte seine Frau noch einen weiteren Scheidungsgrund gesucht haben: Dieser Auftritt würde sich anbieten. Wobei man mit dieser Meinung wahrscheinlich ziemlich alleine dasteht. Pitt wurde nach seiner als Reue getarnten Selbstherrlichkeit über weite Strecken für seine »Ehrlichkeit« gebauchpinselt. Auf das Sixpack versteht sich, was man in der zugehörigen Fotostrecke natürlich auch anstarren durfte.

Jolies erstes Interview nach der Trennung erschien nach dem ihres Gatten in der *Vanity Fair* und blieb im Ton deutlich verhaltener. Die Schauspielerin, die inzwischen in London als Gastdozentin an der London School of Economics im Master-Studiengang »Frauen, Frieden und Sicherheit« (sic!) lehrt, präsentierte sich als der Part, der die Dinge etwas besser im Griff hat: »Als ich aufwuchs, machte ich mir häufig Sorgen um meine Mutter. Ich will nicht, dass sich meine Kinder um mich sorgen. Ich denke, es ist sehr wichtig, in der Dusche zu weinen und nicht vor ihnen«, stand neben den Fotos, die man vielleicht als Darstellung einer »sexy Witwe« interpretieren könnte.

Passend dazu die Aussage von Robert Pölzer: »Mit der Trennung der beiden ist ein Lebensmodell gestorben.« Bevor man jetzt voreilig zu den Taschentüchern greift: Ob besagtes Lebensmodell überhaupt auf irgendjemanden unterhalb der Einkommensklasse von Pitt und Jolie eins zu eins übertragbar ist, bleibt fraglich. Letztlich handelt es sich doch einfach um eine hollywoodeske Überzeichnung der Patchworkfamilie. Und um die muss man sich nun eher keine Sorgen machen, sie wird sicher nicht verschwinden, auch wenn es Brangelina nicht mehr gibt.

Um Boris Becker hingegen könnte man sich schon sorgen. Vom Tenniswunderkind, Liebling der Nation und Multimillionär zur tumb anmutenden Lachnummer mit zwei Ex-Frauen, diversen Beziehungen und einem losen Fremdschäm-Twitterfinger – das ist zwar auch eine vorläufige Lebensleistung, wenn auch eine eher tragische. Die Trennung von seiner zweiten Ehefrau Lilly verlief nur noch nach Schema F: »Unsere Mandanten haben sich einvernehmlich und freundschaftlich getrennt«, ließ der Anwalt der Beckers 2018 verkünden. Ein Wunschtraum. Außer für den Anwalt vielleicht, verdient der doch genau mit Hass und Feindschaft sein Geld. Möglicherweise musste er Ressourcen sparen, weil Boris finanziell vermutlich gerade nicht so gut dasteht, denn er nutzte die gleichen Textbausteine wie bei der Trennung seiner Mandanten Jenny Elvers und Steffen van der Beeck.

Nach Boris' von einem englischen Gericht festgestellten Zahlungsunfähigkeit, die Becker jedoch bestreitet, hieß es noch, dass »Lilly jetzt zu ihm hält«, dann erodierte diese Version so schnell, wie eine Kreditkarte heiß läuft. Wenig überraschend folgte nach Bekanntgabe der Trennung umgehend ein Interview, in dem »Lilly Becker ihr Schweigen bricht«.

Wesentlich interessanter für die Öffentlichkeit war jedoch die

Ehe mit und Scheidung von Beckers erster Ehefrau Barbara (1993– 2001). Deswegen erhofften sich die Medien wohl bei Beckers neuester Scheidung ebenso viel Aufmerksamkeit. Doch als Babs und Boris ihre Verlobung bekannt gaben, war das eine größere Sensation in Deutschland als seine Liebe zu Lilly. Dass er ausgerechnet eine Frau mit afroamerikanischem Vater heiratete, galt damals noch als Statement. Dass er beim Antrag einen Ring auf dem Boden eines Cocktailglases versenkte, war großes Kino. Dann Klimax: Vater Becker dagegen! Die Medien überschlugen sich ob der »exotischen« beziehungsweise »dunkelhäutigen Schönheit«. Das frühe Nachwende-Deutschland trat dieser Verbindung in weiten Teilen skeptisch bis offen rassistisch entgegen. Mit der Zeit verliebte sich das Land jedoch in das Paar. Plötzlich galt es als lebendiger Beweis für die neu gefundene Weltoffenheit und Internationalität. Die beiden hatten eine Vorbildfunktion. Und scheiterten am Ende doch aus denselben Gründen wie das Ehepaar von nebenan. Untreue war wohl im Spiel. Barbara Becker zog nach Miami, wo ihre »Exotik« nicht der Rede wert war, und klagte dort auf Sorgerecht und Unterhalt. Die ersten Verhandlungen wurden live aus dem Gerichtssaal übertragen, danach einigte man sich außergerichtlich.

Dieses intime Schauspiel klingt zwar aus heutiger Sicht schockierend, dabei werden private Offenbarungen seither nicht weniger drastisch und oft freiwillig und freizügig lanciert. Stichwort Aufmerksamkeitsökonomie. Die feministische Regisseurin, Schauspielerin und Autorin Lena Dunham, deren Erfolg zu großen Teilen auf Entblößungen aller Art basiert, veröffentlichte beispielsweise folgerichtig nach dem Ende ihrer fünfjährigen Beziehung einen langen Text in der *Vogue* – obwohl Trennungen sicher keine Modeerscheinung sind. Darin ging es unter anderem um die Angst, alleine zu sterben.

Und noch etwas hat sich nicht geändert: Im Scheinwerferlicht stehen weniger die Personen als unsere eigenen Projektionen auf sie. Mögen die Stars doch in Geld und Champagner schwimmen oder den schöneren Blondton tragen – am Ende schützt sie das auch nicht vor Problemen wie schlecht sitzender Kleidung, unpassenden Partnern und den Krankheiten der Normalsterblichen. Die Häme beruhigt uns. Tratsch hat immer auch etwas Reinigendes, Freundschaftsstiftendes, zumindest bei denen, die ihn austauschen. Der echte Freundeskreis mag darunter leiden, die Stars sind weit genug weg.

Natürlich haben trotz des vermeintlichen Mehr an Authentizität gerade Promis wie Lena Dunham ihre Presse-Repräsentanten konsultiert, bevor sie ihr Innerstes nach außen kehren. PR-Leute, Anwälte und auch die Journalisten stricken in Vollzeitjobs an zeitgenössischen Mythen und Legenden mit, von denen selbst der Konsument dieser Nachrichten weiß, dass sie oft nur bedingt der Realität standhalten oder einem mehr oder weniger notdürftig verschleierten Zweck dienen. So kann der Promi ohne schlechtes Gewissen zum Blitzableiter unserer eigenen Unzulänglichkeiten werden. Auch wenn es natürlich eine Menge Fun macht: Wer ständig Stereotype verstärkende und am Heteronormativen entlang erzählte Storylines antizipiert, wird es leider auch nicht einfacher haben, eine bessere eigene Trennung hinzulegen.

Deswegen ist es vielleicht auch die Rache der Stars an den Konsumenten oder Mitverdienern, über ihre Trennungen stets verlauten zu lassen, man habe sich »freundschaftlich« oder »einvernehmlich« getrennt, um jede weitere Berichterstattung abzuwürgen. Einvernehmlich geht vielleicht gerade noch so durch – einvernehmlich, ein juristischer Begriff, ist teilweise gleichbedeutend mit Einverständnis. Es bedeutet aber auch nicht mehr, als dass beide Partner ihr Einverständnis zur Trennung gegeben haben. Also, dass sich keiner von ihnen auf den Boden geschmissen und geschrien hat: »Nein, ich stimme dieser Trennung nicht zu!«

Doch mit der Schönrederei von der »freundschaftlichen« Trennung lässt sich kaum noch jemand abspeisen. Es ist ähnlich wie bei Todesfällen, wenn Angehörige und Freunde darum bitten, auf Spekulationen zur Todesursache zu verzichten, da spekuliert man natürlich erst recht sofort los. Hol schon mal das Popcorn raus. Doch selbst Caesar und Kleopatra wurde nachgesagt, dass sie vor knapp zweitausend Jahren freundschaftlich auseinandergingen. Es handelt sich hierbei also um einen absoluten Klassiker, der anscheinend zur Dramaturgie einer sich entblätternden Trennung dazugehört wie auch die anfänglichen Dementis und der spätere Schlagabtausch der zerstrittenen Parteien.

Es ist so schauderhaft wie verlockend: Als bekannte Persönlichkeit bietet sich eben die bessere Möglichkeit, die eigene Version der Geschichte in die Welt hinauszuposaunen. Der Normalsterbliche muss dafür eine Menge Kaffeeverabredungen hinter sich bringen – um mehr als seine 300 Freunde bei Facebook zu erreichen und den Status »Es ist kompliziert« zu erklären. Man mag darüber die Nase rümpfen, aber das Gefühl, in einer Beziehung nicht gehört worden zu sein, kann Verzweiflungstaten nach sich ziehen. Kennt man ja. Ob man sich bei einem Abendessen vor einer mehr oder weniger konsternierten Runde zu einer nicht enden wollenden Tirade hinreißen lässt, auf Twitter explodiert oder einem Reporter etwas ins Mikro brüllt, entspringt einer ähnlichen Motivation: Man möchte das Bild von sich endlich geraderücken. »Sieht denn keiner hier, wie ich gelitten habe!?!?«

Damit das nicht nach hinten losgeht, planen besser beratene Personen den Auftritt generalstabsmäßig. Und da kann man tatsächlich etwas lernen: Rache wird bekanntlich am besten kalt genossen. Oder mit herzerweichendem Augenaufschlag, den niemand so gut beherrscht hat wie Prinzessin Diana. In einem schwarzen »Revenge Dress«, einem sexy Rache-Kleid, dass sie zu einer Veranstaltung in der Londoner Serpentine Gallery trug, während ihr Mann im Fernsehen seinen Untertanen die eheliche Untreue beichtete. Dem

Autor Andrew Morton diktierte sie *Diana – ihre wahre Geschichte*, und der BBC gab sie ein über weite Passagen gehauchtes Interview, in dem sie en passant dem Thronfolger die Fähigkeit zu regieren absprach. Vergeltung in Perfektion.

Doch in fast allen anderen Fällen gilt es, dringend Vergeltung zu vermeiden. Bei dieser Art der Selbstdarstellung ist nämlich sehr, sehr viel Platz nach unten. Nicht selten nutzen Promis die Promotion eines Buchs oder Films, um in Privatangelegenheiten aus dem Nähkästchen zu plaudern. Oder sie offerieren den Medien ihre Version der Geschichte meistbietend zum Verkauf: Die Schauspielerin Caroline Goddet wählte für ihre Abrechnung die *Bunte* (»Meine Ehe war die Hölle«), ihr Ex Erol Sander antwortete in der *Gala* (»Es grenzte an eine Hexenjagd«). Was auch immer da los war: Kann bitte ein schlauer PR-Mensch den Männern dieser Welt erklären, dass sie das Wort Hexenjagd in solchen Zusammenhängen einfach nicht benutzen sollten? Und auch wenn das Ermittlungsverfahren wegen häuslicher Gewalt eingestellt wurde, es erscheint unpassend, wenn jemand davon spricht, dass man »ein Paar mit Temperament und Emotionen« war. Genauso wenig wie, dass sie »korsisches Blut« und er »türkische Wurzeln« habe.

Dass es überhaupt noch haltbare Ehen im Showgeschäft gibt, erscheint so gesehen wie ein Wunder. Einen Tipp dafür hat Laura Wasser. Die sehr gut ausgelastete Scheidungsanwältin aus Los Angeles, die ihre Mandanten nur mit Initialen abspeichert, sagte in einem Interview: »Ich erinnere mich an eine Mandantin, um die vierzig Jahre alt, die mir erzählte, dass sie seit zwei Jahren keinen Sex mehr mit ihrem Mann hatte. Ich würde jedem Paar in einem solchen Fall dringend raten, darüber zu sprechen. Sonst landet man am Ende in einem Büro wie meinem. Es mag hart klingen, doch so ist es: Wenn du nicht mit deinem Mann schläfst, wird es eine andere tun.« Also doch. Es ist überall dasselbe. Nur dass die wenigsten von uns in einem Büro wie dem von Laura Wasser landen werden. Vielleicht sollte Laura Wasser auch einmal einen Appell an die Männer richten, an ihren Liebhaberqualitäten zu arbeiten.

Derzeit ist die Ehe von Kirk und Anne Douglas, geschlossen im Jahr 1954, die längste je dokumentierte Verbindung des Filmgeschäfts. Trennungsanlässe zwischen den beiden habe es angeblich genug gegeben. Stichwort auch hier: Affären. Aber zum Glück ist Anne deutschstämmig, denn »eine europäische Frau hat ein anderes Referenzsystem«, referiert ihr über hundertjähriger Ehemann. Können wir nur hoffen, dass auch der Amerikaner Kirk ein ähnlich tolerantes, geografisch bedingtes Selbstverständnis pflegt – dann könnten sich die beiden nicht nur als Pärchen-Dinosaurier, sondern auch als Vorreiter der Polygamistenbewegung ausrufen lassen.

Wozu Promi-Trennungen auch noch taugen? Für ein paar gute Sätze. Al Bano und Romina Power haben trotz ihres Namens die Machtspielchen hinter sich gelassen. Das Pop-Traumpaar der Achtzigerjahre, das sich Ende der Neunziger trennte, in der Zwischenzeit Bücher schrieb, neue Partner fand, Naturkosmetik verkaufte, dann wieder gemeinsame Konzerte gab, als wäre fast nichts gewesen. Wie das geht? In einem Interview sagte Romina: »Früher hingen mein Frieden und mein Glück von dir ab. Jetzt hängt es von mir ab.« Es klingt wie eine Zeile aus einem ihrer Greatest Hits. Und sollte doch universell gelten – für alle. Auch deswegen schaut man sie sich gerne an, die Enden der Anderen, damit die Hoffnung nicht stirbt. Und das ist ja einer der großen Vorteile von Trennungen, danach kann alles besser werden.

Nur dass das einstige Glück, wenn man Pech hat, einen nicht mehr loslässt. Selbst wer nach einer Trennung endlich die Traumrolle bekommt, eine andere, ungeliebte Rolle wird man nicht los: Oft bleibt man der oder die Ex auf Lebenszeit. Dabei gilt die Regel: Der weniger Bekannte erhält den Titel. Zu beobachten bei Guy Ritchie, Regisseur und Ex-Mann von Madonna, Vanessa Paradis, Sängerin, Schauspielerin und Ex-Frau von Johnny Depp, Peter

Doherty, Musiker und Ex-Freund von Kate Moss, Ethan Hawke, Schauspieler und Ex-Mann von Uma Thurman. Aber die Königin aller Ex-Frauen bleibt Jennifer Aniston. Sie wird sich niemals den Titel mit Angelina teilen. Das Stigma der traurigen Verlassenen sitzt bei ihr tiefer als ein schlechtes Tattoo, egal, mit wem sie später sonst so schlief oder wen sie heiratete. Selbst als sie schon mit (inzwischen ebenfalls Ex-)Ehemann Justin Theroux liiert war, kramte man Fotos einer griesgrämigen Jennifer heraus, die man mit Fotos ihres Ex-Manns und Angelina Jolie anmischte. Das Verhältnis der bunten Blätter zu Aniston und Pitt ist fast pathologisch, es gab 2018 sogar Schlagzeilen, dass sie schwanger von Pitt sei. Und die *Gala* meldete im selben Jahr: »Pfui, ihr neuer Hollywood-Schwarm ist verheiratet.« Damit war dann zwar ausnahmsweise nicht Brad Pitt gemeint, aber was man ihrem Ex einst großzügig verziehen hat, geht bei ihr noch lange nicht einfach so durch.

Das Liebeskarussell braucht also dringend ein paar frischere Protagonisten, die zu Vorbildern taugen, die den Herzschmerz in seinen vielen Facetten und damit eben realistischer zeichnen. Die Hoffnung geben, statt Angst zu füttern. Wie zum Beispiel Model Gigi Hadid, die nach der Trennung von One-Direction-Mitglied Zayn Malik twitterte: »Ich bin auf ewig für die Liebe, Zeit und Lebenslektionen dankbar, die Z und ich miteinander geteilt haben. Ich wünsche ihm nur das Beste und werde ihm als Freund zur Seite stehen, für den ich immer immensen Respekt und Liebe übrig habe.« Und der Verlassene gurrte zurück: »Ich habe großen Respekt und Bewunderung für Gigi als Frau und als Freundin. Sie hat so eine unglaubliche Seele.« Klingt unrealistisch? Vielleicht wurden sie deswegen schon kurze Zeit nach der Trennung wieder knutschend fotografiert.

Und natürlich: Rihanna! Die Sängerin verließ ihren letzten Boyfriend, weil sie »tired of men«, also der Männer müde sei. Liebe Anwälte, nehmt das doch mal in euer Wording auf. Es stimmt im akuten Schmerz garantiert immer und bringt Sympathien. Es ist die ehrlichere und zeitgenössische Variante von »unüberbrückbare Differenzen« in einer patriarchalen Gesellschaft.

Allerdings wird das Aus der Liebe ja nicht mehr nur auf Papier bekannt gegeben. So wie Babys heute drei Tage nach der Geburt einen Instagram-Account haben – siehe Goldie Venus Strange, Tochter von Fotomodell Bonnie Strange, um die 54 000 Follower –, geben Personen des öffentlichen Lebens auch alle anderen größeren Veränderungen des Alltags auf den sozialen Medien bekannt. Und wir machen gleich mit. Neue Partner werden getaggt, Herz-Emojis an die Pinnwand geklatscht, »ich liebe dich, mein Schnuffelpuffel« getwittert. Wer früher knutschende Pärchen auf Parkbänken nervig fand, sollte um gewisse Onlineprofile einen weiten Bogen machen.

Auf Facebook können wir alle Justin Bieber und Selena Gomez sein, die in ihren guten Zeiten Gefühle des Vermissens öffentlich verbalisierten. Uns inszenieren als »Celebrities of Love«. Aber wie verändert das unsere Ansprüche an Beziehungen und Partner? Lebensgefährten müssen heute gut aussehen neben einem auf dem Instagram-Bild. Jedes noch so kleine Abendbrötchen mit ihm oder ihr wird gepostet, denn die neue Beziehung verspricht Follower, gesellschaftlichen Aufstieg, der soll inszeniert und gezeigt und damit manifestiert werden. Doch was hat diese Schau noch mit Liebe zu tun? Wie sollen Partner eine Trennung überleben, wenn die Verknüpfung von Liebe und Selbstwertgefühl immer enger wird? Man spricht von einer narzisstischen Liebe, wenn die Liaison vor allem der Erhöhung des eigenen Selbstwerts dient. Promis kennen das schon länger. Wir, die bitte nicht die Normalen sein wollen, jetzt auch.

9

STIMMUNG AUS
DEM HINTERGRUND

Jessica, Anne, Bille, Hanna
und Kerstin

Anne, Jessica, Bille, Hanna, Kerstin. Fünf Freundinnen. Fünf Freundinnen, wie es sie nur selten gibt. Ihre Zusammengehörigkeit ist so stark, dass sie in der Erinnerung manchmal zu einer Person verschmelzen, Namen und Gesichter vertauschen sich. Doch je besser man sie kennenlernt und je mehr Zeit man mit ihnen verbringt, desto stärker bewundert man ihren Umgang miteinander: Wie sie in Räumen zueinander stehen, wie sich ihre Blicke an den Händen halten. Da wird selbst der größte Zyniker weich. »Unsere tiefe Verbindung rührt daher, dass wir uns gegenseitig ein sicherer Hafen sind«, beschreibt es Jessica lächelnd während eines Mittagessens. »Und zwar egal, wo wir sind. Und egal, wie lange wir uns nicht gesehen haben. Es gibt dabei keinen Druck. Das ist der wichtigste Punkt.«

Über ein Jahr lang wohnten die fünf zusammen in einer Wohnung mit hohen Decken und Kräutern in Zinkübertöpfen auf der kleinen Fensterbank in der Küche. Anne und Jessica kannten sich seit dem Kindergarten. Aus einer Zeit, als die Gruppen noch nicht »Nesthäkchen« oder »Zaubererbsen«, sondern Gruppe A und Gruppe D hießen. Kerstin und Bille waren ein Paar. Und trotzdem fühlte sich Hanna nie als fünftes Rad am Wagen.

»Wir haben auf engstem Raum gelebt. Mit Hasenfüßchen, unserem einäugigen alkoholsüchtigen Kaninchen und Hundebaby Mokka.«

Manchmal luden sie noch mehr Freunde ein. Wenn die Sonne bereits aufgegangen war, tanzten sie gemeinsam im Wohnzimmer, mit Kissen auf dem Boden und Regalen aus Weinkisten. Dann legte irgendjemand Spandau Ballet auf: »*Gold! Always believe in your soul. You've got the power to know. You're indestructible. Always believe in*«, grölten sie und lagen sich in den Armen. »Irgendwann haben wir die Wohnung nebenan gemietet und einen Durchbruch gemacht, von dem der Vermieter nie erfahren hat.« Donnerstagabend war Jour fixe. Dann trafen sie sich zum Kochen, Reden, Weintrinken. An den Wochenenden fuhren sie manchmal aufs Land, wo sie ein kleines Grundstück gemietet hatten, und jagten Mücken. Weil Hannas Stiche wirklich unnormal anschwollen, schenkten sie ihr einen Imkeranzug. Kerstin schenkten sie einen kleinen blauen Bauwagen, in den sie ein Bett baute und ein Fenster zum See. Nur Jessica stieg irgendwann auf ein kleineres Datschen-Projekt um. Dafür hatten die anderen vier Verständnis.

Wenn die Freundinnen gemeinsam Urlaub machen, in Südfrankreich oder Sri Lanka, liest Bille am Morgen manchmal die Nachrichten vor, weil sie weiß, dass nicht alle so locker das Geschehene sortieren und kommentieren können, weil sie selbst nicht an einem Frühstückstisch mit Zeitung aufgewachsen sind. Die fünf sind Yogalehrerin, Restaurantleiterin, Medizinstudentin, Tischlerin und Streetworkerin. Sie sind Pragmatikerinnen oder Bauchmenschen, sie sind still oder mitteilsam. Sie sind mal glücklich und mal traurig. Aber alle lachen gerne. Sie tragen Blazer oder Wifebeater. Sie surfen oder fahren Autorennen. Ihre Eltern sind Akademiker oder Arbeiter oder selten da. Aber alle fünf sind patent. »Wir schätzen uns als Gegenpole, das macht uns rund. Und wir versuchen uns gegenseitig Türen zu öffnen.« Das bedeute auch, die Mängel der anderen aufzufangen. Hat jemand kein Geld, keinen großen Bruder oder keine Zeit, dann wird das selbstverständlich abgefedert: »Was kann ich für dich tun?« Es klingt fast zu schön, um wahr zu sein. »Ja, oder?«, findet selbst Jessica und freut sich.

Doch irgendwann ist die Leichtigkeit gegangen. So umschreibt sie das. Eine der Freundinnen bekommt Brustkrebs. Sie verliert Haare. Die anderen bekommen graue. Die eine kämpft. Und alle kämpfen mit. »Natürlich hat uns das auch zusammengeschweißt.« Und der gemeinsame Sieg umso mehr. Diese Freundschaft sei der größte Schatz, den sie habe, sagt Jessica, ihr gesamtes Fundament. Mit diesen Freundinnen könne sie leben, was sie vor anderen Menschen verstecken wolle. »Und je älter wir werden, desto öfter sagen wir uns das auch.«

Am allerschönsten Punkt sind sie auseinandergezogen. »Da hatte Kerstin die Krankheit schon besiegt und unsere Freundschaft diese neue Tiefe erreicht.« Alle schwärmten in unterschiedliche Richtungen aus. Und schauten doch gemeinsam in eine. »Das war aber ein längerer Prozess, das ging nicht Knall auf Fall.« Erst zog Bille aus, dann Kerstin, dann Hanna, und dann haben sie den Durchbruch wieder geschlossen. »Wir waren natürlich auch traurig, aber wir wussten, dass es der richtige Moment ist. Und dass wir trotzdem eine Familie sind.«

Dann eine weitere Zerreißprobe. Eine neue Frau tanzte durchs Bild. Bille und Kerstin trennten sich. Und plötzlich gab es viel Trauer, viel Wut, viel schlechtes Gewissen, viele Tränen. Verteilt auf zwei Ex-Partner schwappte es auch in den Freundeskreis über. Zeit zu fünft gab es erst mal nicht mehr, ohne dass jemand weinte. Mit Schwere umzugehen, das hatten sie zwar schon gelernt, aber diese Situation war anders. Wenn eine Liebe im Freundeskreis in zwei Teile bricht, können nicht alle auf derselben Seite stehen. Oder?

»Wir haben versucht, alle beide aufzufangen«, erzählt Jessica. Über ein Jahr ist das her. Und Freundinnen sind die fünf immer noch. Wie hat das bloß funktioniert? »Es war wichtig, zu verstehen, dass beide leiden. Dass wir den Schmerz von beiden ernst nehmen, anstatt nach Schuld zu suchen.« Sie haben einander gefragt, wie es ihnen geht. Und dann zugehört. Immer wieder. Alles raus. Keine Seite einnehmen und doch alle. Die leidende Kerstin wurde untergehakt, die neu verliebte Bille wurde regelmäßig angerufen. Und dass man auch die neue Freundin möge und gelegentlich treffe, wurde gar nicht erst verschwiegen.

»Wir haben darauf geachtet, dass sich die beiden regelmäßig begegnen«, sagt Jessica. Eine Art Desensibilisierungs-Therapie. Man müsse das nähren, was da ist, und nicht das, was nicht da ist. Und das ist aufgegangen: Irgendwann wurde die Wut weniger, und sie konnten sich als Freunde neu begegnen. »Mittlerweile lieben sich die beiden bedingungslos, das ist eine andere Liebe als in der Beziehung.«

Inzwischen gibt es natürlich immer neue Probleme: Jobwechsel, Überdruss. Ein paar Monate hatten Anne und Jessica es irgendwie verpasst, sich genügend auszutauschen. Kleine Krise in der WG, weil beide zu viel arbeiteten. Zack, waren die anderen da und vereinbarten gemeinsame Treffen. Aufläufe wurden in den Ofen geschoben, Ausflüge gemacht, Köpfe gekrault.

Anne und Jessica wohnen heute zu zweit in der Wohnung. Die anderen kommen manchmal zum Übernachten vorbei, obwohl sie in derselben Stadt wohnen. Sie frühstücken zusammen, die eine duscht, die andere kocht Kaffee, eine verliert sich bei Facebook. Die fünf treffen sich immer noch regelmäßig. Zwar nicht mehr jeden Donnerstag, aber so oft es geht. Sie haben eine aktive WhatsApp-Gruppe, zum Geburtstag schenken sie sich manchmal gemeinsame Wochenendtrips.

Und was ist, wenn neue Partner in den Zirkel kommen? »Dann werden die auf das Herzlichste begrüßt«, sagt Jessica und lacht. Man möchte sofort die neue Partnerin sein.

Aber woher kommt bloß die Kraft, immer für die anderen da zu sein, fragen sich Menschen mit schlechtem Gewissen, weil sie vielleicht als Freunde nicht immer genügend geben. Und da überlegt Jessica lange. »Ich habe gar nicht das Gefühl, dass es Kraft kostet. Klar, nach der Trennung von Kerstin und Bille mussten wir schon viel aufwenden, um alles zu koordinieren und Strategien zu besprechen. Aber das saugt ja keine Energie aus einem, das ist doch Freundschaft.«

Ihre Freundschaft hat im Laufe der Zeit ein wenig an Strahlkraft eingebüßt, manchmal funkelt sie nicht blendend hell, aber sie ist eben aus Gold und steigt von Jahr zu Jahr in Wert und Schönheit. »Ich wüsste wirklich nicht, was passieren müsste, dass wir in einen unlösbaren Konflikt geraten. Wir haben keine Angst, uns zu verlieren, also können wir auf Probleme zugehen.«

Es läuft weder mit noch ohne sie:
Die Freunde

Es ist ein heikler Moment. Der Moment des gefühlten Kontrollverlusts über das eigene Trennungsnarrativ. Es ist eine Entscheidung, von Verzweiflung geprägt und mit weitreichenden Konsequenzen. Ein kleiner Facebook-Post, der alles ändern wird: »Ich suche eine Wohnung, bezahlbar, in den üblichen Bezirken, wer weiß was? Bitte teilen.«

Was bliebe auch sonst, als an die Öffentlichkeit zu gehen? Denn eine Wohnung zu finden, die endlich wieder ein Zuhause sein könnte, nach Monaten auf fremden Sofas neben mit Zweifeln vollgestopften Kisten, ist fast noch schwerer, als einen Partner fürs Leben. Damit ist »es« dann offiziell. In italienischen Kleinstädten werden Todesanzeigen an Häuserwänden und in Schaukästen annonciert.

Facebook erfüllt einen vergleichbaren Zweck auf zeitgenössische Art: »Es ist vorbei. Ich liebe ihn nicht mehr«, hätte man auch schreiben können, der Effekt wäre ähnlich dramatisch gewesen. Denn wie auf dem Dorf wird sich nun der Freundes- und »Freundes«kreis hinter mehr oder weniger vorgehaltener Hand zum Tatbestand äußern. Und sei es nur mit kryptischen Likes.

Doch das ist noch eine vergleichsweise verhaltene Reaktion. Bereits beim Posten ist eigentlich klar, was als Nächstes passiert: pling, pling, pling. Angeblich oder tatsächlich besorgte Nachfragen? Die Unterscheidung fällt schwer in diesem aufgeriebenen Zustand: »Sorry, ich habe zwar keine Wohnung, aber was ist da los bei dir?«

Ist das eine rhetorische Frage? Ich trenne mich, verdammte Scheiße! »Oh, schade. Ich hoffe, es geht dir gut.« Danach hört man nie wieder was. Aber die neue Wohnung kommt dann am Ende tatsächlich über den Tipp eines Facebook-Freundes.

Solange man nicht selbst davon betroffen ist, haben Trennungen im Freundes- und Bekanntenkreis einen gewissen Sensationswert. Und seien wir ehrlich, wer hat sich noch nicht dabei ertappt, die unglücklichen oder zerbrechenden Konstellationen um einen herum im Buddelkasten oder auf einer Party mit anderen (noch) Davongekommenen zu erörtern:

»Sie betrügt ihn doch seit Jahren, hat er das wirklich nicht gemerkt?«

»Er beschimpft ihn ständig aufs Übelste.«

»Dass sie sich dieses Mansplaining so lange hat gefallen lassen.«

»Sie interessiert sich doch nur für ihre Arbeit und sonst für wirklich rein gar nichts.«

»Er ist höchstwahrscheinlich sowieso schwul. Und Egoist!«

Endlich ist mal wieder was los. Vielleicht auch ein Grund, warum frisch Verlassene bei Verabredungen selten selbst die Rechnung zahlen müssen. Danke für die Unterhaltung – im doppelten Sinne.

Vor der Liebe stehen wir zwar jedes Mal erneut als Anfänger

da, aber wenn es um Beziehungsendanalysen geht, werden wir alle gerne zu Spezialisten. Es müssen noch nicht einmal böse Zungen sein, die da spekulatives Halbwissen zu Fakten erheben oder Urteile fällen wie sonst nur altgediente Leitartikler. Das Bedürfnis, das Unordentliche glatt zu ziehen und das Unverständliche zu übersetzen, hat auch mit dem eigenen Emo-Chaos zu tun. Denn das Scheitern der anderen lenkt paradoxerweise einerseits von den eigenen Unzulänglichkeiten ab und weist zugleich auf die schimmeligen Stellen in der eigenen Zweierkonstellation hin. Deshalb: Lieber alles wegerklären, dann wird es einem hoffentlich selbst nicht passieren.

Interessanterweise neigen gerade Freunde, deren Beziehungen schon länger das Haltbarkeitsdatum überschritten haben, dazu, Trennungen mit leichter Hand und großen Worten als sinnvoll zu proklamieren, allerdings nur beim Gegenüber, das gerade Rat sucht. Von außen erscheint das Drama und die Unvereinbarkeit der beiden sich trennenden Protagonisten gerne in scherenschnittartiger Klarheit, während im Binnenverhältnis alles wie bei einem Wasserfarbenbild verläuft. Und je mehr die Parteien um die Deutungshoheit ringen, desto leichter wird sich ein engagiertes Publikum dafür begeistern: He said, she said, es geht hin und her wie beim Wimbledonturnier der gescheiterten Liebe. Nur dass am Ende niemand einen Pokal nach Hause trägt.

Aber auch zurückgezogene Naturen ohne Social-Media-Account werden nicht automatisch in Ruhe gelassen. Wer sich verkriecht und keinen Gesprächsstoff liefert, weckt gleichermaßen Interesse. Das Gerücht fällt gerade in Zeiten der Unklarheit auf besonders fruchtbaren Boden: »Wer weiß was Genaueres?« ist eine beliebte Frage unter Freunden – natürlich in Abwesenheit der sich Trennenden. Jeder kann irgendetwas dazu beitragen, was nicht selten zu einem Schwall an Spekulationen führt.

Was gerne als allzu menschlicher Tratsch oder als lästerliches Vergnügen abgetan wird, kann ernst zu nehmende Folgen haben.

Der Stille-Post-Effekt hat laute Nebenwirkungen, wenn Freunde sich gut gemeint einmischen und dadurch noch mehr Drama anrichten. Aus »Sie hat mir mal erzählt, dass alles nicht mehr so sexy war« wird »Ich habe gehört, ihr habt euch getrennt, weil du schlecht im Bett bist«. Mit ein paar nachlässig vorgetragenen Interpretationen werden zarte Pflänzchen der Annährung der zerstrittenen Parteien zunichtegemacht. Aus »Sie hätte auch gerne mehr gearbeitet, nachdem das Kind da gewesen ist« wird »Sie sagt, er habe sich nicht ums Kind gekümmert«. Dabei fällt der eigentliche Grund unter den Tisch, nämlich dass sich die beiden nach acht Jahren eben nicht mehr genug lieben, um ein Paar zu bleiben. Und so nehmen Freunde plötzlich eigene Rollen in dem Drama ein, das schon lange eher einem Improvisationstheater gleicht.

Weitere Besetzungen in abendfüllenden Nebenrollen: die »Bist du dir sicher?«-Freunde, die sich als Hüter und Bewahrer der Paarkonstellation gerieren, die sie per se für besser halten. In ein ähnliches Horn tröten die »Aber denk doch an die armen Kinder«-Freunde. Dieser Satz fällt meistens am Ende eines qualvollen, ja exhibitionistischen Gesprächs. Die »armen Kinder« schlafen längst satt und friedlich, nur der Getrennte sitzt schlotternd und weinend vor dem stinkenden Haufen Beziehungsmüll, den er oder sie soeben ausgebreitet hat. Geht es den Kindern etwa besser, wenn die Eltern mit akuter Paar-Vergiftung vor sich hin vegetieren?

Um es abzukürzen: Von beiden Arten Freunde sollte man besser ein paar Monate Urlaub nehmen. Genauso auch von denjenigen, die nicht auf Geburtstagseinladungen reagieren oder »vergessen«, selbst eine auszusprechen. Sowie von Freunden, die nach Monaten im Vorbeigehen gönnerhaft anbieten, Geld zu leihen, aber vorher noch nie von selbst angerufen haben. Oder von dem, der im ICE sagt, man solle kurz warten, er würde sich wahnsinnig gerne unterhalten und hören, wie es einem wirklich geht, aber dann in den Tiefen der Waggons für immer verschwindet.

Zu meiden sind auch diejenigen, die nebenbei erzählen, was der Ex gestern gemacht hat, mit wem er morgen ausgeht, wie gut er sich hält oder wie schlecht es ihm geht. »Ja, aber du musst verstehen, sie ist auch echt verletzt«, will man nicht hören. Und »Du, da hilft nur Zeit« auch nicht. Und dann gibt es noch die »Ich halt mich da raus«-Freunde, die auch zu den größten Ungeheuerlichkeiten schweigen. Ihr indifferentes Mantra: »Dazu gehören immer zwei!« Sollen sie die Leier doch dem Ex-Partner erzählen. Erst mal. Vielleicht auch für länger. Besser nicht sofort entscheiden. Denn die Urteilskraft wird in der akuten Bruch-Phase auf allen Seiten überstrapaziert, und nicht nur die sich Trennenden fühlen sich überfordert. Abwarten kann helfen. Nach einem Jahr hätten sich die Freundschaftsbeziehungen meist neu konstituiert, verspricht der Psychologe Michael Stasch. Der Freundeskreis ruckelt sich dann zurecht. Neue Allianzen tun sich auf. Und überhaupt neue Freundschaften, denn so eine Trennung hat auch da nicht zu unterschätzende positive Dynamiken.

Das bedeutet allerdings auch: Abschiede für immer gehören ebenso dazu. Es gibt Freunde, die sieht man nach der Trennung nicht wieder. Ohne Streit, ohne dass sie dem Ex-Partner zufallen. Sie verschwinden einfach aus dem Leben des getrennten Paares. Zehn Jahre später trifft man diese ehemaligen Freunde im Supermarkt und weiß nicht, ob man sie grüßen soll oder nicht, und entscheidet sich dagegen. »Wer ist das?«, fragt das Kind, weil du länger hingeschaut hast als üblich. »Ach, niemand«, antwortest du, während im Kopf weichgezeichnete Bilder vorbeiziehen: Der gemeinsame Sommerjob im Biergarten, verquatschte Nächte in großer Runde auf Decken im Park. Es war so schön, jetzt ist es fast egal. Auch diese Freunde wurden zu Lebensabschnittsgefährten. Denn Freunde lassen sich nicht aufteilen wie Besteck und Bücher. Manchmal bleiben sie beiden verbunden oder bewegen sich von selbst ins eine oder andere Lager. Und manchmal sind sie einfach weg. Oft wird um sie gebuhlt und gerungen. Und sie ringen mit sich selbst. Denn auch das gibt es:

Freunde, die aufrichtig traurig sind, weil zwei, die sie mochten und eigentlich gut zusammen fanden, sich trennen.

Andere wiederum kämpfen mit diesem Problem: Wo getrennt wird, wird verletzt. Je mehr Verletzung da ist, desto mehr wird auf ein Urteil von außen und auf Bestätigung gedrängt. Nur wenige Paare trennen sich still und leise, ganz einvernehmlich und überfordern so ihren Freundeskreis nicht mit der Forderung nach moralischen Bewertungen. Denn all der Stress im Freundeskreis ist Ausdruck der unterschiedlichen moralischen Bewertung der Schuldfrage. Sie mag Ende der Siebzigerjahre vor Gericht abgeschafft worden sein, im Privaten treibt sie weiterhin ihr Unwesen.

Ist also immer einer schuld? Oder beide genau gleich? Oder ist es wie bei einem Unglück, wo eine Verkettung bedauernswerter Umstände unausweichlich zu einem Trennungsereignis führt? Die erste Sichtweise hat etwas Unverrückbares und Erschlagendes. Die zweite macht es sich zu einfach. Die dritte relativiert unter Umständen verletzendes Verhalten. Bei Diskussionen im Freundeskreis kommt es hier schnell zu Gesprächen ethisch-philosophischen Ausmaßes.

Dabei ist es eigentlich ganz einfach: Bei Gewalt, Einschüchterung, Stalking und weiteren Vergehen, die auch im Strafgesetzbuch Erwähnung finden, kann auch in Beziehungen eindeutig von Tätern und Opfern gesprochen werden. Wenn einer der Partner Angst vor dem anderen hat, ist ebenfalls eine Grenze überschritten. Wenn systematisch gelogen und vertuscht wird, ebenfalls. Auch der auf Ausgleich bedachteste Freundeskreis sollte dann handeln und nicht verhandeln.

Aber in allen anderen Fällen ist es weniger eindeutig. Er mag nie mit ihr geredet haben, sie hat mit jemand anders geschlafen. Schön ist das alles nicht – kommt aber in den besten Beziehungen vor. Schuld hat hier höchstens noch derjenige, der sich weigert, verletzendes Verhalten anzuerkennen, es bagatellisiert und kleinredet. Wer sich nicht erklärt und nicht entschuldigt, hält den Hass unter

Umständen lange frisch. Ansonsten gilt: Verletzendes Verhalten ist etwas anderes als Schuld. Und dann gibt es noch die vielen Gründe, warum etwas gesagt oder getan wurde. Nur möchte die meistens niemand so gerne hören. Das ist das eigentliche Problem. Es wird engagiert Geschirr zerschmissen, und hinterher hat keiner so richtig Lust aufzuräumen.

Bei den »Do's and Don'ts«, die nicht juristisch bewertbar sind, wird es schon deshalb komplizierter, weil Moral die Konsistenz eines Puddings hat. Ein Extrembeispiel: Wer eine schwangere Frau sitzen lässt, über den wird kollektiv die Nase gerümpft. Bloß ist die Frage nach der Schuld hier wenig zielführend, sondern eher die nach der Verantwortung. In diesem Fall für das Kind im Bauch der Frau. Macht sich der Mann schuldig, der sich weigert, mit einer Frau zusammenzubleiben, die er nicht liebt, weil sie ein Kind von ihm bekommt? Die Moralisten unter uns, die noch an das Versorgerprinzip in Beziehungen glauben, werden Ja sagen. Aber in einer idealen Welt, die hoffentlich nur noch eine Generation entfernt ist, hat Schuld in diesem Fall keinen Platz, weil klar ist, dass ein Vater sich auch um sein Kind kümmern wird, wenn er nicht in einer unglücklichen Beziehung bleibt. Sofern er das auch wirklich tut und nicht nur zum Geldentsender und Gelegenheitspapi wird, handelt er verantwortungsvoll. Diese Trennschärfe fordert auch von Freunden viel. Vor allem, wenn sie der Schwangeren das Taschentuch hinhalten.

Fakt ist jedenfalls: Je mehr die Schuldfrage bei einer Trennung thematisiert wird, desto mehr Verletzung hat es gegeben. Doch der, der am lautesten zetert, ist nicht zwangsläufig der Unschuldigste. »Schuldvorwürfe werden manchmal auch benutzt, um von den eigenen Schuld- und Schamgefühlen abzulenken. Letztlich geht es dann darum, das eigene Selbstwertgefühl und Selbstbild nicht zu erschüttern«, so der Paartherapeut Ralph Kohn. Das bedeutet auch: Solange ein Paar sich in dieser Schleife befindet, geht es nicht weiter, wird es nicht besser. Und auch die Freunde stecken dann fest.

Sollte die Grand Jury der Nahestehenden jedoch ein einheitliches Urteil sprechen und sich von einer Person abwenden, werden die süßesten Rachefantasien des vermeintlich Unschuldigen unter Umständen schnell Wirklichkeit: Der Verurteilte sitzt allein in der neuen Wohnung, und die wohlverdiente Euphorie nach der Trennung weicht nach und nach der Trauer, obwohl man endlich mal wieder in Ruhe ein Buch lesen kann, ohne dass jemand vorwurfsvoll den spärlichen Kühlschrankinhalt anstarrt. Jetzt übernehmen die Bilder, die immer noch nicht aufgehängt sind, diesen Part. Oder Panik bricht aus, weil man sich in den Finger geschnitten hat und realisiert, dass einen niemand findet, sollte man elendig verbluten, da im Einpersonenhaushalt. Selbst die Reinigungskraft ist beim Partner geblieben. Warum das problematisch ist und mit einem »Da muss eben jeder durch« nicht so schnell abgetan werden kann: Angst vor Isolation und Einsamkeit wird von etlichen Betroffenen auch als Grund angeführt, warum sie sich nicht früher getrennt haben. Ebenso wird sie häufig als Grund für einen Rückfall in die Beziehung angegeben, heißt es auf einer Beratungsseite im Internet für Frauen mit gewalttätigen Partnern. Aber auch ohne häusliche Gewalt im Nacken spielt sozialer Druck als Grund für den Erhalt unglücklicher Beziehungen keine kleine Rolle.

Ein Klassiker für die Verbannung des Schuldigen aus dem Freundeskreis: wenn einer der Trennenden sich neu orientiert hat. Sich in jemand anders zu verlieben, mag den Zurückgelassenen in Hass und Verzweiflung stürzen. Sich neu zu verlieben, ist aber per se kein Verbrechen, weil die Liebe manchmal irgendwohin fällt, auch wenn sie da keiner brauchen kann. Und es wird dazu mit Sicherheit eine Vorgeschichte der Entfremdung geben, an der beide beteiligt waren. In Haruki Murakamis Roman *Südlich der Sonne, westlich der Grenze* (auch als *Gefährliche Geliebte* bekannt) merkt die Verlassene an: »Wir können nicht ignorieren, dass ich dir nicht reiche (...) deshalb verdenke ich es dir nicht, dass du dich in eine andere Frau verliebt hast. Ich bin auch nicht wütend. Ich sollte es sein, aber ich bin es nicht. Ich fühle nur Schmerz. Viel Schmerz.« Es braucht viel Jazz und Whiskey, um dieses Level an Großmut zu erreichen. Wer schafft das schon? So tolerante und bewusste Freunde wie die fünf, die auch die neue Freundin von Bille mit einbezogen haben, gibt es leider eher selten. Sich in einen Stellungskrieg zu begeben, ist ungleich einfacher.

Meistens ist der Zeitpunkt, an dem sich eine dritte Person in das vermeintlich traute Glück schleicht, nicht allzu eindeutig. Die nette Kollegin, mit der man so gerne über den Chef lästert, der Freund, mit dem man in einer WhatsApp-Schlacht die Elefantenrunde nach der Bundestagswahl erörtert. Was ist Untreue eigentlich heute? Pornos zu schauen? Ein Profil auf Tinder zu erstellen? Dem guten Freund auf Facebook einen guten Morgen und eine gute Nacht zu wünschen? Obwohl die meisten Menschen unter fünfundvierzig heute locker über Buttplugs und Liebeskugeln sprechen, wird die Schuldfrage bei Untreue unverändert schnell gestellt und beantwortet, und das liegt daran, dass Untreue den anderen in seinen Grundfesten trifft: In dem unbedingten Wunsch, einzigartig zu sein, für den Partner alles sein zu können. Die Vorstellung, dass es irgendetwas gibt, das der andere in uns nicht findet, zerstört das Selbstwertgefühl selbst der aufgeklärtesten Zeitgenossen.

Zudem kommt Untreue meistens mit unschönem Dekor: Nur wenige Menschen verlieben sich in jemand Neuen, teilen das brav ihrem Partner mit, um ihn dann umgehend zu verlassen. Es gibt meistens eine Übergangsphase, in der Gefühle neu sortiert werden. Mit oder ohne Körperkontakt. Andere testen während einer Affäre die neue Verliebtheit heimlich aus. Wieder andere entscheiden sich gar nicht. Wollen nicht, können nicht. Das alles fließt in die A- und B-Note mit ein. Und auch Machtverhältnisse spielen eine Rolle: Den erfolgreichen Mann, der die Frau mit seiner Praktikantin betrügt, finden wir übergriffig, stereotyp, ja ekelig! Der Frau, die jahrelang in der Ehe ein Schattendasein fristete und durch eine Affäre mit einem Studenten wieder aufblüht, gönnen wir ihren Spaß. Wie in einer Romantic Comedy drücken wir eher dem Underdog die Daumen. Nicht zu urteilen ist als Lebenseinstellung derzeit zwar so modern wie Saftfasten, aber bei Trennungen im Freundeskreis gelingt es uns fast nie. Und wenn der oder die Neue dazukommt, erst recht nicht.

Schlimmer ist die Belastung für den Freundeskreis nur noch, wenn einer der Partner ein Doppelleben führt, der Betrogene aber nichts davon weiß. Dabei geht es nicht nur um Affären. Es gibt auch »finanzielle Untreue«, wenn der Partner heimlich große Summen Geld ausgibt. Alles, was hinter dem Rücken des Partners passiert, ist die Herausforderung schlechthin für eine Freundschaft. Doppelleben sind die totale Loose-loose-Situation: Entweder man schweigt und heuchelt Unwissen – auch auf die Gefahr hin, dass hinterher rauskommt, dass man von gewissen Machenschaften bereits wusste, als der andere noch im Nebel festhing. Oder man sagt, wie es ist, und wird so zum Überbringer der schlechten Botschaft und mit etwas Pech zum Blitzableiter für die darauf folgende sehr schlechte Laune. Am Ende ist der Übermittler gar »schuld« an der Trennung. Don't shoot the messenger. Schon Sophokles warnte davor, dass »niemand den Boten liebt, der schlechte Neuigkeiten bringt«. Und die Attacken auf den Beziehungswhistleblower kommen oft nicht nur von demjenigen, der den Vertrauensbruch begangen hat. Manchmal wenden sich auch die Betrogenen gegen einen. Denn sie wollten es lieber gar nicht so genau wissen.

Irgendwann ebbt das Drama ab, und die trennkranke Person mit oder ohne Schuldkomplex taucht wieder in der Öffentlichkeit auf: Zu fortgerückter Stunde mit gemeinsamen Freunden nach langer Sozialabstinenz bei einer Party erscheinen? Wäre früher nicht weiter bemerkenswert gewesen. Nach einer Trennung kann es sich zu einer Art Mutprobe und Stabilitätstest auswachsen. Plötzlich wird klar, wie sich Prominente fühlen müssen, wenn sie von Leuten angegafft werden, die so tun, als würden sie gar nicht gucken. Es gibt diejenigen, die unverhohlen fragen: »Mensch, wie geht es dir denn nach allem, was passiert ist?« Und sich die Frage gleich selbst beantworten: »Du siehst echt mitgenommen aus!« Auch beliebt: »Vor mir musst du dich nicht rechtfertigen«, bevor der Mund überhaupt geöffnet wurde. Fast noch schlimmer: Die guten Bekannten, mit denen man einst gemeinsam im Urlaub war und die vor lauter Verlegenheit so tun, als wäre man gar nicht anwesend. Ein schmales Lächeln, schnell den Partner unterhaken und abziehen. Da ist die Gefahr nicht so groß, sich mit dem Trennungsvirus zu infizieren. Denn die Angst ist nicht ganz unbegründet. Nicht selten trennen sich im Anschluss an die Avantgarde-Trenner auch weitere Paare aus dem Freundeskreis.

Die Freunde mit der Atemschutzmaske und Angst vor Viren sind nur zu toppen durch diejenigen, die einem ungefragt ein paar Indiskretionen über den Ex-Partner zuraunen. Oder erzählen, dass er »rote Augen hat«. Am Ende des Abends steht man draußen an eine Hauswand gelehnt und weiß nicht, ob man lachen oder weinen soll. Das Gefühl, einen Makel mit sich herumzutragen und als Einzelperson nicht mehr passend zu sein, breitet sich auch bei noch so gefestigten Persönlichkeiten aus. Man möchte den Partner zwar nicht zurück, wäre aber gerne weiterhin durch den Beziehungsstatus gesellschaftlich geschützt. Dann kommt die Wut darüber, im 21. Jahrhundert so etwas überhaupt zu fühlen. Wer das einmal erlebt hat, wird – hoffentlich – für immer wissen, dass es eigentlich nur eine Reaktion geben darf, wenn eine unsichere, frisch getrennte Person auf der Bildfläche erscheint: »Schön, dass du da bist.«

Fünf Worte, die Sicherheit geben. Glücklich, wer einen oder sogar mehrere Freunde hat, die einem in der Zeit während und nach der Trennung genau dieses Gefühl vermitteln. Nach einer Trennung weißt du, wer deine wahren Freunde sind, heißt es ja immer.

Sagen wir mal so: Es ist zumindest klar, wer gerade Kapazitäten hat, ein Freund zu sein. Es gibt sie, diese Heldinnen und Helden. Als erste Notfallmaßnahme legen sie eine telefonische Standleitung zum gebrochenen Herzen, durch die sie zunächst ein ständiger Strom an Wehklagen und Negativität erreicht. Diese Freunde halten das klaglos aus. Sie kommen mit Kuchen vorbei und achten darauf, dass der Trauernde feste Nahrung zu sich nimmt. Sie erörtern die zweite und dritte Bedeutungsebene von WhatsApp-Nachrichten, SMS und E-Mails. Sie betrinken sich solidarisch, obwohl sie am nächsten Tag eigentlich die Steuererklärung machen wollten. Stattdessen passen sie verkatert auf die Kinder des Unglücklichen auf. Sie befinden sich womöglich selbst in einer funktionierenden Beziehung und nicken trotzdem verständnisvoll bei pauschalisierenden Tiraden gegen sämtliche Geschlechtsgenossen des Ex-Partners. Und sie begleiten die rekonvaleszente Person auf den ersten Schritten in ein neues Leben. Schubsen sie nach draußen in die Sonne: Schau, die Welt, sie ist schön!

Wichtiger noch: Im richtigen Moment sprechen gute Freunde auch unangenehme Wahrheiten aus. Gemeint ist nicht, alles auszupacken, was sie schon immer mal sagen wollten. Niemand möchte auf verschenkte Jahre hingewiesen werden. Gemeint sind die Hinweise darauf, dass es eine gute Idee sein könnte, selbst mal ein paar Freunde anzurufen und zum Essen einzuladen. Sie schaffen es, gleichzeitig feinfühlig zu sein und sanft zu drängen, indem sie die leidende Person zu der Einsicht bringen, dass genug gejammert wurde, dass es Zeit ist für die nächste Phase. Nur sie dürfen den Freund oder die Freundin auffordern, auch einmal die Perspektive zu wechseln. Denn bei ihnen klingt es nicht nach dem, was es ist: gute Ratschläge.

Ihr Langmut kann jedenfalls nicht genug gepriesen werden. Sich im Separationsprozess befindende Personen – mögen sie vorher auch geistreich, witzig und charmant wie der Host einer Late-Night-

Show gewesen sein – mutieren bei einer schwierigen Trennung zu energieraubenden Parasiten: endlose Monologe, Rückfälle, absolute Verweigerung von Logik. Sie gehen gerade noch als liebenswerte Parasiten durch, wenn sie es schaffen, sich zumindest ab und zu nach dem Befinden derjenigen zu erkundigen, bei denen die Welt gerade nicht untergegangen ist. Doch ein mit halb erhobener Stimme vorgetragenes Machtwort, um dem monothematischen Selbstmitleid Einhalt zu gebieten, wird überhaupt nur dann erhört werden, wenn im Vorfeld bereits ausuferndes Verständnis gezeigt wurde. Liebe mag in einigen Fällen ja tatsächlich unendlich sein, Geduld ist es nicht.

In Elena Ferrantes Romanreihe über die lebensumspannende Freundschaft zweier Frauen zerbricht die Beziehung von Lenu zu ihrem Mann, einem notorischen Lügner und Betrüger, als sie ihn eines Morgens dabei erwischt, wie er mit der Haushälterin Sex im Badezimmer der gemeinsamen Wohnung hat. Unter Schock sammelt Lenu ihre drei Kinder ein und fährt zu ihrer Freundin Lila und beklagt ihr Schicksal: Sie wisse nicht, wie sie ohne ihn leben solle, aber auch nicht mehr, warum sie sich überhaupt auf ihn eingelassen habe. Lilas knappe Antwort lautet: »Weil du einen Fehler gemacht hast.«

Es klingt in diesem Moment herzlos, fast ein wenig banal, aber in Wirklichkeit ist es klar, großzügig und sogar entlastend. Wenn man schon im Dreck liegt, warum sollte man ihn dann auch noch aufwühlen und jedes Körnchen ausgiebig betrachten? Besser ist es, sich einzugestehen, dass man sich freiwillig dorthinein begeben hat und dass solche Dinge leider passieren. Das auszusprechen – als Fakt, nicht als Anklage – und auch so stehen zu lassen, dürfen nur Menschen, die einem sehr nahestehen. Und das ist tröstlicher als alles Mitleid.

Andere Freunde sind nicht gut mit Worten. Aber sie schrauben eine Lampe an oder legen das richtige Buch vor die Tür. Und es gibt auch Freunde, die sich aufrichtig dafür interessieren und denen man dennoch sagen darf: »Ich will heute wirklich nicht darüber sprechen, lass uns so tun, als würde es all das nicht geben. Lass uns lieber darüber reden, wie sich Michelle Hunziker in einer Psychosekte verfing und dachte, sie sei die Schwester von Jesus.« Dann schmeißen sie sich ins Zeug und schütteln eine Plauder-Show aus dem Ärmel, die jeden Etiketteexperten in Begeisterungsstürme versetzen würde. Und dann gibt es ja auch noch all die Freunde, die nicht anrufen und sich den Verdacht gefallen lassen müssen, auf der anderen Seite zu stehen. Aber wenn die Getrennte sie dann auf der Straße trifft, gratulieren sie ihr zu ihrem Mut, gegangen zu sein.

Tröstlich ist jedenfalls, dass sich der Rückblick auf eine gescheiterte Beziehung mit der Zeit verändert. Nach einem, fünf oder zehn Jahren bewerten selbst die Protagonisten die persönliche Geschichtsschreibung und ihre eigene Beteiligung daran neu. Bei den aufgeräumten Menschen, die zu einem späteren Zeitpunkt alles noch mal miteinander besprechen können, gibt es irgendwann vielleicht sogar ein abschließendes gemeinsames Urteil. Und die Freunde atmen erleichtert auf. Ansonsten wird es immer zwei Versionen geben. Oder auch fünf oder zehn. Und die Wahrheit liegt nicht immer in der Mitte. Denn Freunde haben ihre eigenen Interessen, eigenen Geschichten und ihren eigenen Kopf. Das ist ihnen nicht vorzuwerfen. Im Gegenteil. Wollte man sonst mit ihnen befreundet sein?

10

SCHMERZ, LASS NACH

Jack und Jackie

Zuerst klingt es, als ob Jackie heiser wäre, als würde ihre Stimme versagen, aber dann schluchzt sie, und die Worte, die sie rauspresst, klingen verzerrt: »Ich weiß nicht, ob ich mich von Jacks Tod jemals erholen würde. Ich liebe ihn so.« Jack und Jackie sind siebenundachtzig und sechsundachtzig Jahre alt, leben in Kalifornien, Jack liegt seit fast einem Jahr auf der Pflegestation. Eingepackt in pastellfarbene Decken wie ein zu großes Baby. An den Wänden hängen fröhliche Drucke von Bauerngärten und Bergseen. Und betonen nur die missliche Lage des Patienten.

Es sieht nicht gut aus. Das Herz, die Knie, die Hüfte. Jackie besucht ihn jeden Tag, fast den ganzen Tag. Abends packt sie zu Hause Kartons. In zwei Wochen ziehen sie in ein anderes, barrierefreies Haus. Ob sie Hilfe hat beim Packen? »Ich brauche keine Hilfe, es ist ja nicht viel, auf Sachen lege ich keinen Wert mehr«, sagt sie. »Wir haben ja uns. Mehr brauchen wir nicht.« Ob Jack noch mit umziehen werde, das sei die entscheidende Frage, auf die auch die Ärzte derzeit keine Antwort haben.

Seit dreizehn Jahren sind die beiden verheiratet, und wer sie zu besseren Zeiten erlebt hat, war entzückt. Jack und Jackie, die Paar gewordene Verheißung aus dem Lebensabschnitt der untergehenden Sonne: Kommt Zeit, kommt Glück. Er, ein schlanker, hochgewachsener Mann von leiser Würde, mit großer Brille und untadeligen Manieren. Gebildet, mit Intellekt, Witz und Weitsicht ausgestattet. Nie würde Jack sich in den Vordergrund spielen. Was andere zu sagen haben, interessiert ihn stets als Erstes. Ganz besonders die Gedanken seiner Frau.

Bei ihr ist es genauso: Wenn Jack spricht, fällt sie ihm nicht ins Wort, wendet seine Argumente hin und her, als wären sie zu kostbar, um nicht jede Facette von ihnen zu beleuchten. Sie wollen wissen, was abgeht: in der echten wie in der virtuellen Welt und vor allem bei den Menschen, die sie besuchen und mit denen sie am liebsten auf der Terrasse sitzen und Gin Tonic trinken.

Wer sich mit Jackie unterhält, fühlt sich gleich so angenehm beschwingt wie nach zwei davon. Sie lacht viel und hat genau wie ihr Mann diese angenehme, nicht invasive Neugierde für ihr Gegenüber. Sie gibt einem das Gefühl, angenommen zu sein. »My dear«, sagt sie und strahlt einen an. »My love«, sagt sie zu ihrem Mann und legt ihre Hand auf seine. Jack ist nicht mehr sicher auf den Beinen. Sie hingegen ist klein, schlank und bewegt sich immer noch erstaunlich geschmeidig. Später springt sie auf, holt das Buch, über das Jack gesprochen hat, oder die Caponata, die sie zusammen gekocht haben.

Und nun das. Dieses Paar wird sich trennen müssen. Bald. Für immer. »Das Schlimmste, was es im Leben gibt, ist der Tod eines Kindes und der Tod eines Partners«, sagt Jackie. Sie hat beides bereits einmal erlebt und versucht sich nun wieder auf das Unvermeidliche einzustellen. Natürlich klappt das nicht, sie ist schon jetzt untröstlich.

Auch eine Scheidung hat Jackie bereits hinter sich, aber »eine Scheidung ist nicht ansatzweise so schlimm wie diese Situation jetzt«. Einfach kann es aber auch nicht gewesen sein, damals in den Siebzigerjahren – schließlich hatte sie sechs Kinder. »Mit der Scheidung war das Schlimmste eigentlich überstanden«, sagt sie, »und als sie durch war, haben wir gemeinsam ein Fest gefeiert.« Die Kinder hätten ihr damals gratuliert.

Ihren ersten Mann, Jeffrey, lernte Jackie mit sechzehn Jahren kennen. Seine Familie war gerade in ihre propere vorstädtische Nachbarschaft gezogen, und ihrer beider Eltern freundeten sich miteinander an: »Ich war damals sehr naiv und unschuldig, deshalb fand ich Jeffrey ungeheuer faszinierend. Er hatte gerade seinen Abschluss an der Universität gemacht. Ich hingegen hatte gerade erst die Highschool beendet.« Eines Nachmittags brachte sie ein Paket Zucker, das ihre Mutter sich ausgeliehen hatte, zurück zum Haus seiner Eltern. Sie klingelte, er öffnete die Tür, zog sie ohne Vorwarnung ins Haus und küsste sie: »Noch nie hatte mich jemand derartig gründlich geküsst. Ich war hin und weg«, erinnert sie sich und lacht. Sie und vor allem ihr Körper waren Feuer und Flamme.

Die Entscheidung zu heiraten fiel mehr oder weniger umgehend. So war das wohl in den Fünfzigerjahren. Aber Jackie kamen ziemlich schnell Zweifel. »Ich war verlobt, trug einen Ring, spürte aber innerlich, dass das Ganze eigentlich keine gute Idee war.« Zusammen mit ihren zukünftigen Schwiegereltern winkte sie einem Schiff in einer Hafenstadt an der amerikanischen Ostküste hinterher: Jeffrey war jetzt in der Armee, wurde nach Deutschland zum Aufräumen und Demokratie-Unterrichten geschickt. Das Leben lag vor Jackie und Jeffrey, so wie der Atlantik, unermesslich. Nur die unmittelbare Zukunft war arrangiert, die Hochzeit bereits geplant, sie sollte ihm baldmöglichst nach Deutschland folgen. Alle waren sich einig. »Und ich hatte in Anbetracht dessen einfach nicht den Mut, Nein zu sagen.« Deshalb sagte sie Ja und folgte ihm nach Bayern.

Dafür, dass die Verbindung mit einem unguten Gefühl begann, hielt sie dann doch recht lang. Einer der Hauptgründe sei wohl ihre sexuelle Kompatibilität gewesen. Sie waren eigentlich »immer scharf aufeinander«. Auch wenn sie sauer auf ihn war, und auch nach fünfundzwanzig Jahren, so lange sollte die Ehe letztlich halten. Ist diese Art der andauernden Begierde nicht ungewöhnlich? »Vielleicht, aber ich habe mir diese Frage nie gestellt, für mich war es völlig normal. Ich kannte es ja nicht anders.«

Was sie jedoch alles andere als akzeptabel fand, war seine nur notdürftig verschleierte Untreue. Affären hatte er eigentlich ständig und überall. Er wollte Jackie zu einem Dreier mit seiner Geliebten überreden, manchmal erzählte er ihr von den Problemen mit der einen oder anderen Affäre, und einmal versuchte er sogar bei ihrer Schwester zu landen. »Ich fühlte mich wirklich nicht wohl damit.« Aber wenn sie sich stritten, drohte er mit Scheidung, dann versuchte sie ihn zu beschwichtigen. Sechs Kinder hatten sie inzwischen, vier leibliche und zwei adoptierte.

Jackie arbeitete ehrenamtlich in einer Adoptionsagentur: »Damals waren Abtreibungen kaum möglich, deshalb gab es unglaublich viele ungewollte Kinder, für die wir Eltern finden mussten.« Und die, die keiner haben wollte, nahm sie mit nach Hause: Das kleine Mädchen mit körperlichen Beeinträchtigungen zum Beispiel. Die Mutter hatte vergeblich versucht, es im Alleingang abzutreiben. Den kleinen Jungen nahm sie auf, weil seine Hautfarbe für weiße Eltern zu schwarz und für schwarze zu weiß war. »Es hat perfekt gepasst«, sagt sie. Ihr jüngster Sohn jedoch, ein erfolgreicher schwuler Tänzer, verstarb in den Neunzigerjahren an Aids. »Das sind die Ereignisse, die einen wirklich umhauen.« Die Abschiede für immer.

Ihr erster Mann sei gegenüber den Kindern oft launisch und aufbrausend gewesen. Wenn er zu Hause war, mussten sich alle nach seinen Bedürfnissen richten. »Die Kinder mochten ihn gar nicht richtig. Er unterdrückte sie.« Sie waren eingeschüchtert oder lehnten ihn ab. Und irgendwann war es auch für Jackie genug: »Das war bezeichnenderweise, nachdem wir eines Sonntagmorgens miteinander geschlafen hatten. Ich blickte ihn an und sagte: ›Wir sollten uns jetzt wirklich scheiden lassen. Es reicht.‹« Sie hatte einen Plan gefasst: Die großen Kinder waren im College, die Kleinen gingen auf die Ganztagsschule, sie würde wieder arbeiten gehen.

Nachdem er ihr jahrelang mit Scheidung gedroht hatte, war Jeffrey nun alles andere als begeistert. Er tobte, er bettelte und bot an, eine Therapie zu machen. Also versuchten sie das. Zuerst mussten sie in dem Flachbau am Stadtrand einen Persönlichkeitstest machen. Danach gab es Gesprächstermine. Der Therapeut nahm Jackie zur Seite und meinte: »Es hat keinen Zweck, ihr Mann wird sich nie ändern.« Er sei ein »Soziopath«. Jahrzehnte später wurde Jeffrey als manisch-depressiv diagnostiziert. Er bekam Medikamente, die ihm halfen. »Schade, dass es nicht früher entdeckt wurde«, sagt Jackie heute, wer weiß, vielleicht wäre es anders gelaufen.

Nach großer Befreiung fühlte sich alles aber zunächst einmal nicht an: »Ich merkte erst nach der Trennung, dass mein Mann mein Ego schwer angeschlagen hatte. Ich traute mir gar nichts mehr zu.« Jackie bekam Panikattacken, von denen sie zunächst dachte, sie kämen vom Herz. Als ein Arzt feststellte, dass es »nur« Panikattacken seien, sagte sie sich: »Solange es kein Herzinfarkt ist, kann ich damit leben.« Und: »Ich muss selbst dafür sorgen, dass es mir wieder gut geht.«

Dafür brauchte sie einen Job. Sie war Anfang vierzig, außer in der Adoptionsagentur hatte sie nie gearbeitet. Nach der Schule hatte sie einen Kurs als Sekretärin besucht. In diesen Job stieg sie nun wieder ein – und zu ihrer eigenen Überraschung gleich auf. Sie war so gut, dass sie immer bessere Angebote bekam. Und da sie mit ihrer inzwischen vaterlosen Familie in New Jersey lebte, setzte sie sich eines Morgens in ihren Ford Station Wagon und fuhr über die George–Washington-Brücke nach Manhattan. Ein neues Ziel: ein Job in der Metropole. In einer Arbeitsvermittlungsagentur an der Madison Avenue wurde sie vom Fleck weg engagiert. Später bildete sie sich weiter und arbeitete als Rechtsanwaltsgehilfin in einer der renommiertesten Kanzleien New Yorks: »Jeden Tag packte ich meine Lunchbox, setzte mich in die Bahn, stieg an der Grand Central Station aus und stürzte mich in mein neues Leben. Es war herrlich.« Auch die Panikattacken verschwanden, fast genauso plötzlich, wie sie gekommen waren.

Parallel dazu fing Jackie wieder an, Männer zu treffen: Ihren stellvertretenden Boss. Aber die Kinder mochten ihn nicht. Sie nannten ihn »das Baby«, weil er so weinerlich redete und rosa Hemden trug. Es folgte der amerikanische CEO eines luxuriösen italienischen Modehauses. »Sehr sexy«, sagt Jackie und kichert. Zusammen machten sie Manhattan unsicher, gingen in schicke Restaurants mit seinen noch schickeren Freunden, aßen Kaviar, tranken teure Weine. Er schenkte ihr Kleider. »Aber das ist nicht das richtige Leben«, sagt Jackie heute. »Ich bin so froh, dass ich das zu diesem Zeitpunkt wusste. Ich wollte einen echten Partner an meiner Seite, nicht einen zum Vorzeigen.«

Und der ließ tatsächlich nicht lange auf sich warten. Paul, ein »sehr gut aussehender Anwalt« mit dunklen Locken und melancholischen Augen, ebenfalls frisch geschieden, machte ihr Avancen. Zusammen besuchten sie den Zoo in der Bronx, spazierten durch das West Village oder gingen tanzen, denn »er war der beste Tänzer überhaupt«. Jackies Kinder waren ebenfalls begeistert. »Paul war so liebenswert, sanft und aufmerksam. Er war das genaue Gegenteil ihres Vaters.«

In jeglicher Hinsicht, wie sich später herausstellen sollte. Denn nachdem Jackie und Paul ein paar Jahre später geheiratet hatten, wurde der Sex eingestellt. Komplett – von seiner Seite. Für Jackie war das »eine unvorstellbare Situation«. Sie liebte Paul, auch er war ihr hundertprozentig zugewandt, ihre Gefühle füreinander waren echt, da ist sie sich bis heute sicher. Jackie zerbrach sich den Kopf, sprach ihn auf das Problem an, aber Paul blockte ab. Irgendwann dämmerte es ihr: »Ich bin mir ziemlich sicher, dass er schwul war.« Auch mit dieser Erkenntnis ging sie zu ihm. Der aufgeschlossene Mann aber, der für alle und alles ein offenes Ohr hatte, hier machte er zu. Und jetzt?

»Nun ja«, sagt Jackie und zögert kurz. »Ich hatte Affären. Nicht viele, ich war sehr diskret, und ich bin auch nicht stolz drauf.« Doch sie sei stets eine »lustvolle Person« gewesen. Sie wollte Paul nicht verlassen, aber auch nicht auf Sex verzichten. Sie betont, wie glücklich sie ansonsten mit ihm war: »Ich habe nie eine Sekunde daran gedacht, mich von ihm scheiden zu lassen.« Sex könne man sich zur Not überall holen, Liebe und Freundschaft nicht. Als Paul knapp dreißig Jahre später plötzlich und unerwartet verstarb, war es ein Schock für sie, ein Ereignis, auf das sie nicht vorbereitet war. Sie sei ja erst knapp über siebzig gewesen und fühlte sich fantastisch.

Ungefähr zur selben Zeit lag auch eine Freundin von ihr im Sterben: Louise. Louise war Jacks erste Frau. Jack war in den Sechzigerjahren einst der Chef von Jackies erstem Mann Jeffrey gewesen. Jackie hatte ihn Jahrzehnte nicht gesehen. Man traf sich damals zu viert zum Abendessen und zum Bridge, erörterte die Weltlage und ging auf Partys. Aber nach zwei Jahren zogen Louise und Jack in eine andere Stadt. Die Paare verloren sich aus den Augen, nur Louise und Jackie blieben in Kontakt und wurden Brieffreundinnen. Das Leben der anderen zog auf dicht beschriebenen Bögen an ihnen vorbei. Nun rief Jack bei Jackie an, dass Louise sie gerne noch einmal sehen würde.

So fuhr Jackie an einem funkelnden Sommertag hin, um sich zu verabschieden. Als sie sich wieder auf den Nachhauseweg machen wollte, stand Jack im Flur seines Hauses und schaute sie nachdenklich an. Sie umarmte ihn und wünschte ihm alles Gute. Sie glaubte nicht, dass sie ihn jemals wiedersehen würde. Sie hatte doch sein Leben seit vierzig Jahren nur auf Papier verfolgt. Bald darauf starb Louise. Und kurze Zeit danach klingelte das Telefon bei Jackie.

Jack wollte sie treffen. Na gut, sie willigte ein, erstaunt, aber nur zum Lunch. Sie trafen sich in Boston, gingen am Wasser spazieren, sprachen über die vergangenen vierzig Jahre, tranken Kaffee, liefen weiter, und irgendwann war es zu spät für Lunch und Zeit für Dinner. Jackie fand sich nun wirklich »nicht stadtfein«, sie hatte sich auf ein unkompliziertes, schnelles Treffen eingestellt. Aber Jack bestand auf das gemeinsame Essen und zog sie in eine kleine, schmuddelige Kaschemme am Hafen. Dort gab es den besten Fisch, und sie blieben, bis der Laden schloss: »Ich fühlte mich wie ein Teenager. Verwirrt, verunsichert und gleichzeitig wunderbar.«

Jack gestand ihr, dass er sie bereits vor vierzig Jahren »umwerfend« gefunden habe. Dass sie seitdem einen freundlichen Platz in seinem Herzen hatte, obwohl er Louise geliebt habe und ihr immer treu war. Und Jackie erlebte tatsächlich noch eine Steigerung: »Ich war noch nie so voller Liebe für einen Menschen.« Und, fügt sie erfreut hinzu: »Er ist ein sexuelles Wesen so wie ich.« Gemeinsam zogen sie nach Kalifornien, verbrachten die Sommer mit ihren Kindern an wechselnden Orten. Jacks Welt ist die klassische Musik, ihre der Garten. Und der jeweils andere kommt gerne zu Besuch.

Als letzten Gang servierte das Leben Jack und Jackie ein Dessert mit doppelt Sahne, Schokolade und Streusel.

Jetzt liegen nur noch die Krümel auf dem Teller. Und Jack in seinem Bett. Er schläft viel. Wenn er aufwacht, freut er sich, dass Jackie ihm gegenübersitzt: »Ich habe überhaupt kein Sitzfleisch«, sagt sie. »ich bin eher so der Typ, der immer herumspringt. Aber für ihn setze ich mich gerne den ganzen Tag in einen Sessel. Das ist doch wohl die Definition von Liebe, oder?«

Mit Jeffrey, dem Vater ihrer Kinder, blieb sie trotz allem in Kontakt. Kurz nachdem sie und Jack geheiratet hatten, verbrachte sie ein Wochenende in seinem Haus. Er war bettlägrig, ein Umzug stand an, sie half ihm, seinen Keller auszuräumen. Über Jahrzehnte hatte er dort die obskursten Sachen angesammelt. Nun war es auch noch ihre Aufgabe, ihn von seinem Hausstand zu trennen. Sie brachte Wagenladungen von Zeug in den Secondhandshop, verschenkte es, oder schmiss es gleich in den Müll. Als sie damit fertig war, ging sie in sein Schlafzimmer. Dort lag er, die halb transparenten Vorhänge warfen Schatten auf sein Bett, es roch muffig. Jeffrey konnte kaum noch den Kopf heben, aber er sprach: »Kannst du mir noch einen Gefallen tun?«

»Natürlich, welchen denn?«

»Kannst du dich bitte ausziehen? Ich möchte dich noch einmal nackt sehen!«

Sie brach in schallendes Gelächter aus: »Leb wohl, mein Lieber! Gute Reise, wo auch immer es hingeht!«

Und Jeffrey ging. Paul ist schon lange tot. Und auch für Jack wird es Zeit. Daran wird selbst Jackie, die Pech in Glück verwandeln kann, nichts ändern können. Jackie, die uns daran erinnert, dass die wirklich unfreiwilligen Trennungen von ganz alleine kommen und wir die Zeit bis dahin nutzen sollten.

Vom Aufbruch nach dem Ende

Es gibt eine gute Nachricht. Trennen ist gesund. Ständige Konflikte in einer Beziehung sind schädlich für die Gesundheit, vergleichbar mit Rauchen und Trinken. Das jedenfalls haben Psychologen der Universitäten in Nevada und Michigan herausgefunden, nachdem sie rund 373 heterosexuelle Paare sechzehn Jahre durch die Höhen und Tiefen ihres gemeinsamen Lebens begleitet haben. Die Erkenntnis gilt als bahnbrechend. Bisher ging die Wissenschaft nämlich davon aus, dass Menschen, und vor allem Männer, in Partnerschaften per se länger und gesünder leben. Und nun das: Keine Partnerschaft ist besser als eine schlechte Partnerschaft. Auf die Idee, dass andauernde *bad Vibes* die Menschen quasi verstrahlen und so schädlich sind wie Sitzen oder der Verzehr von Kokosöl, hätte man eigentlich auch von alleine kommen können.

Vielleicht wurde dieser simple Zusammenhang bisher aber deswegen nicht unter die Lupe genommen, weil die meisten Menschen im akuten Trennungsstadium erst einmal nicht unbedingt aufblühen. Außer vielleicht im Gesicht. Rauchen und Trinken tritt in den ersten Wochen oder Monaten nicht selten an die Stelle von Streit und Ärger. Das hilft zwar, Gefühle abzufedern, sieht aber nicht immer unbedingt danach aus, als wäre ein Health-Coach engagiert worden. Also, bevor es gut wird, wird es mies. Und wer vom Aufbruch erzählen möchte, darf den Schmerz nicht leugnen. Tränen gehören dazu. Wie der Verlust von Kontrolle. Wenn dieser Druck hinter den Augen nicht mehr einzudämmen ist. Bloß nicht blinzeln. Panik in der Öffentlichkeit. Tränen im Anmarsch. Bitte, nicht, weg mit euch! Keine Chance, Tränen sind wie Hippies, sie werden von Autorität nur noch mehr provoziert. Auch im Supermarkt, erst recht beim Elternabend, selbst in glücklichen Momenten. Gerade dann, wenn der Morgenkaffee duftet, ein bisschen Sonne durch das Fenster fällt, wird dieser Kalenderblatt-Moment vom Gedanken unterbrochen, wie furchtbar ärgerlich es doch ist, dass es nicht geklappt hat: Tränen! Oder es kommt irgendwann zum Äußersten: Sex. Sex mit jemandem, den man mag, aber plötzlich fällt einem ein, dass es vor nicht allzu langer Zeit auch noch einen anderen gab, den man mehr als nur gerne auszog, und dieses Gefühl beängstigend flüchtig war. Nie wieder werde ich lieben können! Fatalismus. Tränen.

Es ist fast schon lächerlich. Mascara wird am Morgen gar nicht erst aufgeschraubt. Die Sonnenbrille auch in geschlossenen Räumen getragen. Lautloses Weinen auf der Betriebstoilette. Mehrmals täglich. Die Kollegen und Kolleginnen vermuten vielleicht schon Magen-Darm-Probleme oder Drogensucht. Kaltes Wasser ins Gesicht. Immer wieder, obwohl der Trick nie funktioniert. Die Augen schwellen trotzdem an, das Gesicht wird noch fleckiger, und zusätzlich wird auch noch der Haaransatz nass.

Gleichzeitig wird es fast langweilig. Nicht auf Partys gehen zu können aus Angst vor Wein-Attacken. Angst davor, von Leuten gefragt zu werden, wie es denn so geht, und in Tränen auszubrechen. Angst davor, von Leuten nicht gefragt zu werden, wie es geht, und deswegen in Tränen auszubrechen. Beim Fahrradfahren fließen Tränen. Es wird auf dem Fußboden Platz genommen, um noch dramatischer in der Embryonalstellung zu wimmern. Und beim Zahnarzt sind der Doktor und das liebe Team bestürzt, weil eine eigentlich schmerzfreie Zahnreinigung in einen nicht enden wollenden Tränenstrom mündet. »Einmal ausspülen bitte.« Aber da muss man durch. Durch den Zahnarztbesuch genauso wie durch die Weinerei.

Nicht nur Verlassene, auch der Verlasser kann in diese Trauer rutschen, obwohl er die Trennung ausgelöst hat. Und es gibt ein Menschenrecht auf Traurigkeit und schlechte Laune. Nein, nicht auf Resignation. Nur auf Traurigkeit. Und das Gute ist: Schlechte Laune sorgt sogar oft für gute Ideen. Missmut als Motor für Wandel. Klingt nach dem Motivationsspruch des Unternehmerverbandes einer strukturschwachen Region, entfaltet im Gefühlsmanagement aber oft tatsächlich eine durchschlagende Wirkung.

Weinen soll jedenfalls auch gesund sein. Sagt ebenfalls die Wissenschaft. Zum Beispiel werden dabei Stresshormone rausgespült. Es ist aber auch erschöpfend und herausfordernd. Nicht nur für den Weiner. Selbst Fremde fühlen sich zum Handeln motiviert. Eine wahre Geschichte: Die liebeskranke Studentin, die bei Fahrten in den öffentlichen Verkehrsmitteln wochenlang vor sich hin schluchzte, wurde großzügig mit kleinen Aufmerksamkeiten besorgter Passanten versorgt. Unter den Trostpflastern befanden sich: eine Flasche Wein, eine gebrauchte Bibel, Schokolade, Taschentücher mit Sinnsprüchen sowie ein Handydisplay-Reiniger, der an einer Visitenkarte des Bundesfamilienministeriums klebte – Abteilung Männerreferat. Im näheren Umfeld wird hingegen nach den passenden Worten und Troststrategien gefahndet. Wohlmeinend wird nach »Lösungen« gesucht, wo es erst mal keine gibt.

Selbst die Physik knifelt auf ihre Art noch daran herum: Zu den zehn großen ungelösten Rätseln gehört die Suche nach den universellen Gesetzen von Turbulenzen. Also die Frage danach, ob zum Beispiel Luftverwirbelungen oder das Verrühren von Milch in Kaffee berechenbar sind. Es ist kompliziert, denn: »Kleine Störungen oder minimal veränderte Bedingungen am Anfang können zu einem völlig veränderten Verhalten führen. Das macht es (bislang) unmöglich, die Entwicklung einer turbulenten Bewegung langfristig vorherzusagen«, erklärt *Spektrum Online*.

Dasselbe ließe sich über die andauernden Turbulenzen während und nach einer Trennung behaupten. Klar, es gibt die typischen Phasen: Trauer, Wut und Aufbruch, aber in Länge und Intensität folgen sie keinem berechenbaren Schema. Und unter Umständen geht es zwischendurch auch mal wieder ein bis zwei Phasen rückwärts. »Nie wieder!«, wird dann gepoltert, und drei Tage später werden flehende E-Mails oder wütende SMS verschickt. Kleinste, unvorhersehbare Ereignisse werden zu Auslösern von emotionalen Lawinen: Ein falsch betonter Satz in einem nicht zu vermeidenden Telefonat, eine falsche Grußformel zum Abschluss einer E-Mail, Berichte von Freunden oder das Ausbleiben von Berichten der gemeinsamen Freunde.

Nur einen Tag später schleicht er sich wieder ein, wie ein hungriger Straßenköter, der Gedanke, ob es nicht vielleicht doch noch mal zusammen ginge, also irgendwann, so in zehn Jahren vielleicht? Man könnte ja noch ein Kind zusammen bekommen, man müsste dazu ja nicht zusammenwohnen oder nur einmal Sex haben. Diesem Wahnsinn Einhalt zu gebieten, dabei hilft eigentlich nur ein guter Freund, der sagt, dass es erst dann vorbei ist, wenn es eben vorbei ist. Ein Spruch, so lahm, dass es ein bisschen dauern kann, bis der Trauernde einen tieferen Sinn darin entdeckt. Doch dann entfaltet er diese magische Erkenntnis im Grübler: die einzig mögliche Strategie ist, sich dem Chaos hinzugeben. Auch wenn es mitunter recht anstrengend werden kann.

»Wir halten Chaos für das, was uns am meisten Angst macht, aber ich bin zu der Überzeugung gekommen, dass es genau das sein könnte, was wir am meisten wollen«, stellt die Schriftstellerin Deborah Levy in ihrem Buch *The Cost of Living* fest, das von der Trennung von ihrem Ehemann handelt, mit dem sie zwanzig Jahre lang verheiratet war. »Wenn wir nicht mehr an die Zukunft glauben, die wir planen, an das Haus, für das wir den Kredit abbezahlen, an die Person, die an unserer Seite schläft, dann ist es möglich, dass ein Sturm, der lange hinter den Wolken gelauert hat, uns näher dahin pustet, wer wir in dieser Welt sein wollen.« Wohlbemerkt wer, nicht unbedingt wo. Aber da unglückliche Beziehungen genau vom Gegenteil handeln, also davon, sich an einem Ort zu befinden, der Sicherheit und Geborgenheit verspricht, aber wo niemand mehr er selbst ist, bietet die Zeit nach einer Trennung den radikal möglichsten Perspektivenwechsel – endlich den unverstellten Blick auf sich selbst.

Das Gegenteil wird den Trennern gerne unterstellt: Sie stehen unter Verdacht, vor Problemen wegzulaufen. Egoistisch zu sein, rücksichtslos wie Börsenmakler. Sie gelten nicht selten als der fleischgewordene Neoliberalismus, als Zombies der Vereinzelung, zur Individualisierung gedrängt, angefeuert vom dauernden Wettkampf gegen sich selbst und andere. Soziologen wie Eva Illouz beobachten, wie sich die Logik des Marktes auch auf die Partnerwahl auswirkt. Dass die Wahl und Abwahl unserer Partner auch als Konsum-Entscheidung verstanden werden kann und Ausdruck einer Freiheit ist, die allerdings zu Ungewissheit führt.

Die soziologische Einordnung hilft aber im akuten Drama eher weniger. Zu bleiben reicht nicht, um die unschönen Begleiterscheinungen des Zeitgeistes abzuwenden. Sich zu trennen heißt nicht zwangsläufig, sich zu optimieren, um auf dem Markt zu bestehen. Es bedeutet nicht, dass wir nur allein für unser Glück verantwortlich sind, ohne Verantwortung füreinander.

Gutes Trennen heißt, sich gegen diese Individualisierung durchzusetzen. Denn auch das Wesen ungesunder Beziehungen handelt im Übrigen von Vereinzelung: Zu zweit zu sein und sich doch alleine zu fühlen. Gutes Trennen heißt auch, Kleinfamilien nicht als kleinste ökonomische Einheit zu betrachten, in der Nettigkeiten gegen Verbindlichkeiten getauscht werden.

Nach der Trennung geht es deshalb auch darum, andere und verlässliche Beziehungen aufzubauen. Platz zu schaffen für ein Erleben, das nicht davon gesteuert ist, einen Partner finden und halten zu müssen. Es geht um die Notwendigkeit von Allianzen. Allianzen, die größer sind als das heteronormative Partnerideal. Und wem das noch nicht idealistisch genug klingt, die Utopie liegt gleich nebenan: Aus diesen Allianzen heraus kann eine Gesellschaft entstehen, die Probleme gemeinsam angeht, anstatt sie in kleinsten Zellen oder pöbelnd vor dem Rechner lösen zu wollen. Das Private ist politisch, aber »privat« bedeutet nicht, dass es nur unter dem Dach einer Doppelhaushälfte stattfinden kann.

In der Zeit der zunächst schmerzhaften Subjektivität, in der die Titel »meine Freundin«, »mein Freund«, »mein Mann« oder »meine Frau« abgestreift werden, schleicht sich irgendwann die leise Hoffnung ein, wieder alles wollen zu dürfen, und so entsteht auch der Glaube an die Möglichkeit von Veränderungen. Da ist ein Kitzel, der dem Gefühl aus Teenagerzeiten nicht unähnlich ist, als die Welt Möglichkeiten bot, die nicht unbedingt alle erreichbar waren, aber das Leben spannend machten. Während und nach einer Trennung versprechen die eigenen Handlungen wieder, Folgen zu haben. Ein Gefühl, das am Ende einer Beziehung verloren gegangen war, weil Stillstand herrschte, weil sich alles nur im Kreis drehte, egal, was man tat. Bis zu dem Moment, in dem die Entscheidung fiel oder gefällt wurde, dass jetzt aber wirklich Schluss ist.

Und dann geht es los. Abends, auf dem Weg nach Hause, mal wieder alleine durch die sommerwarme Stadt fahren. Um sich herum all die Veränderungen in den Straßen, die seltsamerweise bis zu diesem Moment übersehen wurden. Wieder sehen zu können! Und plötzlich sieht alles geradezu verheißungsvoll aus. Dazu gesellt sich der wunderbare Stolz, es überlebt zu haben, ohne in der Klapse gelandet zu sein oder in der Semi-Obdachlosigkeit. Und sich darüber im Klaren zu sein, dass dieses Gefühl keine Manie ist, auch wenn es sich am nächsten Tag wieder etwas beruhigt hat: Es summt ab sofort mit. Es ist das Signal, dass es weitergeht. Das Ich wird wachgerüttelt: »Bewusst zu sein, ermöglicht uns, die eigenen Handlungen kritisch zu beleuchten und zu erkennen, was wir brauchen, dass wir uns kümmern, Respekt zeigen und die Bereitschaft entwickeln zu lernen.« Diesen Satz schreibt nicht etwa ein selbst ernannter Selbsthilfeguru aus Kalifornien im bunten Poncho, sondern die Literaturwissenschaftlerin, Feministin und Aktivistin Bell Hooks in ihrem Buch *All About Love*. Kümmern, Respekt, Bereitschaft zu lernen? Für den Zyniker klingt das nach dem Aufopferungswillen guter Christen. Aber es geht dabei weder um den Partner noch um die Gemeinde, sondern vor allem um einen selbst. Es geht nicht um Selbstverwirklichung, sondern um Selbstliebe.

Ein Wort, das gerne der Lächerlichkeit preisgegeben ist, unter New Age- oder Psycho-Verdacht gestellt wird wie einst der Feminismus: »Wenn ich mit Freunden und Bekannten über Selbstliebe spreche«, schreibt Bell Hooks, »bin ich immer wieder überrascht, wie viele von uns dieses Konzept eher abschreckend finden, als würde es Narzissmus oder Selbstsucht implizieren.« Dabei bedeutet Selbstliebe Eigenschaften wie Sensibilität, Authentizität und Aufrichtigkeit, die Empathie erst ermöglichen. Lebensrettende Tugenden in diesen ohrenbetäubenden Zeiten. Der Historiker Yuval Noah Harari gibt den ebenfalls etwas ausgehöhlt klingenden Ratschlag »Erkenne dich selbst!«, der schon auf dem Apollotempel in Delphi zu finden war, eine weitere wichtige Bedeutungsebene jenseits der Selbstbespiegelung: Wer sich selbst nicht sehr gut kenne, laufe Gefahr, manipuliert zu werden, sagt er in einem Interview. Er persönlich bevorzuge als Methode zur Selbstfindung die tägliche Meditation: »Was immer für dich funktioniert, investiere darein. Es ist kein spiritueller Luxus mehr, sondern eine politische und ökonomische Notwendigkeit.« Und sich selbst wieder gut zu finden, wirkt wiederum ansteckend auf das Umfeld.

Viele glauben, dass dieses Gefühl sich nur durch das magische Gegenüber entfalten könne. Das Gegenteil ist der Fall. Es muss aus uns selbst heraus kommen. Und es ist ausgerechnet die Selbstliebe, die dem Feminismus dienlich ist. Denn Selbstliebe macht Menschen sicherer, Frauen stärker und Männer mitfühlender. Klar und deutlich Ja und Nein sagen zu können, ist etwas, das in brüchigen Bindungen oft verlernt wird. Letztlich ist es das, was viele Beziehungen so schmerzhaft unansehnlich macht: Sich irgendwie durchwursteln ohne Gespür für sich und den anderen.

Für Männer gilt das natürlich genauso: Auf sich selbst zu schauen und in Ruhe nachzudenken, was im Großen wie im Kleinen schiefgelaufen ist. Dinge auszusprechen und zu hinterfragen, die wehtun. Sich entschuldigen und die Entschuldigungen des anderen anhören und zulassen. Und dann mal ganz ehrlich: Wie viel habe ich dazu beigetragen, dass es nicht mehr auszuhalten war? Das neugierige Entdecken der eigenen kleinen, niedlichen Macken, der Muster und Defizite ist der unangenehme Teil der Selbstliebe.

Aber, weil es vom einen Ende der Beziehung meistens doch irgendwann zum Anfang der nächsten führt: Diese Mühen sind durchaus empfehlenswert. Denn auch wenn die Behauptung, beziehungsunfähig zu sein, nach Trennungen gerne trotzig ausgesprochen wird, als wollte der Sprecher aufgeben, die wenigsten Menschen sind es wirklich. Spätestens mit nachlassender Wut und Trauer lässt sich feststellen, dass beide Beteiligten Bitterstoffe ins Süppchen gekippt haben. Die rauszufischen und zu entsorgen, hat auch Vorteile für alle folgenden Liebesunterfangen.

Wird diese Rückschau mit oder ohne Ex gemacht? Zwischen diesen beiden Polen gibt es verwirrende Abstufungen und Möglichkeiten. Sie reichen von Menschen, die sich in aufopferungsvollem Hass verbunden bleiben und bei jedem Lebenszeichen des anderen akute Übelkeit verspüren, bis hin zu den Paaren, die zwar offiziell getrennt sind, aber immer noch jeden Tag mehrmals miteinander telefonieren, gemeinsam einkaufen oder zusammen in den Urlaub fahren. Andere wiederum verlieren ihren einst so geliebten Partner aus den Augen. Der Kontakt bricht ab. Einer verlässt die Stadt, der andere hat so viel mit einem neu gewonnenen Hobby zu tun. Muss jetzt ständig zur Puppentheatergruppe oder hat sich Inlineskates gekauft und muss Tricks üben. Es kann viel passieren. Die Vergangenheit wird dann ein ferner, manchmal fremder Ort. Der Name desjenigen, der einen einst nackt in der Löffelchen-Position festhielt, klingt dann irgendwie unpassend, so als würde man zwanzigmal hintereinander »Rettich« sagen. Das wirkt dann recht merkwürdig – für einen selbst sowie für andere: Was, mit DEM oder DER warst DU mal zusammen? Unvorstellbar. Das sagt einiges über die Flüchtigkeit von vermeintlich erhabenen Gefühlen. Oder über die Fähigkeit der eigenen Verdrängung. Oder über die Fluidität des Charakters. Wem im Rückblick die Beziehung jedoch nach jeder Trennung wie ein weit entferntes, fremdes Land erscheint, der sollte sich diese Tatsache nicht nur als Anpassungsfähigkeit schönreden.

Am kompliziertesten wird es, wenn es gemeinsame Kinder gibt: Hassen und völlig aus dem Leben verschwinden sind da eher die ungünstigen Optionen, denn es empfiehlt sich, nicht bei jedem Gespräch über Schulwahl und Taschengeld unterm Tisch das Messer aufzuklappen. Selbst wenn das Geflecht aus Enttäuschung und Unterlassung einem die Kehle zuschnürt. Das Kunststück muss vollbracht werden, bei emotionaler Zerbombung des Innenlebens den laufenden Betrieb aufrechtzuerhalten und den Kollateralschaden möglichst klein zu halten. Gibt der vermeintlich Klügere dann immer nach? Nicht unbedingt. Es ist der fiese schmale Grat, die eigenen Grenzen nicht zu vergessen und trotzdem großzügig den Blick in die Ferne schweifen lassen zu können. Es ist eigentlich ganz einfach: Der Klügere gibt immer zum Wohl des Kindes nach. Und das bedeutet auch, dass der Klügere zumindest versucht, den Groll ziehen zu lassen. Ihn nicht runterzuschlucken, da kommt er garantiert irgendwann wieder hoch, aber erst mal in eine kleine, möglichst hübsche Box zu packen, kurz wegzulegen, bis die Kraft, die Zeit gekommen ist, sie auszupacken, gemeinsam anzuschauen – womöglich auch die des Gegenübers – und zu verdauen.

Es erfordert einen bedachten Umgang mit dieser Box, in der sich ja immer noch Sprengstoff befindet, und vielleicht muss sie irgendwann sogar begraben werden. Unter Umständen wird er sich nie entschuldigen, sie keine einleuchtende Erklärung vorbringen, warum sie plötzlich wegwollte und wie plötzlich dieses »Plötzlich« eigentlich war. Wo die Verletzung zu groß ist, der Krieg zu lange anhält, gibt es Hilfe. Von Freunden, vom Therapeuten, vom Jugendamt. Die Mitarbeiter dort haben nämlich nicht nur ein Ohr für die harten, sondern auch für die verhärteten Fälle.

Wem es nicht reicht, zu Pflichtterminen angestrengt lächelnd gemeinsam zu erscheinen, wer es besser oder gut machen möchte, der wird um eines nicht herumkommen: eine gemeinsame Einsicht, warum es zur Trennung kam und wie es danach weitergehen kann. Nicht in jedem Detail, aber im Gesamtbild. Es bedeutet auch: sich die Mühe zu machen, sich dem anderen zu erklären, ohne sich selbst oder dem anderen etwas vorzumachen; sich zu entschuldigen und es zu meinen. Selten wird das auf einem Gipfeltreffen erreicht, sondern nach langwierigen Sondierungsgesprächen. Sie sind intim, intimer fast als Körperkontakt. Die Ex-Partner versuchen echte Gespräche zu führen, das Machtgefüge hat sich gelockert, im besten Falle wollen beide nicht mehr gewinnen. So können Sätze endlich überhaupt wieder durchdringen. Das Liebevolle kehrt zurück in die Stimme, wo vorher nur Wut war. Manchmal können sie sogar lachen. Dann bleibt eine Verbundenheit, auch wenn beide ihren Weg gehen. Dann können neue Familienkonstrukte entstehen, in denen beide gemeinsam auf sich achtgeben. Die guten Gründe, weswegen man sich lange Zeit nicht trennen wollte, können überleben, auch wenn sie im Alltag nicht mehr jederzeit abrufbar sind. Es ist schön, einen Ex-Partner zu haben, der einen ohne viele Worte versteht. Dessen Blicke und Gesten mühelos gelesen werden können, manchmal ist es dann sogar lustig, dass sie einen auch nach Jahren noch auf die Palme bringen können. Bloß: Jetzt kommt man genauso schnell wieder von ihr herunter. Sich wirklich kennen, in dem Wissen, dass der Abrieb aus der Vergangenheit formend war. Und zwar auch im Guten trotz des Schlechten. Niemand Geringeres als der größte Dialektiker kann das bestätigen: »Krieg ist wie Liebe, sie findet immer ihren Weg«, so Brecht. Wer den Krieg überlebt hat, sollte sich getrost wieder der Liebe zuwenden. Der Liebe zu sich selbst und zu anderen. Es gibt wohl nichts Wichtigeres. Damit sollte niemals Schluss sein.

DANKSAGUNG

Einen besonderen Dank an Natacha Euloge für ihre großartige Unterstützung und Genauigkeit bei der Recherche und Korrektur dieses Buches.

Dank auch an Barbara Becker, Christian Brox, Roberta Jenkins, Ralph Kohn, Harald Peters, Anthony Slate, Christina Sieger und Ulrike von Stenglin.

QUELLENVERZEICHNIS

1   WIR MÜSSEN REDEN

Gayle, Damian: »Unhappy marriage not grounds for divorce, supreme court rules«
https://www.theguardian.com/law/2018/jul/25/supreme-court-rules-unhappy-marriage-not-grounds-for-divorce-tini-hugh-owens
Hasselbach, Franziska: »6 Beispiele für eine erfolgreiche Härtefallentscheidung«.
https://www.kanzlei-hasselbach.de/2017/6-beispiele-erfolgreiche-haertefallscheidung/06/
Bundespräsidialamt: »Gratulationsschreiben des Bundespräsidenten zu den Ehejubiläen«. Musterschreiben auf Anfrage per Post erhalten vom Bundespräsidialamt in Berlin (Anschreiben datiert 16. Juli 2018).
http://www.bundespraesident.de/DE/Amt-und-Aufgaben/Wirken-im-Inland/Jubilaeen-und-Ehrenpatenschaften/jubilaeen-und-ehrenpatenschaften-node.html
DER SPIEGEL 28/2018, 11. Juli 2018

2   GEHEN ODER BLEIBEN?

Janssen, Izabela: »Pro und Contra Methode«.
https://www.coaching-janssen.de/blog/100-coaching-methoden/3-pro-und-contra/
Jiménez, Fanny: »Wieso Pro- und Contra-Listen in der Liebe versagen«.
https://www.welt.de/gesundheit/psychologie/article145368593/Wieso-Pro-und-Kontra-Listen-in-der-Liebe-versagen.html
Pimminger, Irene / Agentur für Querschnittsziele im ESF (Hg): Armut und Armutsrisiken von Frauen und Männern – Ein Update. Mit einem Exkurs »Armut und Umwelt« von Julika Schmitz. Berlin 2016.
https://www.esf-querschnittsziele.de/fileadmin/DATEN/Publikationen/expertise_armut_140416.pdf

Statistisches Bundesamt: »2,1 % weniger Ehescheidungen im Jahr 2014«, Pressemitteilung Nr. 266 vom 23.07.2015
https://www.destatis.de/DE/PresseService/Presse/Pressemitteilungen/2015/07/PD15_266_12631.html

Morris, C. E., Reiber, C., & Roman, E.: »Quantitative sex differences in response to the dissolution of a romantic relationship« in: *Evolutionary Behavioral Sciences*, 9(4), 270–282, 2015.
http://dx.doi.org/10.1037/ebs0000054

Das Wortauskunftssystem zur deutschen Sprache in Geschichte und Gegenwart.
https://www.dwds.de/

Meyer, Thomas: *Trennt Euch! Ein Essay über inkompatible Beziehungen und deren wohlverdientes Ende*, Diogenes 2017.

Wikipedia: »Frauen im Alten Rom«.
https://de.wikipedia.org/wiki/Frauen_im_Alten_Rom

Mommsen, Theodor: Römische Geschichte. Erstes Buch, Europäischer Geschichtsverlag 2011.

Ovid: *Ars amatoria. Liebeskunst*, Reclam 1993.

Ovid: *Remedia amoris. Heilmittel gegen die Liebe*, Reclam 2011.

Rousseau, Jean-Jacques: *Julie oder Die neue Heloise: Briefe zweier Liebender aus einer kleinen Stadt am Fuße der Alpen*, Artemis & Winkler 1988.

Arnim, Bettina von: »Eros« in: *Ausgewählte Werke von Bettina von Arnim: Die Günderode + Goethes Briefwechsel mit einem Kinde + Clemens Brentanos Frühlingskranz + Das Leben der Hochgräfin Gritta von Rattenzuhausbeiuns + Gedichte: Eros, Das Königslied, Seelied und mehr*, Musaicum 2017.

Frauenmediaturm: »Hausfrauen-Ehe abgeschafft«, zitiert nach: *Die Zeit*, 15.10.1976
https://frauenmediaturm.de/hausfrauen-ehe-abgeschafft/

Wikipedia: »Persobalabbauverordnung«.
https://de.wikipedia.org/wiki/Personalabbauverordnung

Humphrey, Michael: *Die Weimarer Reformdiskussion über das Ehescheidungsrecht und das Zerrüttungsprinzip: eine Untersuchung über die Entwicklung des Ehescheidungsrechts in Deutschland von der Reformation bis zur Gegenwart unter Berücksichtigung rechtsvergleichender Aspekte*, Cuvillier 2006.

Stone, Lawrence: *The Family, Sex and Marriage in England, 1500–1800*, Penguin 1977.

Illouz, Eva: *Der Konsum der Romantik: Liebe und die kulturellen Widersprüche des Kapitalismus*, Suhrkamp 2003.

Statistisches Bundesamt: »Eheschließungen, Ehescheidungen, Lebenspartnerschaften«.

https://www.destatis.de/DE/ZahlenFakten/GesellschaftStaat/Bevoelkerung/EhenLebenspartnerschaften/EhenLebenspartnerschaften.html
Weitere Zahlen abrufbar über die Datenbank Destatis des Statistischen Bundesamtes:
https://www-genesis.destatis.de/genesis/online
Wikipedia: »Lindenstraße«
https://de.wikipedia.org/wiki/Lindenstraße
STATISTA: »Was waren die Hauptgründe für die Trennung in Ihrer letzten Beziehung?«.
https://de.statista.com/statistik/daten/studie/539591/umfrage/hauptgruende-fuer-trennung/
(Zugriff über Testaccount)
Kohn, Ralph, Interview durch Heike Blümner und Laura Ewert, Mai 2018 re-empowerment.de: »Isolation und Einsamkeit nach der Trennung«.
https://www.re-empowerment.de/haeusliche-gewalt/trennung/einsamkeit-nach-der-trennung/
Nast, Michael: *Generation Beziehungsunfähig*, Edel 2016.
Illouz, Eva: *Der Konsum der Romantik: Liebe und die kulturellen Widersprüche des Kapitalismus*, Suhrkamp 2003.
Schmidt, Marie: »Gleichheit tötet die Erotik«, Interview mit Barbara Vinken, in: *Die Zeit* 50/2014, 18. Dezember 2014.
https://www.zeit.de/2014/50/feminismus-literatur-barbara-vinken
Dr. Sommer-Team: »5 Anzeichen, dass ihr euch lieber trennen solltet!«
https://www.bravo.de/dr-sommer/5-anzeichen-dass-ihr-euch-lieber-trennen-solltet-362777.html

3   TRENNUNGSTYPEN

Hesthamar, Kari: *So Long, Marianne – A Love Story*, ECW Press 2014.
»Ein letztes »So Long«, Nachruf auf Marianne Ihlen, Spiegel Online, 11. November 2016.
http://www.spiegel.de/kultur/musik/leonard-cohen-und-seine-muse-marianne-ihlen-a-1120918.html
Cohen, Leonard: »So Long, Marianne«, Columbia Records 1967.
Cohen, Leonard: »Hey, That's No Way to Say Goodbye«, Columbia Records 1967.

Jürgens, Udo: »Ich war noch niemals in New York«, Ariola 1982.
McLean, Kate: »POF Survey Reveals 80 % of Millennials Have Been Ghosted!«
http://blog.pof.com/2016/03/pof-survey-reveals-80-millennials-ghosted/
Vilhauer, Jennice: »This Is Why Ghosting Hurts So Much«, Psychology Today, 27. November 2015.
https://www.psychologytoday.com/intl/blog/living-forward/201511/is-why-ghosting-hurts-so-much
Klein, Hans-Michael: »Wann Schlussmachen per SMS erlaubt ist«, stern.de, 27. Februar 2014.
https://www.stern.de/digital/smartphones/knigge-fuers-handy-wann-schlussmachen-per-sms-erlaubt-ist-3414362.html
Woodward Thomas, Katherine: »Conscious Uncoupling«.
http://www.consciousuncoupling.com/
Simon, Violetta: »Beziehungsstatus: entpaart«, sueddeutsche.de, 27. März 2014.
https://www.sueddeutsche.de/leben/gwyneth-paltrows-wortneuschoepfung-beziehungsstatus-entpaart-1.1922801
Psychologisches Forum: »Lust Last Lösung Lanzarote: Coaching auf Lanzarote«.
http://www.psychologischesforum.eu/Coachingprospekt.pdf
Bless and Clear: »Conscious Decoupling: Process/Ceremony«.
http://blessandclear.com/ceremony-of-divorce/
Schleicher, Christiane: »Schlussmacherin«.
https://www.finalfaces.de/schlussmacherin

4 FINANZKRISE

Düsseldorfer Tabelle 2018:
https://www.olg-duesseldorf.nrw.de/infos/Duesseldorfer_Tabelle/Tabelle-2018/Duesseldorfer-Tabelle-2018.pdf
Reform Unterhaltsrecht 2008:
http://www.t-anwaelte.de/Unterhaltsrecht.324.0.html
Reformen Eherecht 1976, 2009:
https://de.wikipedia.org/wiki/Erstes_Gesetz_zur_Reform_des_Ehe-_und_Familienrechts
Sieger, Christine, Interview durch Heike Blümner und Laura Ewert, Juli 2018.
Landeserziehungsgeld:
https://www.kinderinfo.de/elterngeld/landeserziehungsgeld/

Ehegattensplitting:
https://www.haufe.de/finance/finance-office-professional/steuerhinterziehung-bei-inanspruchnahme-des-ehegattensplittings_idesk_PI11525_HI1928337.html
Hobler, Dietmar, Christina Klenner, Svenja Pfahl, Peter Sopp, Alexandra Wagner: »Wer leistet unbezahlte Arbeit?«, *WSI Report Nr. 35*, April 2017.
https://www.boeckler.de/pdf/p_wsi_report_35_2017.pdf
Russell Hochschild, Arlie mit Anne Machung: *The Second Shift: Working Parents and the Revolution at Home*, Viking 1989.
Wippermann, Carsten: *Mitten im Leben*, Bundesministerium für Familie, Senioren, Frauen und Jugend, Referat Öffentlichkeitsarbeit (Hg.) 2016.
https://www.bmfsfj.de/blob/83858/928434dae7d841aadc5d2b0ef-137573b/20160307-studie-mitten-im-leben-data.pdf
OECD: »Dare to Share – Deutschlands Weg zur Partnerschaftlichkeit in Familie und Beruf«, 2017.
https://doi.org/10.1787/9789264263420-de
https://www.destatis.de/DE/Publikationen/Datenreport/Downloads/Datenreport2016Kap2.pdf?__blob=publicationFile
https://www.destatis.de/DE/ZahlenFakten/GesellschaftStaat/Bevoelkerung/HaushalteFamilien/Tabellen/2_5_Familien.html
http://www.bpb.de/apuz/252655/armutsrisiko-alleinerziehend?p=all
https://www.destatis.de/DE/Publikationen/Datenreport/Downloads/Datenreport2016Kap2.pdf?__blob=publicationFile
Wirtschafts- und Sozialwissenschaftliches Institut (WSI), POLICY BRIEF Nr. 12 · Policy Brief WSI, 08/2017, Eric Seils, Jutta Höhne: Armut und Einwanderung. Armutsrisiken nach Migrationsstatus und Alter (pdf) – Eine Kurzauswertung aktueller Daten auf Basis des Mikrozensus 2016.
https://www.boeckler.de/pdf/p_wsi_pb_12_2017.pdf
Statistisches Bundesamt: Alleinerziehende in Deutschland 2017, veröffentlicht am 2. August 2018.
https://www.destatis.de/DE/PresseService/Presse/Pressekonferenzen/2018/Alleinerziehende/alleinerziehende_uebersicht.html
https://con.arbeitsagentur.de/prod/apok/ct/dam/download/documents/Arbeitsmarktbericht122017_ba016162.pdf
Zweiter Gleichstellungsbericht der Bundesregierung. Eine Zusammenfassung. Herausgeber: Bundesministerium für Familie, Senioren, Frauen und Jugend 2018.
https://www.bmfsfj.de/bmfsfj/service/publikationen/zweiter-gleichstellungs-bericht-der-bundesregierung/122402

Gender Pay Gap

https://www.bmfsfj.de/bmfsfj/aktuelles/alle-meldungen/neue-studie-betrachtet-lohnluecke-im-gesamten-erwerbverlauf/113510

https://www.boeckler.de/52854.htm

https://www.boeckler.de/wsi_52816.htm (?)

http://faktenfinder.tagesschau.de/inland/genderpaygap-103.html

Entgelttransparenzgesetz

http://www.spiegel.de/karriere/entgelttransparenzgesetz-so-erfahren-sie-was-ihre-kollegen-verdienen-a-1186359.html

Dauerhaft ungleich. Berufsspezifische Lebenserwerbseinkommen von Frauen und Männern in Deutschland, Kurzfassung einer Studie des HWWI, Herausgeber: Bundesministerium für Familie, Senioren, Frauen und Jugend 2016.

https://www.bmfsfj.de/blob/113474/8ec6535a22f821b63271cd037292ce26/dauerhaft-ungleich-berufsspezifische-lebenserwerbseinkommen-von-frauen-und-maennern-in-deutschland-data.pdf

Flory, Judith: »Gender Pension Gap. Entwicklung eines Indikators für faire Einkommensperspektiven von Frauen und Männern«, Eine Untersuchung des Fraunhofer-Instituts für Angewandte Informationstechnik (FIT) für das Bundesministerium für Familie, Senioren, Frauen und Jugend, 2011.

https://www.bmfsfj.de/blob/93950/422daf61f3dd6d0b08b06dd44d2a7fb7/gender-pension-gap-data.pdf

https://www.br.de/radio/bayern2/ueberqualifizierrte-muetter-kompetenzverschwendung-und-armutsfalle-100.html

http://www.equalpay.wiki/Gender_Time_Gap

Sachverständigenkommission zum Zweiten Gleichstellungsbericht der Bundesregierung: »Erwerbs- und Sorgearbeit gemeinsam neu gestalten«, Gutachten für den Zweiten Gleichstellungsbericht der Bundesregierung 2016: www.gleichstellungsbericht.de/gutachten2gleichstellungsbericht.pdf

Bundesministerium für Familie, Senioren, Frauen und Jugend, Referat Öffentlichkeitsarbeit (Hg.): Zweiter Gleichstellungsbericht der Bundesregierung. Eine Zusammenfassung, 2017.

https://www.bmfsfj.de/blob/122398/51b4d41d23dcf739208c667cc7681dd1/zweiter-gleichstellungsbericht-der-bundesregierung-eine-zusammenfassung-data.pdf

Bundesregierung (Hg.): Zweiter Gleichstellungsbericht der Bundesregierung, BT-Drucksache 18/2840, 2017. https://www.bmfsfj.de/bmfsfj/service/publikationen/zweiter-gleichstellungsbericht-der-bundesregierung/119796

Illouz, Eva: »Ware Liebe und wahre Liebe – Gespräch mit Barbara Bleisch«, Interview 3sat, 28. November 2014.
https://www.youtube.com/watch?v=fy1d6lO4jhI
Kosten Social Freezing
http://www.eizelleneinfrieren.com/
Cornelia Koppetsch, Sarah Speck: *Wenn der Mann kein Ernährer mehr ist – Geschlechterkonflikte in Krisenzeiten,* Suhrkamp 2015.
Interview Cornelia Koppetsch: http://www.spiegel.de/spiegel/print/d-139456014.html
Sullivan, Paul: »Getting Married? Forget Sweet Nothings; Let's Talk About Money«, in: *New York Times,* 27. April 2018.
https://www.nytimes.com/2018/04/27/your-money/prenuptial-agreements.html?recb=home-living.control&recid=14frgl1iQLGVR2hccI6zwG9csJe&contentCollection=smarter-living&mData=articles%255B%255D%3Dhttps%253A%252F%252Fwww.nytimes.com%252F2018%252F05%252F14%252Fsmarter-living%252Findoor-plant-garden.html%253Frecb%253Dhome-living.control%2526recid%253D14frgl1iQLGVR2hccI6zwG9csJe%26articles%255B%255D%3Dhttps%253A%252F%252Fwww.nytimes.com%252F2018%252F04%252F27%252Fyour-money%252Fprenuptial-agreements.html%253Frecb%253Dhome-living.control%2526recid%253D14frgl1iQLGVR2hccI6zwG9csJe&hp&action=click&pgtype=Homepage&clickSource=story-heading&module=smarterLiving-promo-region&region=smarterLiving-promo-region&WT.nav=smarterLiving-promo-region

5 MÜDE NUMMER

Kreider, Tim: *I Wrote This Book Because I Love You: Essays,* Simon & Schuster 2018.
»2 % – 10 % keinen Sex«, Interview Ulrich Clement, in: *Zeit Magazin,* 07/2015.
https://www.zeit.de/zeit-magazin/leben/2015-07/sexlosigkeit-no-sex-low-sex
https://de.statista.com/statistik/daten/studie/869836/umfrage/umfrage-unterliierten-deutschen-zur-haeufigkeit-von-sex-in-der-beziehung/
http://www.spiegel.de/gesundheit/sex/sex-studie-das-sexleben-der-deutschen-a-1164321.html
https://www.theguardian.com/music/2017/oct/13/pink-monogamy-is-work-havent-had-sex-in-a-year-beautiful-trauma

»Die traurige Sex-Realität von Paaren und Ü-30ern«
https://www.welt.de/icon/article142177219/Die-traurige-Sex-Realitaet-von-Paaren-und-UE-30ern.html
»Partnerschaft: So viel Sex sollten Paare pro Woche haben?«
https://www.welt.de/icon/partnerschaft/article163186201/So-viel-Sex-sollten-Paare-pro-Woche-haben.html
»Kein Sex ist auch keine Lösung«
https://www.sueddeutsche.de/leben/partnerschaft-kein-sex-ist-auch-keine-loesung-1.3564897?reduced=true
»Jetzt nicht, Schatz«,
http://www.faz.net/aktuell/gesellschaft/familie/sex-in-der-beziehung-jetzt-nicht-schatz-11788684.html
Umfrage Kondomhersteller: Durex, Studie durchgeführt von Censuswide, 1.001 deutsche Frauen und Männer ab 18 Jahren, Februar 2016.
https://www.presseportal.de/pm/115990/3253390
Lehmann, Anja: Studie Charité, zitiert in: *Der Tagesspiegel*.
https://www.tagesspiegel.de/weltspiegel/mann-muss-gut-riechen/561516.html
Ahlers, Christoph
https://www.welt.de/vermischtes/article147555089/Maenner-haben-keine-Lust-auf-Gnadensex.html
»Supra-Studie«
Mark, Kristen P. & Lasslo, Julie A.: »Maintaining Sexual Desire in Long-Term Relationships: A Systematic Review and Conceptual Model«, The Journal of Sex Research, 2018.
Bossong, Nora: *Rotlicht*, Hanser 2017.
https://alpenwelt.tv/index.php?option=com_content&view=article&id=593:klitoris-die-lustperle-der-frau-im-wandel-der-zeit-interview-mit-der-aerztin-und-sexualtherapeutin-dr-jutta-kossat&catid=246&Itemid=1155
http://www.taz.de/!1746526/
https://www1.wdr.de/radio/wdr5/sendungen/leonardo/vulva100.html
Konrad, Sandra: *Das beherrschte Geschlecht – Warum sie will was er will*, Piper, 2017.
Gwyneth Paltrow
https://www.stern.de/lifestyle/leute/gwyneth-paltrow-raet-zum-vaginal-dampfbad-3485900.html
Wolfgang Bühmann
https://rp-online.de/leben/gesundheit/10-fakten/impotenz-zehn-fakten-die-man-n-wissen-muss_iid-23663193#2

Zitat *Deutsche Apotheker Zeitung:*
https://www.deutsche-apotheker-zeitung.de/daz-az/2015/daz-35-2015/die-lustpille-fuer-die-frau-ist-da
Zitat Sex Bloggerin
https://happyvagina.de/1843-2/
Interview Ulrich Clement
https://www.zeit.de/zeit-magazin/leben/2015-07/sexlosigkeit-no-sex-low-sex
Perel, Esther: How To Have A Great Marriage, London Real 2015.
https://www.youtube.com/watch?v=wE4QQMyTrCo

6 AUS DER GIFTKÜCHE DER LIEBE

Curtiz, Michael: Casablanca, 1942.
Cukor, George: Gaslight, 1947. Deutscher Titel: Das Haus der Lady Alquist.
Dykstra, Chloe: »Rose-Colored Glasses: A Confession«, Medium.com, 14. Juni 2018.
https://medium.com/@skydart/rose-colored-glasses-6be0594970ca
Spears, Britney: »Toxic«, Jive Records 2003.
Becker, Barbara, Interview von Heike Blümner und Laura Ewert, Juni 2018.
Marthe, Emalie: »What It's Like to Be Married to a Psychopath«, Interview mit Jen Waite, *Vice*, 23. Juli 2017.
https://www.vice.com/en_au/article/nevmmw/what-its-like-to-be-married-to-a-psychopath
http://www.jenwaite.com/blog-1/
Waite, Jen: *A Beautiful, Terrible Thing: A Memoir of Marriage and Betrayal*, Plume 2017.
Filipovic, Jill: »The Problem With ›Feminist‹ Men«, *New York Times*, 8. Mai 2018.
https://nyti.ms/2FXNSZb
Mayer, Jane und Farrow, Ronan: »Four Women Accuse New York's Attorney General of Physical Abuse«, *New Yorker*, 7. Mai 2018.
https://www.newyorker.com/news/news-desk/four-women-accuse-new-yorks-attorney-general-of-physical-abuse/amp?irgwc=1&source=affiliate_impact-pmx_12f6tote_desktop_Skimbit%20Ltd.&mbid=affiliate_impactpmx_12f6tote_desktop_Skimbit%20Ltd.
Statistisches Bundesamt: »Bevölkerung und Erwerbstätigkeit 2015«, Wiesbaden 2017.

https://www.destatis.de/DE/Publikationen/Thematisch/Bevoelkerung/
Bevoelkerungsbewegung/Scheidungsstatistik2010140157004.pdf?__blob=
publicationFile

Was sagt die Bibel bezüglich ... : »Untreue«.
http://wassagtdiebibel.com/%C3%BCber/untreue
Hebräer 13:4/LUT und Matthaeus 5:28/LUT

Perel, Esther: »Untreue überdenken ... ein Vortrag für jeden, der jemals geliebt hat«.
https://www.ted.com/talks/esther_perel_rethinking_infidelity_a_talk_for_anyone_who_has_ever_loved?language=de

7 DIE SCHLAUE FRAU SAGT CIAO!

Interview Rainer Langhans
https://www.sueddeutsche.de/muenchen/rainer-langhans-ueber-uschi-obermaier-grosse-sexgoettin-pustekuchen-1.741199

Pornographie Frauenhass
https://www.emma.de/artikel/pornografie-frauenhass-ist-strafbar-263674

Beschimpfungen Alice Schwarzer
https://www.zeit.de/1976/30/alice-im-staate-der-maenner

Interview Prof. Regina Ammicht Quinn
http://www.fr.de/politik/gender/feminismus/alice-schwarzer-der-typ-frau-den-man-auf-keinen-fall-nachahmen-will-a-1399365

Interview Leander Scholz
https://www.freitag.de/autoren/katharina-schmitz/andere-welt

Helene Klaar
https://sz-magazin.sueddeutsche.de/liebe-und-partnerschaft/im-gesetz-steht-von-liebe-kein-wort-82190

Interview Cornelia Koppetsch: http://www.taz.de/!5516398/

Ryan, Christopher und Jethá, Cacilda: *Sex – die wahre Geschichte*, Klett Cotta 2016.

Roche, Charlotte: »Jetzt könnte es kurz wehtun«, in: *Süddeutsche Zeitung Magazin* 4. Juli 2018.
https://sz-magazin.sueddeutsche.de/charlotte-roche-jetzt-koennte-es-kurz-wehtun/lasst-euch-nicht-zu-hausfrauen-machen-85833

Radisch, Iris: *Die Schule der Frauen: Wie wir die Familie neu erfinden*, Goldmann, 2008.

»Der Feminismus stellt die Liebe in Frage«, Laurie Penny im Interview mit
Barbara Vorsamer, in: *Süddeutsche Zeitung*, 22.03.2016:
https://www.sueddeutsche.de/leben/laurie-penny-im-interview-wir-brauchen-technische-alternativen-zur-schwangerschaft-1.2916697-2
https://www.telegraph.co.uk/goodlife/living/living-in-a-flatshare-in-your-50s/
Moors, Amy C.: »Has the American Public's Interest in Information Related to
Relationships Beyond The Couple Increased Over Time?«, in: *The Journal of
Sex Research*, online veröffentlicht am 23 Mai 2016.
https://doi.org/10.1080/00224499.2016.1178208
https://www.bravo.de/dr-sommer/polyamorie-wir-erklaeren-was-liebe-zu-mehreren-bedeutet-361269.html
Michalis Pantelouris
https://sz-magazin.sueddeutsche.de/liebe-lieblingsfrau-die-singlekolumne/ich-kanns-nicht-erwarten-mich-in-dich-zu-verlieben-83835
Lena Dunham
https://www.vogue.com/article/lena-dunham-break-up-vogue-june-2018
https://www.destatis.de/DE/PresseService/Presse/Pressemitteilung/2018/11/PD18_422_12211.html

8 PRESSESPIEGEL

https://www.vermoegenmagazin.de/kim-kardashian-vermoegen/
https://www.stern.de/lifestyle/leute/kim-kardashian-eine-maerchenhafte-scheidung-3880264.html
https://www.bild.de/unterhaltung/leute/kim-kardashian/debatte-nach-blitzehe-wurde-kris-humphries-und-der-rest-der-welt-reingelegt-20758154.bild.html
https://www.cbsnews.com/news/kim-kardashian-kris-humphries-divorce-settlement-approved/
https://www.accessonline.com/articles/kris-jenner-talks-kim-kardashians-split-possible-reconciliation-with-kris-humphries-109524/
https://www.bild.de/unterhaltung/leute/caitlyn-jenner/der-penis-ist-ab-51245214.bild.html
https://www.welt.de/vermischtes/prominente/article132529912/Kris-und-Bruce-Jenner-lassen-sich-scheiden.html
http://www.spiegel.de/panorama/leute/khloe-kardashian-reicht-erneut-scheidung-von-lamar-odom-ein-a-1094410.html

http://www.spiegel.de/panorama/leute/khloe-kardashian-bringt-tochter-zur-welt-a-1202692.html

https://www.bravo.de/der-kardashian-jenner-clan-alle-infos-ueber-die-beruehmte-familie-378256.html

https://www.welt.de/News/article102430190/Jolie-und-Pitt-verklagen-britische-Zeitung.html

Sternheimer, Karen: *Celebrity Culture and the American Dream: Stardom and Social Mobility*, Routledge 2011.

Anthony Slate, E-Mail Interview von Heike Blümner, Juni 2018.

http://www.faz.net/aktuell/gesellschaft/menschen/hollywood-ein-cocktail-aus-verschwoerungen-11843221-p2.html

Spoto, Donald: *Elizabeth Taylor*. Time Warner Paperbacks 1996.

https://www.bunte.de/stars/stars-die-liebe/prominente-paare/ashton-kutcher-das-gab-es-noch-nie-liebes-selfie-mit-seiner-mila.html

https://www.bunte.de/stars/stars-die-liebe/katie-holmes-bestuerzende-bilder-geht-jamie-foxx-zurueck-zu-seiner-ex.html

https://people.com/movies/katie-holmes-brings-mom-kathleen-party-honoring-ava-duvernay/

https://www.bunte.de/stars/star-life/star-kinder/katie-holmes-im-partnerlook-mit-ihrer-suri-12-hier-bluehen-mutter-und-tochter-so-richtig-auf.html

https://www.glamour.com/gallery/10-best-celebrity-post-breakup-beauty-transformations#7

https://www.eonline.com/au/news/821681/post-breakup-makeovers-psychological-reasons-why-celebs-look-better-after-heartbreak

Robert Pölzer, Interview von Laura Ewert, Juni 2018.

https://www.bunte.de/stars/stars-die-liebe/

https://www.gala.de/stars/news/trennungen-2018--diese-stars-gehen-getrennte-wege_21443940-21580690.html

https://www.welt.de/print-wams/article123329/Oliver-Kahn-ruiniert-Familienglueck.html

http://www.faz.net/aktuell/gesellschaft/ungluecke/dianas-tod-vor-20-jahren-war-der-wagen-bereits-schrottreif-15175710.html

https://www.nytimes.com/2016/09/21/us/california-today-brangelina-divorce.html

https://www.bunte.de/stars/star-life/schicksalsgeschichten-der-stars/brad-pitt-us-medien-er-war-auf-alkohol-entzug.html

https://www.welt.de/vermischtes/article158357983/Video-soll-Wutanfall-von-Brad-Pitt-im-Flieger-zeigen.html

https://www.gala.de/stars/news/angelina-jolie--sperrt-sie-ihre-kinder-ein--21475980.html
https://www.gq.com/story/brad-pitt-gq-style-cover-story
https://www.vanityfair.com/hollywood/2017/07/angelina-jolie-cover-story
http://www.spiegel.de/lebenundlernen/uni/angelina-jolie-seminar-an-der-london-school-of-economics-a-1138931.html
https://www.gala.de/stars/news/boris-becker-wuetet-auf-twitter--jetzt-poebelt-er-los-21743600.html
https://twitter.com/TheBorisBecker?lang=de
https://www.welt.de/vermischtes/article176772115/Nach-13-Jahren-Boris-und-Lilly-Becker-geben-Trennung-bekannt.html
https://www.bz-berlin.de/leute/liebes-aus-jenny-elvers-und-steffen-von-der-beeck-getrennt
http://www.news.de/promis/855678633/boris-becker-lilly-becker-jetzt-stellt-sie-sich-klar-hinter-ihren-boris/1/
https://www.bunte.de/stars/stars-die-liebe/liebes-aus-bei-stars/lilly-becker-das-ende-ist-schon-etwas-her.html
https://www.focus.de/panorama/boulevard/ex-tennisprofi_aid_231018.html
https://rp-online.de/panorama/chronik-einer-trennung_aid-8645421
https://www.focus.de/politik/deutschland/scheidungs-tv-vier-stunden-grausamkeit_aid_189442.html
https://www.vogue.com/article/lena-dunham-break-up-vogue-june-2018
https://www.welt.de/kultur/history/article1233048/Die-Legende-von-Caesar-und-Kleopatra.html
https://www.womanmagazine.co.uk/celebrity/story-behind-picture-princess-diana-serpentine-65192
https://www.nytimes.com/1994/06/30/world/prince-charles-in-tv-documentary-admits-to-infidelity.html
Morton, Andrew: Diana: *Ihre wahre Geschichte*, Droemer Knaur 1997.
Martin Bashir's Interview mit Princess Diana, *BBC One*, Panorama, 1995.
https://www.bunte.de/stars/stars-die-liebe/liebes-aus-bei-stars/erol-sander-noch-ehefrau-caroline-goddet-meine-ehe-war-die-hoelle.html
https://www.gala.de/stars/news/erol-sander--erstes-interview-zum-rosenkrieg--21555324.html
https://www.zeit.de/zeit-magazin/2017/40/laura-wasser-hollywood-scheidung-anwaeltin-interview
http://www.dailymail.co.uk/tvshowbiz/article-2941255/Kirk-Douglas-98-reveals-kept-marriage-Anne-84-thriving-amid-affairs-stroke.html

http://www.weekend.at/brautpaare/promi-ehen-hollywood/37.697.446
https://www.sueddeutsche.de/panorama/romina-power-und-al-bano-ich-habe-deinen-geruch-geliebt-1.3970956?reduced=true
https://www.bunte.de/stars/stars-die-liebe/liebes-aus-bei-stars/jennifer-aniston-rache-ist-suess-380781.html
https://www.thehollywoodgossip.com/2018/06/jennifer-aniston-is-pregnant-with-brad-pitts-baby-according-to-r/
https://www.gala.de/stars/news/jennifer-aniston--pfui--ihr-neuer-hollywood-schwarm-ist-verheiratet-21745896.html
https://www.theguardian.com/commentisfree/2018/feb/18/please-park-unlucky-in-love-jennifer-aniston-storyline?CMP=fb_gu
https://www.promicabana.de/zayn-malik-gigi-hadid-bestaetigen-trennung-twitter/
https://www.elle.com/culture/celebrities/a21053421/rihanna-broke-up-with-billionaire-boyfriend-hassan-jameel-report/
https://www.instagram.com/goldievenus/?hl=de
http://hollywooddolls-99.blogspot.com/2011/03/selena-justin-misses-each-other.html

9 STIMMUNG AUS DEM HINTERGRUND

Spandau Ballet: »Gold«, Chrysalis Records 1983.
Matthey, Juliane: »Trennung im Freundeskreis – Wie geht man damit um?«, *Welt*, 21. Oktober 2016.
https://www.welt.de/vermischtes/article158941848/Trennung-im-Freundeskreis-Wie-geht-man-damit-um.html
Ralph Kohn, Interview von Heike Blümner und Laura Ewert, Mai 2018.
Beratung für Frauen mit gewalttätigen Partnern: re-empowerment.de: »Isolation und Einsamkeit nach der Trennung«.
https://www.re-empowerment.de/haeusliche-gewalt/trennung/einsamkeit-nach-der-trennung/
Murakami, Haruki: *Südlich der Grenze, westlich der Sonne*, Dumont 2013.
Ferrante, Elena: *Neapolitanische Saga*, Suhrkamp 2016–2018.

https://www.theguardian.com/lifeandstyle/2018/jul/16/a-bad-marriage-is-as-unhealthy-as-smoking-or-drinking-say-scientists

https://www.spektrum.de/wissen/die-10-groessten-physikalischen-raetsel-unserer-zeit/1315500

Levy, Deborah: *The Cost of Living*, Hamish Hamilton 2018.

Hooks, Bell: *All about Love: New Visions*, William Morrow 2011.

Harari, Yuval Noah: »Putin weiß, was Zuckerberg weiß«, Interview von Ijoma Mangold, in: *Die Zeit* 39/2018, 19. September 2018.

https://www.zeit.de/2018/39/yuval-noah-harari-historiker-zukunftsfragen-digitale-diktatur

Brecht, Bertold: *Mutter Courage*, Theaterverlag Kurt Reiss 1941.